Roeske

Nachgefragt bei Sokrates – Ein Diskurs über Glück und Moral

Kurt Roeske

Nachgefragt bei Sokrates

—

Ein Diskurs über Glück und Moral

Text und Interpretation
der Apologie Platons

Königshausen & Neumann

Gedruckt mit Hilfe der Geschwister Boehringer Ingelheim Stiftung
für Geisteswissenschaften in Ingelheim am Rhein.

Umschlagbild unter Verwendung eines Ausschnittes aus:
Jacques-Louis David, Der Tod des Sokrates, vor 1787,
New York, Metropolitan Museum of Art

Bibliografische Information der Deutschen Bibliothek

Die Deutsche Bibliothek verzeichnet diese Publikation in der Deutschen
Nationalbibliografie; detaillierte bibliografische Daten sind im Internet
über <http://dnb.ddb.de> abrufbar.

© Verlag Königshausen & Neumann GmbH, Würzburg 2004
Gedruckt auf säurefreiem, alterungsbeständigem Papier
Umschlag: Hummel / Lang, Würzburg
Bindung: Buchbinderei Diehl+Co. GmbH, Wiesbaden
Printed in Germany
ISBN 3-8260-2834-1
www.koenigshausen-neumann.de
www.buchhandel.de

„Kein Mensch kann absolut von
vorne anfangen, jeder muß … an
das anknüpfen, was schon da ist:
Zukunft braucht Herkunft."

Odo Marquard

Dem Andenken meiner Eltern
Erich und Gertrud Roeske
in Dankbarkeit

Inhaltsverzeichnis

Vorwort

„Tradition heißt nicht, die Asche bewahren;
Tradition heißt, die Flamme weitergeben."

Jean Jaurés

Dieses Buch will keinen Beitrag zur Forschung leisten. Es ist aus dem Unterricht in der gymnasialen Oberstufe und in der Volkshochschule erwachsen und spiegelt die Probleme wider, die Jugendliche und Erwachsene bei der Lektüre beschäftigt haben, die Fragen, die sie an den Text gestellt haben. Natürlich ist es nicht mehr als ein matter Abglanz der lebendigen Auseinandersetzungen und Diskussionen im Klassenzimmer oder Seminarraum, darin den platonischen Dialogen vergleichbar. Es verknüpft sich mit ihm trotzdem die Hoffnung, daß es Interesse weckt für die Beschäftigung mit Sokrates.

Es geht um die alte und immer wieder neue Frage: Was ist der Mensch? Wenn wir eine Antwort in der Antike suchen, setzen wir voraus, daß er sich über die zweieinhalb Jahrtausende hinweg im wesentlichen identisch geblieben ist, obwohl er durch die kopernikanische Wende mitsamt seiner Welt aus dem Zentrum des Alls hinausgeschleudert wurde, obwohl er sich seit Darwin als Ergebnis eines evolutionären Prozesses verstehen lernen mußte und obwohl er seit Schopenhauer, Nietzsche und Freud weiß, wie sehr er Trieben und Leidenschaften unterworfen ist. Noch immer sieht er die Sonne auf- und untergehen, noch immer ist er sich seiner Differenz zum Tier bewußt, noch immer vertraut er auf die Kraft der Vernunft.

Stehen wir nun erneut vor einer Wende, da der Mensch in den evolutionären Prozeß selbst eingreift und ihn beschleunigt, da er sich anschickt, Menschen künstlich-technisch herzustellen und den Tod hinauszuschieben, gar zu eliminieren, da die Hirnforschung die Willensfreiheit, die Abhängigkeit des Bewußtseins von Sprache in Frage stellt? Werden die Grenzen des Alls durch immer weiter ausgreifende Flüge in den Weltraum ein weiteres Mal gesprengt werden? Wird der Mensch Diener der Technik, von ihr beherrscht, statt sie zu beherrschen?

Man hat kürzlich einen Prosatext von Gottfried Benn (1886-1956) wiederentdeckt, er trägt den Titel „Unter der Großhirnrinde" und ist 1911 erstmals veröffentlicht worden. Obwohl er fast 100 Jahre alt ist, formuliert er eine Sicht auf Mensch und Welt, die, meine ich, auch – vielleicht sogar besonders – die Befindlichkeit von uns Heutigen, die wir im 21. Jahrhundert leben, zum Ausdruck bringt.

„Man lebt zwischen lauten Worten. Gott eine Kombination von Zweck
– und Ursachenbegriff, Welt ein Wort, um eine große Summe von

Vorstellungen in einer Lippenstellung auszusprechen, Ewigkeit – welche Himmel könnten sich öffnen, wenn man daran glaubte – nur ein Wort ohne Glück und Schauer. Wie könnte Glück und Schauer geben, was wir selbst erschufen? Es fehlt jedes Gefühl irgendeines unbedingten apriorischen Wertes. Nichts Großes kümmert sich mehr um uns. Man lebt ohne jedes Vertrauen zu irgend etwas. Man steht ganz steil. Aber man muß sich doch irgendwelche Werte verschaffen, man kann doch nicht so taumelnd leben."

Veröffentlicht in FAZ vom 22.08.2003

Vielleicht ist es deshalb doppelt notwendig, sich der Tradition zu vergewissern, und sei es auch nur, um sich über das klar zu werden, was wir zu verlieren drohen oder schon verloren haben: das Du, das Gegenüber zum Ich, den Entwurf eines guten, gelingenden, verantwortbaren Lebens, das Bewußtsein der Sterblichkeit, die Bescheidenheit angesichts all dessen, was wir nicht wissen und nie wissen werden, die Bindung an eine Gemeinschaft.

Dazu kann Sokrates' Apologie einen Beitrag leisten. In kritischer Auseinandersetzung mit Homers Epik und der Tragödie, mit der Naturphilosophie und den Sophisten, mit der Geschichte und seiner Gegenwart bestimmt Sokrates die Position der Philosophie gegenüber der Dichtung, der Religion und der Politik. Im Dialog findet er ein ihr adäquates Ausdrucksmittel; mitten in der Stadt, auf dem Markt und in den Bildungsstätten, den Gymnasien, findet er den ihr angemessenen Ort. Adressat ist jeder, der bereit ist, sich auf prinzipielle Fragen einzulassen, Rede und Antwort zu stehen.

Ziel ist die Selbsterkenntnis. Sokrates will anleiten zu richtigem Handeln, das reflektiert und begründet ist, sich immer wieder vor dem prüfenden Verstand verantworten muß. Rechtes Verhalten und Glück sind für ihn identisch. In sich selbst sucht er die Maßstäbe und weiß sich zugleich geleitet von einem Gott. In diesem doppelten Bezug wurzelt seine Unabhängigkeit gegenüber dem Staat, seine Autarkie, seine Freiheit.

Die Apologie, in der Sokrates Rechenschaft über sein Leben ablegt, wirft viele Fragen auf, die uns noch heute, mehr als 2400 Jahre nach seinem Tod im Jahre 399, beschäftigen.

Was können, was dürfen wir wissen?

Hat die Frage nach dem Wozu, dem Zweck, Berechtigung in der naturwissenschaftlichen Forschung?

Wie sind ethische Normen verbindlich begründbar? Sind sie von Natur gegeben und überzeitlich oder nur jeweils zeitbedingt und gesellschaftlich vermittelt?

Vernunft, Wille, Emotionen: Wodurch wird unser Handeln gesteuert? Wie frei sind wir? Welchen Sinn hat Strafen?

Welche Aufgabe hat Politik? Sollen, müssen wir uns politisch betätigen? Lohnt Widerstand ohne Erfolgsaussicht?

Sind Leid, Übel und Ungerechtigkeit in der Welt erklärbar?

Das Besondere an Sokrates ist, daß er, was er vertritt, mit seinem Leben und mehr noch: mit seinem Tod beglaubigt und daß er einmalig und zugleich paradigmatisch war.

Sokrates war kein angepaßter Bürger Athens, er war im Gegenteil unbequem, ein Querdenker, ein Aufklärer, ein Verunsicherer. Die Polis hatte gewiß gute Gründe, in ihm eine Gefahr für den Bestand der Demokratie zu sehen. Manches von dem, was er tat, war nicht leicht zu verstehen. Hätte er nicht darauf verzichten können, seine Richter zu provozieren? Er fordert heraus, auch uns Heutige, und gerade das macht die Beschäftigung mit ihm interessant und wertvoll.

Gibt es nicht schon genug Bücher über dieses Thema, viel mehr, als das Literaturverzeichnis enthält?

Gewiß, es steckt viel Mut darin, sich mit Sokrates noch ein weiteres Mal an die Öffentlichkeit zu wagen. Wenn ich es tue, so in der Überzeugung, daß noch immer viel zu viele viel zu wenig von Sokrates wissen. Es ist das Anliegen dieses Buches, ein wenig dazu beizutragen, daß sich das ändert, nicht um Sokrates', sondern um unserer selbst willen.

Wie geschieht das? Indem zuerst Sokrates jeweils selbst zu Wort kommt, nicht in Auswahl, sondern mit dem vollständigen Text seiner Rede, und indem sich an jeden Abschnitt Verständnishilfen anschließen. Sie wenden sich nicht an die Fachgelehrten, die Sokrates kennen, sondern an die Interessierten, die ihn kennen lernen wollen, um Orientierung für sich selbst zu finden, Orientierung unter Berücksichtigung der Bedingung unserer Zeit und je eigener persönlicher Umstände und Lebenserfahrung.

Für den Text ist die Übersetzung von Friedrich Schleiermacher, der in den Jahren von 1804-1810 sämtliche Schriften Platons ins Deutsche übertragen hat, ausgewählt worden. Sie ist von hohem stilistischem Niveau; sie rückt in ihrer altertümlichen sprachlichen Form den griechischen Philosophen ein wenig in die Distanz, die er in seiner Bedeutung uns Nachgeborenen gegenüber beanspruchen darf. Sie zwingt zu einem langsamen und bedächtigen Lesen, was der Sache sehr zugute kommt. Wo freilich das Verständnis erschwert wurde, ist vorsichtig geändert worden.

Die Interpretation bleibt nah am Text. Sie will verständlich machen, was er meint, will ihn in die Tradition und Tendenzen seiner Zeit einordnen. Beziehungen innerhalb der Rede, Bezüge zu anderen, Denkern und Dichtern, werden aufgezeigt. Auch die Ankläger werden ernst genommen. Welche Berechtigung hatte ihr Anliegen? Daß jede Interpretation subjektiv ist, versteht sich von selbst. Auf eine Auseinandersetzung mit divergierenden Meinungen wurde verzichtet.

Die Gliederung folgt der Kapiteleinteilung. Die Angaben in Klammern beziehen sich auf die Seiten und Kolumnen der 1578 erschienenen ersten gedruckten Ausgabe der Werke Platons von Henricus Stephanus, nach der im allgemeinen zitiert wird.

Wie soll man es mit Namen halten, eher die griechische oder lieber die lateinische Form wählen? Aristeides oder Aristides? Oidipus oder Ödipus? Plataiai oder Platää? Die Entscheidung ist in der Regel für das Griechische gefallen, ohne daß Purismus angestrebt worden wäre.

Jahreszahlen ohne Zusatz meinen „vor Christus"; „nach Christus" ist nur hinzugefügt worden, wenn es sich aus der Zahlenfolge nicht ergibt.

Übersetzungen ohne Angabe eines Übersetzers stammen vom Autor.

Mein Dank gilt allen Autoren, die in der Literaturliste genannt sind. Ihnen verdanke ich, was ich weiß. Mein besonderer Dank gilt Frau Evelyn Hermann-Schreiber, die die Pläne und Zeichnungen beigesteuert hat.

Mainz, im Februar 2004

Kurt Roeske

Einleitung

„Wir lieben das Schöne und wahren das Maß,
wir lieben die Weisheit und verlieren die Tatkraft nicht."
Perikles über die Athener (Thukydides, 2, 40)

1. Der Begriff des Klassischen

Das 5. Jahrhundert ist die Zeit der griechischen Klassik. Der Begriff „Klassik" in dem hier verwendeten Sinn geht auf Gellius zurück, einen römischen Schriftsteller, der im 2. Jhd. n. Chr. lebte.

Classicus bezeichnet im allgemeinen Sprachgebrauch einen Bürger, der der obersten Steuerklasse angehört, im Gegensatz zum Proletarius. Bei Gellius bezeichnet Classicus einen vorbildlichen Schriftsteller.

Man begann schon sehr früh, das 5. Jahrhundert als vorbildlich zu empfinden. Der Historiker Thukydides (ca.460-ca.400), ein Zeitgenosse des Sokrates, überliefert in der von ihm gestalteten Form die Rede, die Perikles auf die Gefallenen des ersten Jahres des peloponnesischen Krieges gehalten hat. Dort nennt er Athen „die Schule von Hellas" (2,41). Der Komödiendichter Aristophanes, ebenfalls ein Zeitgenosse des Sokrates, beklagt am Ende des Jahrhunderts in seinen „Fröschen" (405) die Dekadenz und sieht Rettung nur darin, einen der verstorbenen Tragiker, Aischylos oder Sophokles, wieder zum Leben zu erwecken.

386 beschloß man, am Fest der Dionysien Wiederholungen von Aufführungen der Werke der drei großen Dichter, nun außer Aischylos und Sophokles auch Euripides, zuzulassen. Theater in unserem Sinn nahm seinen Anfang. In der zweiten Hälfte dieses Jahrhunderts stellte man Statuen der Tragiker im Dionysostheater auf. Staatsexemplare der Stücke wurden hergestellt. Aristoteles (384-322) exemplifiziert in seiner „Poetik" das Wesen des Tragischen an Sophokles' „König Ödipus".

2. Die politischen Ereignisse in Athen im 5. Jahrhundert

Das Jahrhundert bildet eine Einheit, wie man sie für das 20. Jahrhundert zwischen 1914 und 1989 reklamiert. Wie dieses beginnt auch jenes mit einem Krieg, aber anders als dieses endet jenes auch mit einem Krieg.

Der erste, gegen die Perser, begründet Athens Aufstieg zu einer Großmacht – gemessen an den damaligen Maßstäben –, der zweite, gegen Sparta, besiegelt den Rückfall der Polis in die politische Bedeutungslosigkeit.

Die Perserkriege beginnen mit dem Aufstand der kleinasiatischen Stadt Milet gegen die Perser im Jahre 499. Er wird niedergeschlagen, Milet wird völlig zerstört (494). Zu einer gemeingriechischen Aktion war es nicht gekommen, lediglich Athen und Eritrea auf Euboia hatten die Rebellen anfangs unterstützt. In zwei Feldzügen versuchten die Perser, Rache zu nehmen und sich nun auch Griechenland selbst zu unterwerfen.

490 scheiterte der Großkönig Dareios in der Schlacht bei Marathon in Attika, 480 sein Sohn und Nachfolger Xerxes bei der Insel Salamis im Golf von Korinth. 479 wurde schließlich das Landheer bei Plataiai in Boiotien vernichtend geschlagen. Von da an verlagerte sich der Krieg ins östliche Mittelmeer.

Eine innenpolitische Folge war in Athen der Abschluß der Entwicklung zu einer absoluten Demokratie. Die zum Kriegsdienst eingezogenen unteren Schichten forderten mehr Rechte und größeren Einfluß.

Als die Perserkriege begannen, hatte die Stadt schon ein beträchtliches Stück Weges hin zu einer demokratischen Verfassung zurückgelegt.

594 hatte Solon mit einer noch stark am Eigentum orientierten Regelung den Grundstein gelegt, 508/07 hatte Kleisthenes das Werk fortgeführt, jetzt wurde es vollendet. 487/86 wurde die Stellung der den Staat leitenden Archonten durch Einführung des Losverfahrens geschwächt; 462/61 wurde der Areopag, die letzte Bastion des Adels, entmachtet. Perikles hat daran mitgewirkt. Von da an bis zu seinem Tod im Jahr 429 hat er die Geschicke Athens wesentlich bestimmt. Er bekleidete das Amt des Strategen, in das man gewählt, nicht gelost, wurde und jährlich erneut gewählt werden konnte.

Freiheit und Rechtsgleichheit wurden konstitutive und identitätsstiftende Merkmale der neuen Verfassung. Diese beruhte auf dem Prinzip des Wechsels von Herrschen und Beherrschtwerden, an dem jeder freie Bürger teilhatte. Tagegelder, die für die Teilnahme an Volksversammlungen gezahlt wurden, sorgten dafür, daß die Rechte auch wahrgenommen werden konnten.

Karl Popper (1902-1994) nennt drei Prinzipien, die eine Demokratie legitimieren:

1. Es muß möglich sein, Regierende ohne Blutvergießen loszuwerden.
2. Es muß eine Kontrolle über die Regierenden gewährleistet sein.
3. Die Bürger müssen ihre Interessen vertreten können.

Alle drei treffen auf Athen zu. Redefreiheit war freilich kein Grundrecht im heutigen Sinne. Die Gesellschaft hatte jederzeit Zugriff auf den einzelnen (vgl. Kap. 20). Erst die moderne liberale Demokratie ist gegenüber dem Individuum instrumentalisiert.

Außenpolitisch entwickelte die junge Demokratie eine große Dynamik, sie nutzte die Gelegenheit der Siege über die Perser, sich als Schutzmacht der Inseln in der Ägäis und der Städte der kleinasiatischen Küstenregion zu etablieren, trieb Schutzgelder ein, die sie zunächst auf der Insel Delos, sozusagen in internationalem Gewässer, deponierte, 454 schließlich aber nach Athen transferierte und dazu nutzte, die von den Persern zerstörten Bauten der Akropolis in neuem Glanz erstrahlen zu lassen.

Daß dies die zweite Großmacht, das dorische Sparta, das seinen Einfluß vornehmlich als Landmacht auf der Peloponnes geltend machte, auf den Plan rief, war zu erwarten. Es war Perikles, der die kriegerische Auseinandersetzung der für die damaligen Verhältnisse hochgerüsteten Stadtstaaten für unausweichlich ansah und auf einen Präventivschlag drängte, solange er sich für Athen noch Vorteile ausrechnete. 431 brach der Krieg aus, 404 mußte Athen bedingungslos kapitulieren.

An die Stelle der demokratischen Verfassung trat eine Herrschaft von 30 Männern, die ein tyrannisches Regime etablierten (vgl. Kap. 20). Als ihr Anführer setzte sich Kritias durch, ein Mann von vornehmer Abkunft, ein Verwandter Platons, gebildet, Verfasser von Gedichten und Tragödien, ein Sophist, der die Götter für eine Erfindung kluger Gesetzgeber hielt, skrupellos. Ihre Stellung sicherte eine spartanische Besatzung ab.

Aus Athen geflüchteten Demokraten gelang es schon bald, die Tyrannen zu stürzen. Im Sommer 403 wurde die demokratische Verfassung wiederhergestellt. Die Dreißig erhielten freien Abzug, im übrigen wurde eine allgemeine Amnestie erlassen, die die Begleichung offener Rechnungen unter politischen Gegnern unterband. Prozesse zu führen, war freilich niemand gehindert.

Die Aufgabe, die die Polis zu bewältigen hatte, war nicht leicht: Es galt, die durch den langen Krieg und die mit Verlusten und Auflagen verbundene Niederlage zu verkraften, inneren Frieden herzustellen und zu wahren, Moral und Religion wieder im Bewußtsein der Bürger zu verankern. Unser Land kennt die Unsicherheiten und restaurativen Tendenzen, die nach verlorenen Kriegen herrschen. Ein Symptom der Labilität des langsam zu sich selbst zurückfindenden Staates war nicht zuletzt der Prozeß des Sokrates.

3. Die Gesellschaft

In der Stadt selbst, die eine Fläche von etwa 215 Hektar umfaßte, lebten im 4. Jahrhundert ca. 20.000 Menschen, im 5. Jahrhundert wohl etwas mehr. Die Stadtmauern hatten einen Umfang von 6 Kilometern. In 20 Minuten konnte man bequem von einem Ende der Stadt zum anderen laufen. Die Einwohnerschaft von Attika dürfte 250.000 Menschen umfaßt haben. Die Frauen waren in der Regel ins Haus verbannt, dort in das obere Stockwerk oder in den abgelegenen Teil, die Gynaikiotis. Sie nahmen aber an religiösen Festen teil, z.B. Prozessionen und Beerdigungen, und durften – aller Wahrscheinlichkeit nach – die Thea-

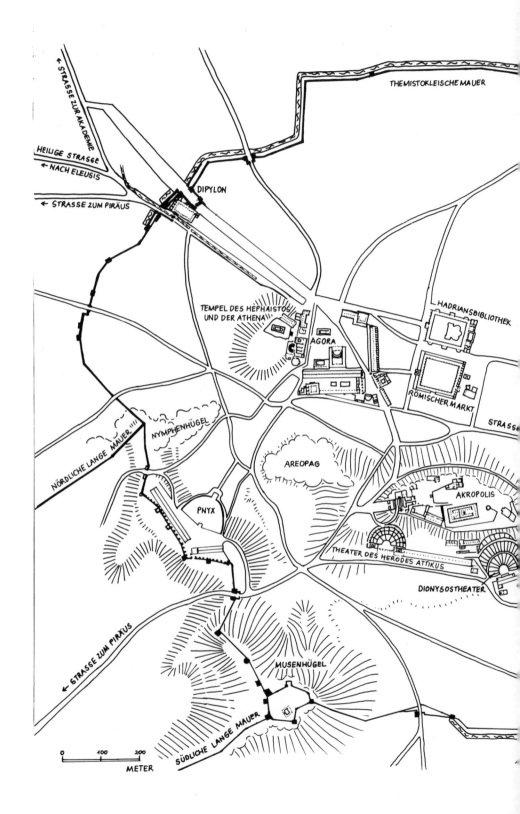

STRASSE ZUR AKADEMIE

HEILIGE STRASSE

← NACH ELEUSIS

← STRASSE ZUM PIRÄUS

DIPYLON

THEMISTOKLEISCHE MAUER

TEMPEL DES HEPHAISTOS
UND DER ATHENA

AGORA

HADRIANSBIBLIOTHEK

RÖMISCHER MARKT

STRASS

NÖRDLICHE LANGE MAUER

NYMPHENHÜGEL

AREOPAG

PNYX

AKROPOLIS

THEATER DES HERODES ATTIKUS

DIONYSOSTHEATER

← STRASSE ZUM PIRÄUS

MUSENHÜGEL

SÜDLICHE LANGE MAUER

0   100   200

METER

teraufführungen besuchen, wenn sie auch auf den oberen Rängen, getrennt von ihren Ehemännern, Platz nehmen mußten. Daß Frauen in den Handwerksbetrieben ihrer Männer mitarbeiteten, war, wie Vasenbilder ausweisen, keineswegs unüblich. Die Rolle der Frauen in der Gesellschaft definiert kurz und bündig Demosthenes (384-322).

> „Die Hetären haben wir für unser Vergnügen, die Konkubinen für die täglichen Bedürfnisse unseres Körpers und die Ehefrauen als Mutter unseres legitimen Nachwuchses und als dessen Hüterinnen."
>
> 59, 22

Die Schätzungen über die Zahl der Sklaven in Athen schwanken sehr stark. Sicher ist, daß nur ein kleiner Teil der freien Bürger, etwa ein Viertel, sich Sklaven leisten konnte, in der Regel einen, höchstens zwei. Die meisten gehörten wenigen Großunternehmern, die sie dem Staat verpachteten, zum Beispiel zur Arbeit in den Silberbergwerken von Laureion, oder waren Eigentum der Polis und leisteten Ordnungsdienste. Wenn man von den elenden Bedingungen hört, unter denen sie vegetieren mußten, meint man die Bergwerkssklaven. Rechtlich war der Sklave eine Sache.

Unter den Bürgern ist zu unterscheiden zwischen den Söhnen in Athen gebürtiger freier Eltern, die über alle Rechte politischer Mitwirkung verfügten, und den Metöken, Bürgern anderer Stadtstaaten, die keinen Grund und Boden erwerben, aber ohne Einschränkung jeden Beruf ausüben durften. Sie verfügten weder über aktives noch über passives Wahlrecht. Die meisten waren reiche Leute, die ihren Handwerksbetrieb führten oder Handel trieben.

Als Siedlungs-, Kult- und Wirtschaftsverband umfaßte die Polis alle Bürgerinnen und Bürger, Metöken männlichen und weiblichen Geschlechts, Sklavinnen und Sklaven, als Abstammungsgemeinschaft nur die Bürgerinnen und Bürger und als Mitwirkungsgemeinschaft schließlich nur die Bürger.

Den Bildungsstand müssen wir uns relativ hoch vorstellen: In der 405 aufgeführten aristophaneischen Komödie die „Frösche" sagt der Chor zu den um den Ehrensitz im Totenreich streitenden Dichtern Aischylos und Euripides:

> „Wenn ihr aber fürchtet, die Zuschauer seien ungebildet und würden die Feinheiten in euren Reden nicht begreifen, so seid deswegen unbesorgt. Denn es ist nicht mehr so wie früher. Die Leute sind durch den Krieg weit herumgekommen. Jeder treibt Lektüre und lernt aus Büchern, was recht und gut ist in der Dichtung. Sie sind schon von Natur aus sehr kluge Köpfe, so hat die Bildung ihnen jetzt noch den letzten Schliff gegeben. Nein, da braucht ihr keine Angst zu haben. Geht nur richtig aufeinander los. Was die Zuschauer betrifft, so könnt ihr sicher sein, daß sie gebildet sind."
>
> VV. 1105-1118

Es gab kein von Staats wegen organisiertes und bezahltes Erziehungssystem. Bildung war Privatsache, aber, wie wir aus Platons Dialog „Kriton" lernen, auch Ehrensache. Sokrates, der aus einer Steinmetzfamilie stammte, genoß eine solide Grundbildung, freilich auch nicht mehr. Man lernte rechnen, lesen, schreiben, singen. Als Schulbuch dienten die homerischen Epen. So lernten die jungen Griechen zugleich auch die Götter und Heroen kennen und die Mythen, die sich um sie rankten.

Wer dann nicht im elterlichen Betrieb mit Hand anlegen mußte, sondern dank des väterlichen Vermögens über Muße, schole, otium, verfügte, setzte seine Ausbildung in den Gymnasien fort, ließ sich für viel Geld von den Sophisten in der Rhetorik ausbilden oder schloß sich – kostenlos, versteht sich – Sokrates an, der auf der Agora die Menschen in Gespräche verwickelte (vgl. Kap. 4).

4. Die Kultur

Wir kehren zurück zu den Perserkriegen. Die erstaunlichen Siege der relativ kleinen Stadtstaaten über das gewaltige Perserreich warf Fragen auf: Man wollte sich nicht mehr damit begnügen, Ereignisse chronologisch aneinanderzureihen und so der Nachwelt zu überliefern, man wollte vielmehr Ursachen erforschen und versuchen, dem Gang der Geschichte einen Sinn abzugewinnen. So entsteht Geschichtsschreibung, zugleich Geschichtsphilosophie. Sie ist – wie auch die Tragödie – ein Sproß der homerischen Epik. Ihr erster bedeutender Vertreter ist Herodot, der im kleinasiatischen Halikarnassos geboren worden ist und einen großen Teil seines Lebens in Athen verbracht hat. Er schreibt die Geschichte der Perserkriege.

Die Geschichte des peloponnesischen Krieges schreibt Thukydides. Über seine Ursachen und Anlässe heißt es bei ihm:

> „Es fing damit an, daß Athener und Peloponnesier den dreißigjährigen Vertrag aufhoben, den sie nach der Einnahme Euboias geschlossen hatten (445). Die Ursachen, warum sie ihn aufhoben, und die Streitpunkte schreibe ich vorweg, damit nicht später einer fragt, woher denn ein solcher Krieg in Hellas ausbrach. Den wahrsten Grund freilich, zugleich den am meisten verschwiegenen, sehe ich im Wachstum Athens, das die erschreckten Spartaner zum Kriege zwang."

1, 23

Wirkkraft ist die menschliche Natur, genauer: die Verhaltensweise des Menschen in der Masse und in der Krise. Thukydides analysiert sie so, wie der Arzt Hippokrates den kranken Menschen beobachtet und aus dem Verlauf der Krankheit seine Schlüsse zieht. Thukydides verzichtet darauf, Götter für den historischen Prozeß verantwortlich zu machen.

Das 5. Jahrhundert ist das Jahrhundert der Aufklärung. Die Frage nach der Wahrheit, nach der Herkunft, Begründung und Gültigkeit von Maßstäben hatte

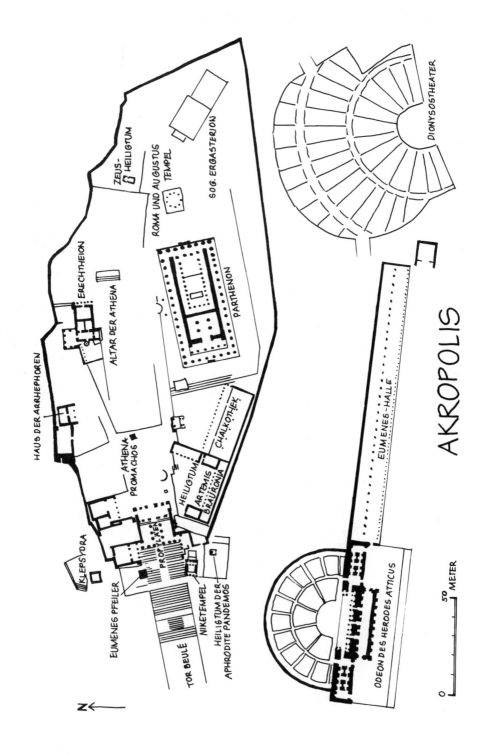

AKROPOLIS

N

HAUS DER ARRHEPHOREN

KLEPSYDRA

EUMENES PFEILER

TOR BEULE

NIKETEMPEL

HEILIGTUM DER
APHRODITE PANDEMOS

PROPYLÄEN

ATHENA-
PROMACHOS

ERECHTHEION

ALTAR DER ATHENA

ATHENA PROMACHOS

HEILIGTUM
ARTEMIS
BRAURONIA

CHALKOTHEK

PARTHENON

ZEUS-
HEILIGTUM

ROMA UND AUGUSTUS
TEMPEL

SOG. ERGASTERION

DIONYSOSTHEATER

EUMENES-HALLE

ODEON DES HERODES ATTICUS

0   50
                  METER

Der PARTHENON

die Menschen schon im 6. Jahrhundert bewegt. Bei Homer – im 8. Jahrhundert – garantieren noch die Musen die Wahrheit des Gesagten:

„Nenne mir, Muse, den Mann" (Odyssee, 1, V. 1)

Bei dem etwas jüngeren Hesiod (ca.700) verkünden die Musen auch Falsches, ohne daß der Dichter ein Kriterium hätte, es von Richtigem zu unterscheiden:

„Wir wissen viel Trügerisches zu sagen, dem Wirklichen ähnlich,
Wir wissen aber auch, wenn wir es wollen, Wahres zu künden."

Theogonie, VV. 27 u. 28

Der zu den sogenannten Vorsokratikern zählende Philosoph Xenophanes aus der kleinasiatischen Stadt Kolophon (570-478) formuliert dann die Einsicht, derzufolge wir Menschen über kein Kriterium verfügen, zu entscheiden, ob das Gewußte wahr ist oder nicht:

„Und das Genaue hat nun freilich kein Mensch gesehen, und es wird auch niemanden geben, der es weiß über die Götter und alles, was ich sage. Denn wenn es jemandem auch im höchsten Grade gelingen sollte, Wirkliches auszusprechen, selbst weiß er es gleichwohl nicht. Für alles gibt es Vermutung."

fr. 21 B 34 (Diels-Kranz)

Der aus Abdera in Thrakien stammende Sophist Protagoras (480-415) hat aus dieser Erkenntnis die Konsequenz gezogen und den je einzelnen Menschen zum Maßstab der Wahrheit gemacht (vgl. Kap. 1). Die Möglichkeit, Aussagen über die Götter zu machen, schließt Protagoras aus:

„Über die Götter allerdings habe ich keine Möglichkeit zu wissen, weder daß sie sind noch daß sie nicht sind, denn vieles gibt es, was das Wissen hindert: die Nicht-Wahrnehmbarkeit und daß das Leben des Menschen kurz ist."

fr. 80 B 1, 4 (Diels-Kranz)

Zwischen 411 und 408 sind die „Phönikerinnen" des Euripides aufgeführt worden, in denen es heißt:

„Wenn für alle dasselbe gut und weise wäre,
Dann gäbe es keinen Hader, keinen Streit unter den Menschen.
Doch nichts Ähnliches und nichts Gleiches gibt es bei den Sterblichen
Außer Worte. Für die Sache gilt das nicht."

VV. 499-502
(Vgl. Hans Peter Engelhard, a.a.O., S. 18-28)

Politisch ergibt sich aus dieser Position eine Legitimierung des positiven Rechts.

„Daher wird nun gesetzlich dieses unrecht und häßlich genannt, das Streben, mehr zu haben als die meisten, und sie nennen es Unrechttun.

Die Natur selbst aber, denke ich, beweist dagegen, daß es gerecht ist, daß der Edlere mehr habe als der Schlechtere und der Tüchtigere als der Untüchtige. Sie zeigt aber vielfältig, daß sich dieses so verhält, sowohl an den übrigen Tieren als auch an allen Staaten und Geschlechtern der Menschen, daß das Gerechte so bestimmt ist, daß der Bessere über den Schlechteren herrsche und mehr habe. Denn nach welchem Recht führte Xerxes Krieg gegen Hellas, oder dessen Vater gegen die Skythen? Und tausend anderes der Art könnte man anführen. Also, meine ich, tun sie dieses der Natur gemäß, und, beim Zeus, auch dem Gesetz gemäß, nämlich dem der Natur, aber freilich nicht nach dem, welches wir selbst willkürlich machen, die wir die Besten und Kräftigsten unter uns gleich von Jugend an, wie man es mit dem Löwen macht, durch Besprechung gleichsam und Bezauberung knechtisch einzwängen, indem wir ihnen immer vorsagen, alle müssen gleich haben, und dies sei eben das Schöne und Gerechte. Wenn aber, denke ich, einer mit einer recht tüchtigen Natur zum Manne wird: so schüttelt er das alles ab, reißt sich los, durchbricht und zertritt all unsere Schriften und Gaukeleien und Besprechungen und widernatürlichen Gesetze und steht auf, offenbar als unser Herr, er der Knecht, und eben darin leuchtet recht deutlich hervor das Recht der Natur."

Platon, Gorgias, 483c-484a
(Übersetzung: Friedrich Schleiermacher)

Hier werden Auffassungen, wie sie auch Thukydides vertritt, philosophisch fundiert. Thukydides sieht die außenpolitische Entwicklung Athens bestimmt von einem sich immer stärker ausprägenden Willen zur Macht.

Recht ist, was den jeweiligen Machthabern als richtig erscheint und entsprechend festgesetzt wird. Das gilt auch für die Demokratie. Von dem Sophisten Thrasymachos aus Chalkedon in Kleinasien, der in der 2. Hälfte des 5. Jahrhunderts lebte, überliefert Platon folgende These:

„Jede Herrschaft gibt ihre Gesetze zu ihrem Vorteil, die Demokratie demokratische, die Tyrannis tyrannische und so weiter."

Staat, 338e

Ausdruck des Bestrebens, Reichtum und Macht eindrucksvoll zu dokumentieren, sind auch die in der Zeit des Perikles nicht zuletzt mit den Geldern der Mitglieder des attisch-delischen Seebundes finanzierten Bauten auf der Akropolis.

Gab es Gegenkräfte gegen diese sophistisch-subjektivistischen und machtpolitischen Tendenzen? Ja: die Tragödie. Sie variiert immer wieder neu den Gruß, den Apollon dem Besucher seiner Heiligtums in Delphi mahnend entbietet: „Erkenne dich selbst". Als sterblich und verletzlich, fehlbar und hinfällig erfährt sich der Mensch in der Tragödie. Im Göttlichen sind die ungeschriebenen Gesetze verankert, auf die sich die sophokleische Antigone beruft. Sie fordern

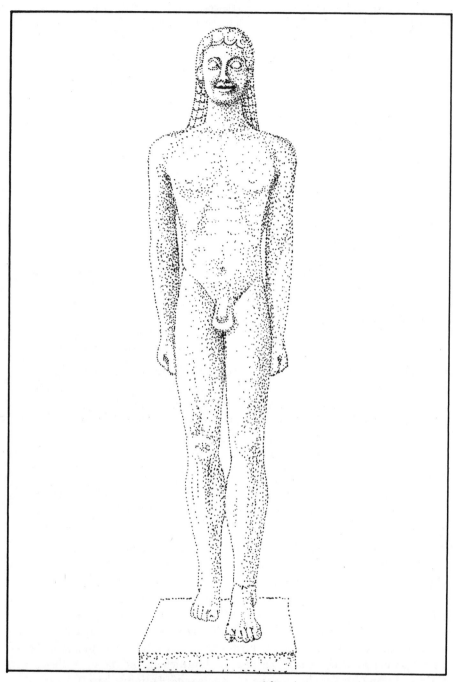

STEHENDER JÜNGLING
Mitte 6. Jh. v. Chr. Athen

NIKE des PAIONIOS in Olympia
um 420 v. Chr.

Achtung vor den Eltern, den Hilfsbedürftigen, dem Gast, dem Fremden und dem Toten.

„Nicht heut und gestern nur, die leben immer, und niemand weiß, woher sie gekommen sind."

VV. 456 und 457

Kreon, Antigones Gegenspieler, ist der Prototyp eines Politikers, der alles Denken und Handeln den Kategorien von Freund und Feind unterwirft und sich Macht selbst noch über das Reich der Toten anmaßt. Und eine weitere Gegenkraft ist der Sokrates, den Platon in der Apologie zu uns sprechen läßt.

Sichtbaren Ausdruck findet das Menschenbild des 5. Jahrhunderts in der bildenden Kunst: Der Kontrapost wird eingeführt; das die Archaik charakterisierende Lächeln der Kuroi und Korai weicht einem nachdenklichen Ernst: Der Mensch hat sein blindes Gottvertrauen verloren. Im Widerstreit von These und Antithese, Argument und Gegenargument, Freiheit und Bindung, Glauben und Wissen, Macht und Moral versucht er, den Sinn des Kosmos zu ergründen und sich seiner Stellung in ihm zu vergewissern. Heraklit spricht einmal von einer „palintonos harmonia", einer „gegenspännigen Verbindung" (G. S. Kirk u.a., a.a.O., S. 210). Sie findet in den Skulpturen sinnfälligen Ausdruck.

5. Das Gerichtswesen

Attisches Recht hat sich im Laufe der Zeit entwickelt und ist nie in einem Gesetzestext zusammenfassend kodifiziert worden.

Der erste Gesetzgeber war Drakon (2. Hälfte des 7. Jhd.). In der Formulierung „drakonische Strafen" lebt sein Name bis heute fort. Die Justiz wurde der Willkür des Adels entzogen und auf eine normative Grundlage gestellt.

Entscheidend war die Reform Solons (595/94). Er schuf die Geschworenengerichte. Jeder Bürger, der das 30. Lebensjahr vollendet hatte und im Besitz der bürgerlichen Rechte war, konnte Richter werden (Aristoteles, Staat der Athener, Kap. 69). Ausgenommen waren die Beamten, die das Gerichtswesen zu überwachen hatten. Es gab keine juristische Ausbildung, alle Richter waren Laien. Jährlich wurden sechstausend bestimmt, die durch das Los den einzelnen Gerichtshöfen zugeteilt wurden. Seit 400 geschah das erst am Morgen eines Prozesses. Richter konnte man immer wieder werden, sooft das Los es bestimmte. Das Losverfahren spielte in der Demokratie Athens eine große Rolle. Es mag sich aus der Vorstellung entwickelt haben, daß man der Gottheit die Entscheidung überlassen wollte (vgl. Platon, Gesetze, 690 und 759). Die Gerichtshöfe, deren es etwa ein Dutzend gab, waren mit 201, 501, 1001, 1501, ja sogar 2501 Geschworenen besetzt, vielleicht auch mit 200, 500 etc. Für besonders wichtige Prozesse, wie den Arginusenprozeß (vgl. Kap. 20), war die Volksversammlung zuständig, für die ein Quorum von 6000 Bürgern vorgeschrieben war. Das Prinzip der Gewaltenteilung kannte man nicht. Es ist erstmals von Montesquieu im Jahre 1748 formuliert worden. Es gab 170 bis 200 Gerichtstage im Jahr. Damit die Ausübung des Richteramtes nicht auf die Schicht der Wohlhabenden begrenzt war, hatte Perikles einen Richtersold eingeführt. Er betrug zunächst zwei, später drei Obolen und deckte die Ausgaben für die Verpflegung eines Tages. Die Prozesse mußten an einem Tag beendet werden. Kläger konnte jeder Bürger sein, sofern es sich um Angelegenheiten handelte, die die Öffentlichkeit betrafen. Staatsanwälte gab es nicht. Errang der Kläger jedoch bei der Schlußabstimmung nicht wenigstens ein Fünftel der Stimmen, wurde er zu einer Geldstrafe verurteilt, und er verlor das Recht, als Kläger aufzutreten. Damit wollte man Mißbrauch verhindern. Die Klage brauchte sich nicht auf einen definierten Rechtsgrundsatz zu beziehen. So war der Tatbestand der Asebie, der fehlenden Frömmigkeit, deren Sokrates beschuldigt wurde, nirgends festgelegt.

Die Klage wurde bei dem zuständigen Beamten (Archon) eingereicht und beschworen. Auch die Richter mußten einen Eid leisten und sich verpflichten, sich an die Gesetze sowie die Beschlüsse des Volkes und des Rates der Fünfhundert zu halten. Der Wortlaut ist uns bei Demosthenes folgendermaßen überliefert.

„Ich werde meine Stimme abgeben nach den Gesetzen und Beschlüssen des Volkes der Athener und des Rates der Fünfhundert. Und ich werde nicht dafür meine Stimme abgeben, daß eine Tyrannis oder eine Oligarchie eingeführt wird. Und wenn einer die Herrschaft des Volkes der Athener beseitigen will, entsprechend redet oder einen entsprechenden Antrag stellt, werde ich ihm nicht darin Folge leisten. Auch nicht, wenn es um einen Erlaß der privaten Schulden oder um eine Neuverteilung von Land- oder Hausbesitz athenischer Bürger geht; und die Verbannten werde ich nicht in die Gemeinschaft zurückführen, auch nicht die, die zum Tode verurteilt sind, andererseits werde ich nicht die Verbannung derer betreiben, die nicht verbannt sind, gegen die bestehenden Gesetze und die Beschlüsse des Volkes der Athener und des Rats: Weder ich selbst werde es tun, noch werde ich zulassen, daß es ein anderer tut. Und ich werde nicht zustimmen der Ernennung jemandes zu einem Amt, der noch Rechenschaft schuldet für ein anderes Amt ...
Und es darf einer nicht zweimal dasselbe Amt bekleiden und nicht zwei Ämter im selben Jahr. Und ich werde auf keine Art und Weise Geschenke annehmen im Zusammenhang mit meiner Tätigkeit als Richter, weder ich selbst noch jemand anderes für mich mit meinem Wissen. Und ich bin nicht jünger als 30 Jahre. Und ich werde beiden, dem Ankläger und dem Verteidiger, in gleicher Weise zuhören, und ich werde abstimmen über den Sachverhalt, der jeweils Gegenstand der Klage ist. Der den Eid leistet, soll schwören bei Zeus, Poseidon, Demeter, und er soll sich selbst und sein Haus verfluchen und dem Verder-

ben preisgeben, falls er eine dieser Bestimmungen übertreten sollte; wenn er aber den Eid hält, soll ihm viel Gutes beschieden sein."

Rede gegen Timokrates, (24), § 149–151

Der Eid endet, der Tradition entsprechend, mit der Anrufung der Götter, der Selbstverfluchung und der Segensformel. So ist er eingebettet in die Religion.

Die Praxis sah freilich anders aus, als es der Eid vermuten läßt. Die Richter sahen sich Versuchungen ausgesetzt und erlagen ihnen nicht selten. Mag auch der folgende Monolog eines Richters überzeichnet sein, da er aus einer Komödie stammt. Er hätte seine Wirkung verfehlt, wenn er in der Realität keine Grundlage gehabt hätte. 422 ist die aristophaneische Komödie „Die Wespen" aufgeführt worden:

„Bei dem Eintritt gleich in die Schranken beweis' ich dir klar und
    unwiderleglich:
Daß sich unsre Gewalt wohl messen darf mit der Herrschaft jedes
    Monarchen!
Welch Wesen auf Erden ist hoch beglückt, gefeiert und reich wie ein
    Richter,
Hat Freuden die Füll', ist gefürchtet zugleich, wie ein Richter, vor
    allem ein alter?
Am Morgen gleich, wenn er kriecht aus dem Bett, da erwarten ihn
    mächtige Männer,
Vier Ellen hoch, an den Schranken schon: Ich trete herzu, und
    entgegen
Streckt einer sogleich mir die samtene Hand, die den Säckel des Staates
    bestohlen.
Sie verneigen sich tief, und sie bitten und flehn und schwimmen in
    Tränen und schluchzen:
O erbarme dich, Vater, o laß dich erflehn, wenn du jemals im Amte
    wohl selber
Dich ein bißchen vergriffen, hier oder im Feld bei dem Einkauf für die
    Soldaten! –
Wo wüßte so einer von mir, daß ich leb', hätt ich früher ihm nicht
    schon geholfen?
...
So tret' ich hinein und bin leidlich gerührt, rein weggewischt ist da
    mein Ingrimm!
Ja, jenseits der Schranken – da tu' ich von all dem Versprochenen nicht
    das geringste!
Da hör' ich sie alle, die Stimmen, die laut Freisprechung verlangen, mit
    Gleichmut!
Gibt's irgend was Schönes, was Süßes, das dort nicht ein Richter zu
    hören bekäme?

Die heulen mir vor, wie sie blutarm sei'n, und die Not, die sie drückt,
  sie vergrößern
Sie zwanzigfach noch, bis ihr Elend so groß, herzbrechend ist, just –
  wie das meine!
Der erzählt mir Histörchen, ein anderer bringt mir aisopische Fabeln
  und Schwänke,
Ein anderer macht Witze und sucht meinen Zorn durch Zwerchfell-
  erschütterung zu lindern!
Und kann uns das alles nicht rühren das Herz, dann schleppen sie
  plötzlich die Kinder
An der Hand herbei, die Bübchen sowohl als die Mädchen; da sitz' ich
  und horche:
Sie blöken zusammen und hängen die Köpf', und um ihretwillen
  beschwört mich
Der Vater, als wär' ich ein Gott, mit Furcht und Zittern, ihn nicht zu
  verdammen!
O wenn dich das Blöken des Lämmleins erfreut, so erhöre die Stimme
  der Bübchen;
Ergötzt du dich aber an Schweinchen, so laß durch des Töchterchens
  ihre dich rühren! –
Da geruhen wir wohl die Saiten des Zorns ein bißchen herunter-
  zustimmen!
Das heißt doch, gewaltig, allmächtig sein und dem Reichtum ins
  Angesicht lachen?
...
Und das Schönste von allem, das Köstlichste just, das hätt' ich beinahe
  vergessen! –
Ich komme nach Haus, mit der Löhnung im Maul (Münzen wurden unter
  der Zunge aufbewahrt), da umringen mich alle begrüßend
Und tun mir gar schön von wegen des Gelds, und mein Töchterchen
  wischt gar behende
Jedes Stäubchen mir ab und salbt mir die Füß' und umhalst mich und
  drückt mich und hätschelt
Und küßt mich: Mein liebes Papachen! und fischt die drei Obolen
  (1 Drachme = 6 Obolen) 'raus mit der Zunge!
Mein Weibchen auch kommt und liebkost mich und bringt mir
  gebackene Küchlein
Und setzt sich zu mir und nötigt mich, ach, und wie freundlich: Mein
  Alterchen, iß doch,
Greif zu! Und ich hab' meine Freude daran."

VV. 548–75, 605–12
(Übersetzung: nach Ludwig Seeger)

Ebenso wenig wie Staatsanwälte gab es Rechtsanwälte. Männer mußten ihre Sache als Kläger und Angeklagte vor Gericht selbst vertreten. Sie konnten sich allerdings gegen Bezahlung von sogenannten Logographen eine Rede schreiben lassen. Frauen mußten sich vertreten lassen.

Der Prozeß war öffentlich und fand in der Regel unter freiem Himmel statt. Wir kennen die Gerichtsstätten im einzelnen nicht, sie dürften an der Agora gelegen haben. Vor Beginn des Prozesses kannten die Richter lediglich den oder die Kläger und den oder die Angeklagten sowie den Wortlaut der Klage. Es gab keine Akten, die weitere Auskünfte hätten geben können.

Der Raum, in dem, oder der Platz, auf dem der Prozeß stattfand, wies drei Tribünen auf: für die Anklage, für die Verteidigung, für den jeweiligen Sprecher.

Jedem Redner stand eine begrenzte Redezeit zu. Sie wurde mit der Wasseruhr (Klepsydra) gemessen. Ein Prozeß dauerte etwa zweieinhalb Stunden. Die Leitung hatte ein Beamter. Der Redner durfte seinen Gegner in ein Verhör verwickeln. Aber weder der Vorsitzende noch die Richter durften Fragen an die Prozeßparteien richten. Die Vorladung unparteiischer Zeugen war nicht vorgesehen. Das Verfahren glich einem Agon, einem Wettkampf, in dem es am Ende einen Sieger und einen Besiegten gab. Der Ankläger hieß „der Verfolger", der Angeklagte „der Verfolgte". Ohne Diskussion wurde über „schuldig" oder „nicht schuldig" abgestimmt. Die einfache Mehrheit entschied. Die Entscheidung wurde nicht begründet. Berufung konnte nicht eingelegt werden, es gab nur eine Instanz.

In der Regel war das Strafmaß nicht gesetzlich festgelegt. Kläger und Angeklagte stellten jeweils ihre Anträge. Die Richter mußten sich für einen von beiden entscheiden. Sie hatten keine Möglichkeit, ihrerseits eine Ausgleichsregelung vorzuschlagen. Was die Mehrheit beschloß, galt als festgelegt. So kam alles auf die Fähigkeit der Parteien an, die Richter zu überzeugen bzw. zu überreden. Dabei bediente man sich nicht nur aller Mittel der Rhetorik, sondern versuchte auch, Mitleid zu erregen, indem man seine Frau, seine Kinder, seine Verwandten auftreten ließ. So glich der Prozeß wohl häufig eher einem Schauspiel als einer ernsten Sachauseinandersetzung.

Für Mord war nicht die Heliaia, die Volksgerichtsbarkeit, sondern der Areopag zuständig, dessen Mitglieder sich aus den gewesenen hohen Beamten rekrutierten.

6. Die Religion

An die Götter glauben hieß nicht, einer Kirche angehören, an eine heilige Schrift, an Dogmen glauben, Autoritäten Gehorsam schulden; es bedeutete, an den von der Polis organisierten Feiern, an Prozessionen, Gebeten, Opfern teilzunehmen und sich dadurch zur Polis als einer Kultgemeinschaft zu bekennen und ihre

RELIEFPLATTE AUS DEM PARTHENONFRIES

SOKRATES

Gottheiten anzuerkennen. Die innere, persönliche, nicht-öffentliche Glaubenseinstellung stand nicht zur Debatte.

Niemandem wäre es eingefallen, Glaubensfreiheit als individuelles Recht gegenüber dem Staat zu reklamieren oder das Recht auf Selbstverwirklichung des Individuums einzufordern, auch Sokrates nicht. Sein Anliegen war es vielmehr, darzulegen, daß er sich im Rahmen der tradierten Vorstellungen und Gepflogenheiten bewegte (vgl. Kurt Roeske, a.a.O., S. 147-150).

Tat er das wirklich? Und wenn er es tat, wie konnte es dann zu der schwerwiegenden Anklage kommen? Diese Fragen werden uns beschäftigen.

7. Sokrates

Wir kennen nur wenige Daten aus seinem Leben. 469 wurde er in Athen als Sohn des Sophroniskos, eines Steinmetzen, und der Phainarete, einer Hebamme, geboren. Vielleicht war der Beruf der Mutter aber auch nur eine literarische Fiktion. Sokrates wurde auch selbst Steinmetz. Er war verheiratet mit der wohl sehr viel jüngeren Xanthippe und hatte mit ihr drei Kinder (vgl. Kap.23).

Er nahm als Hoplit, das heißt, als Soldat der schweren Infanterie, am peloponnesischen Krieg teil und kämpfte mit in den Schlachten bei Potidaia 432/31 – dies ist nach dem Geburtsjahr das früheste gesicherte Datum seiner Biographie–, Delion 424 und Amphipolis 422 (vgl. Kap. 17).

406 war er Prytane, d.h. er gehörte der Gruppe von 50 Ratsherren an, die für ein Zehntel des Jahres die Exekutive bildete. Vielleicht war er sogar der Leiter dieser Gruppe, als er vergeblich versuchte, eine gesetzwidrige kumulative Abstimmung der Volksversammlung über angeklagte Feldherrn zu verhindern. Diese hatten es angeblich versäumt, sich nach einer Seeschlacht um die Schiffbrüchigen zu kümmern. Unter der Herrschaft der dreißig Tyrannen (404/03) weigerte sich Sokrates, einen nach Aigina geflohenen Demokraten zur Hinrichtung nach Athen zu holen (vgl. Kap. 20).

Abgesehen von den Feldzügen hat er Athen nie verlassen (Platon, Phaidros, 230d). Die Nachricht, er sei einmal zu den Isthmischen Spielen gereist (Platon, Kriton, 52b) ist zweifelhaft. 399 wird er angeklagt und zum Tode verurteilt. Einen Monat muß er im Gefängnis warten, bis das Urteil vollstreckt wird (Xen., Mem., 4, 8, 3).

Er ist der erste Philosoph, von dem wir wissen, wie er aussah. Alkibiades beschreibt ihn in Platons „Symposion" so:

> „Ich behaupte, daß er jenen Silenen sehr ähnlich ist, die in den Werkstätten der Bildhauer stehen, und ich behaupte weiter, daß er dem Satyr Masryas gleicht."
>
> *215a-b*

Die Silene oder Satyrn – die Begriffe werden hier und seit dem 5. Jahrhundert allgemein synonym gebraucht – sind menschliche Wesen mit Attributen von Pferden (Ohren, Schweif, Hufe). Charakteristika sind große runde Augen, eine Stülpnase und ein starker Bart. So ist denn auch in Platons „Phaidros" von einem jungen Mann die Rede, der nicht schön sei, sondern „mit der aufgeworfenen Nase und den heraustretenden Augen" wie Sokrates aussehe (143e).

In Xenophons „Symposion" tritt ein gewisser Kritoboulos in einem Schönheitswettbewerb gegen Sokrates an. Zunächst wird Schönheit als Zweckmäßigkeit definiert. Dann heißt es:

> „Weißt du, fragte Sokrates, wozu wir die Augen gebrauchen?
> Natürlich zum Sehen, antwortete Kritoboulos.
> Dann sind doch wohl meine Augen schöner als deine.
> Wie das?
> Weil deine nur geradeaus sehen, meine aber auch zur Seite, weil sie hervorstehen.
> Gut, sagte er, welche Nase ist schöner, deine oder meine?
> Ich glaube, meine, sagte er; haben uns doch die Götter die Nase zum Riechen geschaffen. Deine Nasenlöcher schauen nun aber zur Erde, meine sind weit geöffnet, so daß sie Gerüche von allen Seiten aufnehmen können.
> Wie kann denn eine nach oben gebogene Nase schöner sein als eine gerade?
> Weil sie, sagte er, kein Hindernis darstellt, sondern die Augen sich genau auf das richten können, was sie sehen wollen. Die hohe Nase ist für die Augen gleichsam wie eine Trennmauer und folglich schädlich.
> Was den Mund angeht, sagte Kritoboulos, so gebe ich mich geschlagen. Da er ja zum Beißen geschaffen ist, kannst du viel Größeres beißen als ich.
> Glaubst du nicht, daß mein Kuß auch weicher ist als der deine, weil ich dickere Lippen habe?"

5, 5-7

So verbinden sich mit dem silenenhaften Äußeren die Eigenschaften der Verschmitztheit, des Humors, auch des Sinnlichen. Silene verknüpfte man mit Dionysos, dessen Trabanten sie wurden; ein Silen avancierte gar zum Erzieher des Gottes. Und so mag auch dies, der erzieherische Eros, eine über das Menschliche hinausweisende Wirkung, in dem Vergleich mitgedacht worden sein. Alle uns überlieferten Bildnisse des Sokrates zeigen silenenhafte Züge, die mehr oder weniger vergeistigt sind. Unserer Zeichnung liegt die römische Kopie eines griechischen Originals aus dem 4. Jahrhundert zugrunde. Die Häßlichkeit ist stark gemildert.

SILEN

„Sokrates" war der Spitzname des Helden und Erzählers, eines Lehrers der alten Sprachen, in Cees Nootebooms Roman „Die folgende Geschichte", „... und das war gut getroffen, denn so sah ich aus. Sokrates ohne Bart und mit Brille, das gleiche klumpige Gesicht, bei dem keiner je an Philosophie denken würde, wenn wir nicht zufällig wüßten, welche Worte diese Specklippen unter der stumpfen Nase mit den breiten Nasenlöchern gesprochen hatten und welche Gedanken hinter dieser Schlägerstirn entstanden waren." (a.a.O., S. 31).

In der Tat: In Sokrates offenbarte sich die Diskrepanz zwischen Außen und Innen. Für die altgriechische Adelsethik galt als „schön und gut", was Simonides (ca.557/6-ca.468/7) so formuliert:

> „Ein wahrhaft guter Mann zu werden, ist schwer, an Händen und Füßen und Geist vollkommen, ohne Fehl gebaut."
>
> *fr. 4 (Diehl)*

Jetzt ist „schön" soviel wie funktionsgerecht.

8. Xanthippe

Wie Xanthippe, Sokrates' Ehefrau, aussah, wissen wir nicht. Ihr Name wird als Synonym für „böses, zänkisches Weib" gebraucht. In Bert Brechts 1934 verfaßtem „Alfabet" heißt es in einer Strophe:

> „Xanthippe sprach zu Sokrates:
> Du bist schon wieder blau!
> Er sprach: Bist du auch sicher des?
> Er gilt noch heut als Philosoph und sie als böse Frau."

Brecht erweist die tradierte Einschätzung beider, der Xanthippe und des Sokrates, als falsch: Sie schätzt die Situation richtig ein, seine Frage ist dumm und geeignet, die Methode des kritischen Zweifels ganz und gar zu desavouieren.

Ähnlich hat schon Frank Wedekind 1875 im Rückgriff auf Diogenes Laertios (2, 36) Xanthippe rehabilitiert und Sokrates herabgesetzt:

> „Die böse Frau Xanthippe heißt,
> Die ihren Mann am Halstuch reißt.
> Sie goß das volle Nachtgefäß
> Hinunter über Sokrates.
> Da sprach der Weise sehr verlegen:
> Aufs Donnerwetter folgt der Regen."

Die Quelle des schlechten Rufs der Xanthippe ist Xenophon. In seinem „Symposion" hält jemand dem Sokrates vor:

„Du hast die schlimmste Frau von allen, die es gibt, und, glaube ich,
auch von denen, die es je gegeben hat und geben wird."

2, 10

Hier mag eine gegenüber Brecht und Wedekind umgekehrte Tendenz beabsich-
tigt sein. Es adelt Sokrates, wenn er ein so schwieriges Weib klaglos ertragen hat.
Wir möchten annehmen, daß sie sich nicht anders verhalten hat, als es auch andere Frauen tun würden, wenn sie mit einem so eigenartigen und eigenwilligen
Mann verheiratet wären wie Sokrates.

Xanthippe war erheblich jünger als Sokrates. Das Paar hatte drei Kinder,
von denen im Todesjahr des Sokrates erst eines erwachsen war, das heißt, älter
als 18 Jahre.

9. Sokrates und die Sokratiker

Eigenartig, von eigener Art, war er gewiß, dieser Sokrates. Daß er Eindruck auf
die Menschen gemacht hat, daß die Geister sich an ihm schieden, daß man ihn
schätzte und verehrte, verspottete und verfolgte, zu retten suchte und tötete, ist
unzweifelhaft. Wer war der Mensch, der so unterschiedliche Wirkungen ausüb-
te? Da er selbst nichts veröffentlicht hat, sind wir auf sekundäre Quellen angewiesen. Sie vermitteln kein einheitliches Bild. War er der gern konsultierte kluge
Ratgeber in Lebensfragen, der vorbildliche Bürger Athens, wie Xenophon
(430/29-355) ihn uns in seinen Werken (Memorabilien, Symposion, Apologie)
vorstellt, oder war er der Philosoph, der uns in den frühen Dialogen Platons
(427-347) begegnet, der unermüdlich Fragende, in Frage Stellende, Nichtwis-
send-Wissende, inständig Mahnende, oder war er nur der methodische Denker,
der genaue Begriffsbestimmungen suchte, als den ihn Aristoteles (384/3-322)
charakterisiert (Metaphysik 987b)? Und es gab noch zahlreiche andere Sokratiker, Männer, die Sokrates kannten und über ihn schrieben. Von ihnen ist nur
wenig auf uns gekommen.

Wir wollen uns auf diese schwierige, in der Wissenschaft kontrovers diskutierte Frage nicht einlassen. Unser Gegenstand ist der Sokrates der Apologie des
Platon. Wir wissen nicht, wie weit Platon sich an die Realität hält, wie weit er stilisiert. Wir wissen nicht, wie weit er den historischen Sokrates porträtiert, wie
hoch der Anteil des Platonischen im Sokratischen ist.

Genaueres könnte man aussagen, wenn man wüßte, wann die Apologie verfaßt worden ist. Sehr bald nach Sokrates' Tod 399 und unter dem unmittelbaren
Eindruck dieses Ereignisses (vgl. A. Patzer, a.a.O., S. 57) oder erst nach der
Gründung der Akademie 386, nachdem schon eine Reihe platonischer Schriften
veröffentlicht worden war? (Vgl. E. Heitsch, a.a.O. 2002, S. 177-180).

Auch hierüber gibt es unter den Wissenschaftlern keine einhellige Meinung.

Der argentinische Schriftsteller Jorge Luis Borges (1899-1986) stellt in einer Vorlesung über Literatur zwei Hypothesen zu dem Verhältnis Platons zu Sokrates auf. Sie erheben beide nicht den Anspruch, wissenschaftlich fundiert zu sein:

„Vielleicht darf ich Ihnen einen kurzen Überblick über die Geschichte der Bücher geben. Soweit ich mich erinnern kann, haben sich die Griechen nicht viel aus Büchern gemacht. Überhaupt waren die meisten großen Lehrer der Menschheit keine Schreiber, sondern Sprecher. Denken Sie an Pythagoras, Christus, Sokrates, Buddha und so weiter. Und weil ich Sokrates erwähnt habe, möchte ich gern etwas über Platon sagen. Soweit ich mich erinnere, hat Bernard Shaw gesagt, Platon sei der Dramatiker gewesen, der Sokrates erfand, ganz wie die vier Evangelisten die Dramatiker waren, die Jesus erfanden. Vielleicht geht das zu weit, aber etwas Wahres ist daran. In einem seiner Dialoge redet Platon ziemlich geringschätzig über Bücher: „Was ist ein Buch? Ein Buch scheint, wie ein Bild, ein lebendes Wesen zu sein; und dennoch antwortet es nicht, wenn wir es etwas fragen. Daran sehen wir, daß es tot ist." Um das Buch zu einem lebenden Wesen zu machen, erfand er zu unserem Glück den Platonischen Dialog, der die Zweifel und Fragen des Lesers vorwegnimmt.

Wir könnten aber auch sagen, daß Platon sich nach Sokrates sehnte. Nach dem Tode des Sokrates hat er sich oft gefragt: „Was hätte Sokrates wohl über dieses besondere Problem gesagt?" Und um wieder die Stimme des geliebten Meisters zu hören, schrieb er dann die Dialoge. In einigen von ihnen steht Sokrates für die Wahrheit. In anderen hat Platon seine vielen Stimmungen dramatisch gestaltet. Und einige Dialoge kommen gar nicht zu einem richtigen Schluß, denn Platon dachte noch, als er sie schrieb; er kannte die letzte Seite noch nicht, als er die erste schrieb. Er ließ seinen Geist schweifen, und er gab diesem Geist die Gestalt vieler Personen. Ich vermute, sein wichtigstes Ziel war die Illusion, Sokrates sei noch immer bei ihm, obwohl er den Schierling getrunken hatte. Ich glaube, daß dies so ist, weil ich in meinem Leben viele Meister hatte. Ich bin stolz darauf, ein Schüler zu sein – ein guter Schüler, hoffe ich. Und wenn ich an meinen Vater denke, wenn ich an den großen jüdisch-spanischen Autor Rafael Cansinos-Asséns denke, wenn ich an Macedonio Fernández denke, möchte ich auch wieder ihre Stimmen hören. Und manchmal gelingt es mir, mit meiner Stimme ihre Stimmen nachzuahmen, um denken zu können, wie sie gedacht hätten. Sie sind immer bei mir."

FAZ vom 31.08.2002, S. 32

10. Der tote Sokrates und das Volk von Athen

Wie ging es nach Sokrates' Tod weiter im Verhältnis der Athener zu ihrem Philosophen? Gewiß, gebildete Männer bewahrten, wie wir gesehen haben, sein Andenken, setzten sich in Schriften mit ihm auseinander, Philosophenschulen verwalteten und tradierten sein Erbe, wie genau oder ungenau auch immer. Aber das Volk, der Demos? Dem platonischen Dialog „Kriton" kann man entnehmen, daß Sokrates eine Flucht aus dem Gefängnis möglich gewesen wäre: Die Wächter waren bestochen. Da sie gewiß nicht ohne Rückendeckung gehandelt haben, darf man schließen, daß die Athener schon sehr bald nach dem Urteil froh gewesen wären, es nicht vollstrecken zu müssen. Eine direkte Äußerung liegt uns erst bei Diogenes Laertios aus dem 3. Jahrhundert n. Chr. vor. Er schreibt:

> „Nicht lange danach (scil. nach seinem Tod) befiel die Athener eine so große Reue, daß sie die Palästren und Gymnasien schlossen. Meletos verurteilten sie zum Tod, die anderen Ankläger verbannten sie. Sokrates ehrten sie mit einer Bronzestatue, die sie im Pompeion aufstellten. Lysipp hatte sie geschaffen."

2, 43

Das Pompeion war ein sehr repräsentativer Ort im Stadtteil Kerameikos, an dem sich die Teilnehmer der Prozession anläßlich des Panathenäenfestes zu versammeln und die Honoratioren im Anschluß an die Opfer zu speisen pflegten. Die Nachricht ist allerdings zweifelhaft: Von Anytos ist überliefert, daß er noch 384 Archon war, und die Statue des Lysipp dürfte erst um 320 geschaffen worden sein. So müssen wir, was die Reue der Athener betrifft, im Ungewissen bleiben. Eines jedoch ist gewiß: Die Philosophie hat sich seit Sokrates' Tod aus der Öffentlichkeit zurückgezogen, sehr zum Nachteil der Öffentlichkeit.

11. Platon

Platon wurde 428/7 in Athen geboren. Er stammte väterlicher- und mütterlicherseits aus vornehmen Geschlechtern. Zu den Vorfahren der Mutter gehörte Solon. Ihr Bruder war Charmides, ihr Vetter Kritias, beide gehörten zu den 30 Tyrannen. Platon hatte zwei Brüder, Adeimantos und Glaukon, und eine Schwester. Er erhielt eine sorgfältige Erziehung. Etwa 407 lernte er Sokrates kennen. Von der Herrschaft der 30 Tyrannen ebenso wie von der 403 wieder etablierten Demokratie, der Sokrates zum Opfer fiel, enttäuscht, zog er sich aus der Politik zurück. Seine Wanderjahre nach Sokrates' Tod führten ihn unter anderem nach Sizilien zu den Pythagoreern und zu Dionysios I., Tyrann von Syrakus. Der Versuch, den Herrscher für seine staatspolitischen Ideen zu gewinnen, schlug fehl. Er wurde abgeschoben. Einer unsicheren Überlieferung zufolge wurde er auf

PLATON
Antike Marmorkopie
nach einem Bronzeoriginal des 4.Jhd.

dem Sklavenmarkt der Insel Aigina verkauft, erlangte aber rasch seine Freiheit wieder.

386 gründete er die Akademie nahe einem dem Heros Akademos geweihten Gymnasium. Vorbild waren die Pythagoreer. Sakraler Mittelpunkt war ein Musenheiligtum. 366/65 begab sich Platon ein zweites Mal nach Sizilien, diesmal auf Einladung von Dionysios II., dem Sohn und Nachfolger von Dionysios I. Auch diesmal scheiterte er.

361/60 unternahm er eine dritte, ebenso erfolglose Reise. Von 360 bis zu seinem Tod 348/7 hielt er sich in Athen auf.

Wenn wir in unserer Interpretation aus den Schriften Xenophons und Platons zitieren, so tun wir das, um Aussagen der Apologie zu erhellen. Daß auf diese Weise die Kontinuität, das die Werke Verbindende hervortritt, liegt in der Natur der Sache.

12. Nachwirkung

Sokrates' starke Gewichtung der Ethik blieb ein fortwirkendes Erbe in der antiken Philosophie.

Die Kyniker, als deren herausragenden Vertreter wir Diogenes, den Mann in der Tonne, kennen (geb. Anfang 4. Jhd. in Sinope am Schwarzen Meer), verabsolutierten die Forderung des Sokrates, sich eher um sich selbst, als um seine Angelegenheiten zu kümmern, und proklamierten die größtmögliche Bedürfnislosigkeit. Sie lehrten sie nicht nur, sie lebten sie auch vor. Nicht zu Unrecht hat man Diogenes einen „verrückten Sokrates" genannt (Aelian, varia hist., 14, 33; vgl. zu diesem Abschnitt besonders Klaus Döring, a.a.O., S. 167ff.).

Bei den Stoikern spielte die Persönlichkeit des Sokrates eine große Rolle. Von Zenon aus Kition auf Zypern (ca.334-262), dem Gründer der stoischen Schule in Athen, erzählt Diogenes Laertios (3. Jhd. n. Chr.), wie er Schüler des Krates geworden ist, eines damals sehr bekannten Kynikers.

> „Zenon kam – 30 Jahre alt – nach Athen. Er hielt sich in einem Buchladen auf. Als er das zweite Buch von Xenophons „Erinnerungen an Sokrates" las, war er sehr angetan davon, und er fragte, wo man denn solche Männer (wie Sokrates) finden könne. Da ging gerade Krates vorbei. Der Buchhändler zeigte auf ihn und sagte: Folge dem. Von da an war Zenon Schüler des Krates."
>
> *7, 2 und 3*

So waren es die Kyniker, die der Stoa Sokrates vermittelten. Seneca, ein römischer Vertreter der stoischen Philosophie (ca.4 n. Chr.-65), den der Kaiser Nero zum Selbstmord zwang, zelebrierte sein Sterben nach dem Vorbild des Sokrates (Tac. Ann. 15, 62-64).

Den Kynikern und den Stoikern ging es wie Sokrates um die Übereinstimmung von Leben und Lehre.

Daß sich das frühe Christentum gern auf Sokrates als einen Vorläufer Christi berief, versteht man gut. Besonders in der griechisch geprägten östlichen Reichshälfte stellte man die Verbindung von Sokrates und Christus her. Griechische Philosophie wurde so ein Bestandteil der christlichen Theologie.

Während das Mittelalter eher unter dem Einfluß von Platon und Aristoteles stand, entdeckte erst die Renaissance Sokrates wieder neu (Marsilio Ficino, Erasmus von Rotterdam).

Große Bedeutung gewann er – wenn auch in ganz unterschiedlicher Weise – für die drei großen Philosophen des 19. Jahrhunderts: Friedrich Hegel (1770-1831), Sören Kierkegaard (1813-1855) und Friedrich Nietzsche (1844-1900). Erhob sich für Hegel der Weltgeist in Sokrates zu einer höheren Stufe, sah sich Kierkegaard in Sokrates' Nachfolge, insofern er „die Bestimmung des Christseins" einer Prüfung unterziehen wollte, verurteilte Nietzsche den Philosophen aus Athen als den Vertreter einer „gefährlichen, lebenuntergrabenden" Vernünftigkeit.

Im 20. Jahrhundert ist es vornehmlich der Philosoph Raimund Popper (1902-1994), der sich mit Sokrates beschäftigte. Er ergriff Partei für die sokratische Offenheit gegen einen Dogmatismus, wie ihn Platon seines Erachtens in seinem „Staat" vertrat. Popper ist sich sicher, Sokrates gegen Platon ausspielen zu können.

So hat, wie sich zeigt, Philosophie Geschichte. Und doch, behaupten wir, hat Hans-Georg Gadamer nicht weniger Recht mit seinem Diktum:

„Philosophie hat keine Geschichte."

Sie stellt alte Fragen und sucht neue Antworten, nicht, ohne sich an alten Lösungen zu orientieren.

1. Kapitel
(17a-18a)

Wahrheit und Gerechtigkeit

„Des Redners Tüchtigkeit ist es, die Wahrheit zu reden."

1. Text

„Was wohl euch, ihr Athener, meine Ankläger angetan haben, weiß ich nicht: ich meines Teils aber hätte ja selbst beinahe über sie meiner selbst vergessen; so überredend haben sie gesprochen. Wiewohl Wahres, daß ich das Wort heraussage, haben sie gar nichts gesagt. Am meisten aber habe ich eins von ihnen bewundert unter dem vielen, was sie gelogen, dieses, wo sie sagten, ihr müßtet euch wohl hüten, daß ihr nicht von mir getäuscht würdet, weil ich gar gewaltig wäre im Reden. Denn daß sie sich nicht schämen, sogleich von mir widerlegt zu werden durch die Tat, wenn ich mich nun auch im geringsten nicht gewaltig zeige im Reden, dieses dünkte mich ihr Unverschämtestes zu sein; wofern diese nicht etwa den gewaltig im Reden nennen, der die Wahrheit redet. Denn wenn sie dies meinen, möchte ich mich wohl dazu bekennen, ein Redner zu sein, der sich nicht mit ihnen vergleicht. Diese nämlich, wie ich behaupte, haben gar nichts Wahres geredet; ihr aber sollt von mir die ganze Wahrheit hören. Jedoch, ihr Athener, beim Zeus, Reden aus zierlich erlesenen Worten gefällig zusammengeschmückt und aufgeputzt, wie dieser ihre waren, keineswegs, sondern ganz schlicht werdet ihr mich reden hören in ungewählten Worten. Denn ich glaube, was ich sage, ist gerecht, und niemand unter euch erwarte noch sonst etwas. Auch würde es sich ja schlecht ziemen, ihr Männer, in solchem Alter gleich einem Knaben, der Reden ausarbeitet, vor euch hinzutreten. Indes bitte ich euch darum auch noch recht sehr, ihr Athener, und bedinge es mir aus, wenn ihr mich hört mit ähnlichen Reden meine Verteidigung führen, wie ich gewohnt bin auch auf dem Markt zu reden bei den Wechslertischen, wo viele unter euch mich gehört haben, und anderwärts, daß ihr euch nicht verwundert noch mir Getümmel erregt deshalb. Denn so verhält sich die Sache. Jetzt zum erstenmal trete ich vor Gericht, da ich siebzig·Jahre alt bin; ganz ordentlich also bin ich ein Fremdling in der hier üblichen Art zu reden. So wie ihr nun, wenn ich wirklich ein Fremder wäre, mir es nachsehen würdet, daß ich in jener Mundart und Weise redete, worin ich erzogen worden: ebenso erbitte ich mir auch nun dieses Billige, wie mich dünkt, von euch, daß ihr nämlich die Art zu reden übersteht – vielleicht ist sie schlechter, vielleicht auch wohl gar besser – und nur dies erwägt und acht darauf habt, ob das recht ist oder nicht, was ich sage. Denn dies ist des Richters Tüchtigkeit, des Redners aber, die Wahrheit zu reden."

2. Der Anspruch der Wahrheit

„Ich weiß nicht" beginnt Sokrates, als wollte er gleich am Anfang das Wesen seines Philosophierens benennen: Das Bekenntnis des Nicht-Wissens. In welchem Sinn das gilt, wird sich später zeigen (vgl. Kap. 9). Hier geht es ihm darum, die Wirkung der Reden zu charakterisieren, die seine Ankläger gehalten haben. „Was wohl euch … meine Ankläger angetan haben, weiß ich nicht." Genauer: „Was ihr von ihnen erfahren / erlitten habt (peponthate zu pathos)." Sie haben Selbstvergessenheit bei den Hörern erzeugt und auf Überredung gezielt. Am Schluß der Verteidigungsrede wird Sokrates diejenigen, die, statt zu belehren, Emotionen wecken, als wahrhaft Gottlose bezeichnen (vgl. Kap. 24).

Der Historiker Thukydides (ca.460-ca.400), ein Zeitgenosse des Sokrates, läßt einmal athenische Gesandte, denen die Regierung der Insel Melos im Jahre 416 nicht die Möglichkeit einräumen wollte, vor der Volksversammlung aufzutreten, folgende Vermutung über die Gründe äußern: Das geschehe,

> „damit die Menge nicht einem ununterbrochenen Redefluß ausgesetzt, zu nur einmaligem Hören verdammt und durch ebenso verführerische wie unbewiesene Aussagen betrogen wird."
>
> 5,85

Eben dies charakterisiert die Gerichtspraxis, die Sokrates kritisiert.

Natürlich meint Sokrates es nicht ernst, wenn er behauptet, er wisse nicht, wie die anderen Zuhörer reagiert haben. Er weiß sehr genau, daß es ihnen so ergangen ist, wie es ihm fast ergangen wäre.

Wenn er hier wie im Folgenden von sich, von Individuellem spricht, meint er Allgemeines, Normatives.

Welch ein überschwenglicher, scheinbar positiver Auftakt, welch hohes Lob der Ankläger. So preist Antonius in Shakespeares „Julius Caesar" den Brutus, gegen den er die Menge aufhetzt: „Denn Brutus ist ein ehrenwerter Mann." Hier wie dort die Form der Ironie.

Auf das Lob läßt Sokrates die geradezu vernichtende Formulierung folgen: „Wahres haben sie gar nichts gesagt." Damit geht er zum Angriff über: Ob einer „gewaltig im Reden" ist, entscheidet sich nicht an der Wirkung, sondern einzig und allein am Kriterium der Wahrheit. Vor diesem Maßstab haben seine Ankläger versagt (vgl. Kap. 4).

Gilt diese Kritik dem Inhalt, so die folgende der Form: Der Lüge entsprechen die „aus zierlich erlesenen Worten gefällig zusammengeschmückt (en) und aufgeputzt(en)" Reden, wie sie vor Gericht üblich sind. Ihnen gegenüber fühlt sich Sokrates wie ein Fremdling. So sagt er es – und meint es wiederum ironisch. Wie er im Verlauf seiner Verteidigung deutlich zu erkennen gibt (vgl. Kap. 23), sind ihm die Gebräuche sehr wohl vertraut. Fremd ist er nur insofern, als er sich erstmals in der Rolle des Angeklagten befindet. Und fremd ist auch in dem Sinn, in dem Platon im Höhlengleichnis seiner Schrift über den „Staat" von dem Philosophen spricht, der das wahre Sein geschaut hat und in die Höhle, d.h. auf die Erde, zurückkehrt:

> „Hältst du es für verwunderlich, ... wenn einer von der göttlichen Schau in die Welt der Menschen zurückkehrt und sich ungeschickt aufführt und sich ziemlich lächerlich benimmt und, während er noch halb blind ist und, bevor er sich noch an die herrschende Dunkelheit genügend gewöhnt hat, schon gezwungen wird, vor Gericht oder anderswo über die Schatten des Rechts zu streiten und sich mit den Meinungen von Leuten auseinanderzusetzen, die die wahre Gerechtigkeit niemals gesehen haben? Das halte ich ganz und gar nicht für verwunderlich."

517 d-e

Der Welt der Rhetorik, der Lüge, tritt Sokrates gegenüber als Vertreter und Verfechter der Wahrheit.

Die Rhetorik hatte sich im 5. Jahrhundert zu einer hohen Kunst entwickelt. Kluge Männer, die sich Sophisten nannten, reisten von Stadt zu Stadt und erhoben den Anspruch zu lehren, wie man gut redet, wie man die Fähigkeit erwirbt,

> „die schwächere Sache zur stärkeren zu machen"

oder, wie man böswillig interpretierte,

> „die schlechtere Sache zur besseren zu machen."

Protagoras, fr. A 21 (Diels-Kranz)

Gerade in Athen fanden sie ein dankbares Publikum und gelehrige Schüler (vgl. Kap. 4). Kam es doch in der Demokratie, die jedem freien Bürger in hohem Maße Mitgestaltungsmöglichkeiten im Staatsleben eingeräumt hatte, sehr darauf an, sich in den Entscheidungsgremien, in der Volksversammlung, im Rat der Fünfhundert oder vor Gericht, mit seiner Meinung durchzusetzen. Wie konnte das gelingen? Durch die Kunst der Rede. Die Parrhesia, die Redefreiheit, war ein wesentliches Merkmal der demokratischen Verfaßtheit der Polis. „Nicht sagen zu können, was man denkt" wird in einer Tragödie des Euripides als Sklavenlos bezeichnet (Phoinissen, V. 392). Freilich war nicht jede freie Meinungsäußerung erlaubt, wie das Beispiel des Sokrates zeigt (vgl. Kap. 14).

Rhetorik war darüber hinaus ein Element einer theoretischen Position. Von dem eben schon zitierten Protagoras stammt der berühmte Homo-Mensura-Satz, der Satz über den Menschen als Maß.

„Aller seienden Dinge Maß ist der Mensch, daß sie sind, und aller nicht-seienden Dinge Maß ist der Mensch, daß sie nicht sind.“

B 1 (Diels-Kranz)
(Übersetzung: Thomas Buchheim)

Was ist damit gemeint? Offenbar dies: Wenn jemand sagt, es sei kalt, ein anderer, es sei nicht kalt, so gibt es kein Kriterium jenseits dieser beiden Aussagen, das zu entscheiden erlaubt, wer recht hat. Es bestimmt jeweils der einzelne, daß es kalt ist bzw. daß es nicht kalt ist (Platon, Theaitet, 152b). Da es kein objektives Wahrheitskriterium gibt, kann eine Einigung nur zustande kommen, wenn einer dem anderen seine Meinung aufoktroyiert. Das geschieht durch Überredung. Die Rhetorik gewinnt Bedeutung durch diese Position des Subjektivismus und Relativismus, und gerade darin sieht Sokrates ihre Gefahr. Für ihn gibt es im Streit der Meinungen und Aussagen, wie sie vor Gericht aufeinanderprallen, einen Beurteilungsmaßstab: die Wahrheit.

Die Wahrheit als zeit- und ortsunabhängige Norm befreit den Menschen aus der Abhängigkeit von den wechselnden äußeren Eindrücken und Einflüssen. In einem Gespräch mit Phaidros charakterisiert Sokrates die Kunst der Sophisten:

„Du aber sage mir, was tun denn in der Gerichtsstätte die Parteien? Reden sie denn nicht gegeneinander? Oder wie sollen wir es nennen?
Gerade so.
Über das, was recht ist und unrecht?
Ja.
Wer nun dieses durch Kunst tut, wird der nicht machen, daß dieselbe Sache denselben Menschen jetzt als recht erscheine, und wenn er will, auch wieder als unrecht?
Wie anders?
Und so auch in der Volksversammlung, daß dem Staat dasselbe jetzt gut dünke, jetzt wieder das Gegenteil?
So freilich.“

Platon, Phaidros, 261c-d

Das Gefährliche der Ankläger lag gerade darin, daß sie vollendet mit der Sprache umzugehen verstanden. Sie diente ihnen nicht als Medium der Kommunikation, sondern als Mittel zur Manipulation. Sie wollten nicht Sachverhalte klären, sondern erfolgreich sein. Die Rede braucht den passiven Zuhörer als Objekt, der Dialog den mitdenkenden Partner als autonomes Subjekt.

Die Sophisten kommen nicht gut weg bei Sokrates und Platon. Diesen beiden verdanken sie ihren schlechten Ruf bis heute. Das Deutsche Wörterbuch von Wahrig notiert in seiner 6. Auflage von 1997 unter „Sophist“ neben anderem „Wortklauber, Scheingelehrter“. In Wirklichkeit handelte es sich um eine sehr heterogene Gruppe, deren Verdienst unbestreitbar darin bestand, nicht anders als Sokrates die Öffentlichkeit für philosophische Fragestellungen sensibilisiert und die Menschen zu selbstverantwortetem Handeln ermuntert zu haben. Ging es doch nicht darum, eine Wahrheit zu suchen, sondern gegebene Situationen praktisch und erfolgreich zu bewältigen. Auch darin liegt eine Art der Befreiung.

Wenn Sokrates den Sophisten in der zitierten Stelle des „Phaidros" vorwirft, sie gingen willkürlich mit den Begriffen „Recht und Unrecht" um, so setzt er voraus, es gäbe einen Maßstab, an dem sich die Meinungen messen ließen. Gerade das bestreiten die Sophisten: Es gibt nichts Objektives jenseits dessen, was einer gerade für richtig hält und vertritt.

Bestenfalls Knaben will Sokrates das Recht zubilligen, Reden herauszuputzen, als Spiel will er es gelten lassen. Für sein Alter ziemt es sich nicht. Mit herablassender Ironie blickt er auf solches Tun herab. Er nimmt es nicht ernst. Meletos, der Hauptankläger, dürfte noch ein ganz junger Mann von ca. 25 Jahren gewesen sein (vgl. Kap. 3). Sokrates verweist gern auf sein Alter. Es ist ihm Verpflichtung, hier und wenn er es am Schluß (vgl. Kap. 23) ablehnt, um Mitleid zu flehen, und wenn er schließlich darauf verweist, daß er dem Tod schon nahe sei und man sich so leicht den Prozeß hätte ersparen können (vgl. Kap. 29). Und in der Tat: Es dürfte in Athen nicht viele Menschen gegeben haben, die ein so hohes Alter wie Sokrates erreicht, es gar überschritten haben.

3. Der Anspruch der Gerechtigkeit

Ist die Wahrheit die verpflichtende Richtschnur für die Redner, so ist die Gerechtigkeit die verpflichtende Richtschnur für die Richter: „Ob das recht ist oder nicht, was ich (Sokrates) sage" gilt es zu beurteilen. Was Protagoras über die Relativität der Wahrheit festgestellt hat, gilt seines Erachtens auch für die Gerechtigkeit.

> „Das Schöne und Schlechte, das Gerechte und Ungerechte, das Fromme und Unfromme, was in diesen Dingen ein Staat für Meinung faßt und dann feststellt als gesetzmäßig, das ist es nun auch für jeden in Wahrheit, und in diesen Dingen ist um nichts weiser ein einzelner als der andere noch ein Staat als der andere."
>
> *Platon, Theaitet, 172a*
> *(Übersetzung: Fr. Schleiermacher)*

Mag es für Sokrates auch Bereiche geben, in denen er sich als Nichtwissender bekennt, hier trifft das nicht zu: Er weiß, was wahr und gerecht ist und was nicht.

Woher nimmt Sokrates die Sicherheit? Aus sich selbst. Er selbst tritt als die Wahrheit in Erscheinung. Gerechtigkeit widerfährt ihm, wenn die Darstellung, die er von sich selbst gibt, als zutreffend anerkannt wird. Er ist Fixpunkt und Maßstab der Wahrheit und der Gerechtigkeit, deren Wesen die Apologie entfaltet.

In den „Diatriben" (Erörterungen) des stoischen Philosophen Epiktet (ca. 50-120), wird folgende kleine Geschichte erzählt, die, wenn nicht wahr, so doch gut erfunden ist:

> „Sokrates antwortete jemandem, der ihn mahnte, sich auf seine Verteidigungsrede vorzubereiten: Scheint es dir nicht, daß ich mich mein ganzes Leben hindurch darauf vorbereitet habe?
> Auf welche Weise?
> Ich habe bewahrt, worüber ich verfügen kann.
> Wie?
> Ich habe nie, im Öffentlichen oder im Privaten, etwas Unrechtes getan."

2, 2 (Übersetzung: W. Weinkauf)

Aus dieser Haltung erwächst die Ironie, die Herablassung, mit der er seine Gegner behandelt. Er will und kann ihnen nicht gerecht werden. In Platons „Staat" beschwert sich ein Gesprächsteilnehmer über Sokrates' Art:

> „Beim Herakles, da ist sie wieder, die bekannte Ironie des Sokrates. Ich habe das gleich gewußt und es den Leuten vorausgesagt, daß ... du dich wieder der Ironie bedienen würdest."

337a

Die sokratische Ironie ist ein vielschichtiges Phänomen. Die Vorstellung im Sinne der „Selbstverkleinerung" (Döring, a.a.O., S. 162) kann durchaus auch positiv darauf zielen, einen Gesprächspartner aus der Reserve zu locken, einen Dialog in Gang zu setzen oder zu halten. Sie kann ein Mittel im Prozeß der Wahrheitsfindung und Selbsterkenntnis sein. Hier freilich zu Beginn der Verteidigungsrede will sie die Ankläger in Mißkredit bringen.

Man muß nicht Aristoteles kennen (Rhetorik 1415a), um zu wissen, daß man am Anfang einer Rede, zumal einer solchen, die der Verteidigung dient, alles tun muß, um die Zuhörer wohlwollend zu stimmen. Captatio benevolentiae nannten das die Römer. Sokrates ist sich dessen sehr wohl bewußt, und er spielt mit dieser Erwartung seiner Zuhörer, wenn er sagt: „Ich meinesteils aber hätte ja selbst beinahe über sie (meine Ankläger) meiner selbst vergessen, so überredend haben sie gesprochen." Die Illusion währt nicht lange, er zerstört sie sogleich.

Ob es seinen Zuhörern wohl aufgefallen ist, daß er als Anrede „ihr Athener" gewählt hat? Die Bezeichnung „Richter" erkennt er später nur denen zu, die ihn freigesprochen haben:

> „Denn euch benenne ich recht, wenn ich euch Richter nenne."

Kap. 31

2. Kapitel

Geschichte und Gegenwart, Rede und Dialog

„Nehmt also auch ihr an, ... daß ich zweierlei Ankläger gehabt habe,
die einen, die mich eben erst verklagt haben, die anderen ehedem."

1. Text

„Zuerst nun, ihr Athener, muß ich mich wohl verteidigen gegen das, dessen ich
zuerst fälschlich angeklagt bin, und gegen meine ersten Ankläger, und hernach
gegen die späteren Ankläger und späteren Anklagen. Denn viele Ankläger habe
ich längst bei euch gehabt und schon vor vielen Jahren, und die nichts Wahres
sagten, welche ich mehr fürchte als den Anytos, obgleich auch der furchtbar ist.
Allein jene sind furchtbarer, ihr Männer, welche viele von euch schon als Kinder
an sich gelockt und überredet, mich aber beschuldigt haben ohne Grund, als gäbe
es einen Sokrates, einen weisen Mann, der den Dingen am Himmel nachgrüble
und auch das Unterirdische alles erforscht habe und Unrecht zu Recht mache.
Diese, ihr Athener, welche solche Gerüchte verbreitet haben, sind meine furcht-
baren Ankläger. Denn die Hörer meinen gar leicht, wer solche Dinge untersu-
che, glaube auch nicht einmal Götter. Ferner sind auch dieser Ankläger viele,
und viele Zeit hindurch haben sie mich verklagt und in dem Alter zu euch geredet, wo ihr wohl sehr leicht glauben mußtet, weil ihr Kinder wart, einige von
euch wohl auch Knaben, und offenbar an leerer Stätte klagten sie, wo sich keiner
verteidigte. Das übelste aber ist, daß man nicht einmal ihre Namen wissen und
angeben kann, außer etwa, wenn ein Komödienschreiber darunter ist. Die übrigen aber, welche euch gehässig und verleumderisch aufgeredet und auch die,
selbst nur überredet, andre überredeten, in Absicht dieser aller bin ich ganz rat-
los. Denn weder hierher zur Stelle bringen noch ausfragen kann ich irgendeinen
von ihnen: sondern muß ordentlich wie mit Schatten kämpfen in meiner Verteidigung und ausfragen, ohne daß einer antwortet. Nehmt also auch ihr an, wie ich
sage, daß ich zweierlei Ankläger gehabt habe, die einen, die mich eben erst verklagt haben, die andern, die von ehedem, die ich meine; und glaubt, daß ich mich
gegen diese zuerst verteidigen muß. Denn auch ihr habt jenen, als sie klagten,
zuerst Gehör gegeben, und weit mehr als diesen späteren.
  Wohl! Verteidigen muß ich mich also, ihr Athener, und den Versuch machen, die verkehrte Meinung, die ihr in langer Zeit bekommen habt, euch in so

sehr kurzer Zeit zu nehmen. Ich wünschte nun zwar wohl, daß dieses so erfolgte, wenn es so besser ist für euch sowohl als für mich, und daß ich etwas gewönne durch meine Verteidigung. Ich glaube aber, dieses ist schwer, und keineswegs entgeht mir, wie es damit steht. Doch dieses gehe nun, wie es dem Gott genehm ist; mir gebührt, dem Gesetz zu gehorchen und mich zu verteidigen."

2. Der Ursprung der Anklage

Wenn Sokrates danach fragt, wie alles angefangen hat, so folgt er einer Denkstruktur, die vielleicht allgemein-menschlich ist, von den Griechen aber in besonderer Weise methodisch entwickelt worden ist. Homer führt zu Beginn der Ilias, der ältesten griechischen und zugleich europäischen Dichtung, den Zorn des Achill, aus dem die im Epos geschilderten Ereignisse erwachsen, schrittweise auf seine Ursache zurück: Sie wird – auf der menschlichen Ebene – in dem beleidigenden Verhalten Agamemnons gegenüber einem Priester Apollons gefunden, auf der göttlichen in einem Beschluß des Zeus. Schon bald genügte es den Griechen nicht mehr, auf Götter als Urheber zu verweisen. Sie suchten Erklärungen, die ohne Götter und Mythen auskommen. Naturphilosophen nennen wir die Männer, die Theorien über die Natur entwickelten. Anaximenes aus Milet in Kleinasien ist einer von ihnen. Er lebte im 6. Jahrhundert. Er lehrte unter anderem, daß die Luft, wenn sie gelockert wird, Feuer werde, wenn verdichtet, Wind, dann Wolke, Wasser, schließlich Erde. Ein physikalisches Prinzip liegt dem Blitz ebenso zugrunde wie dem Regen. Die Epoche der Naturphilosophie beginnt mit Thales aus Milet um 600. Ihr Ende setzt man auf das Jahr 380 fest, in dem Demokrit aus Abdera stirbt.

Herodot aus Halikarnassos in Kleinasien ist ein etwas älterer Zeitgenosse des Sokrates. Cicero nennt ihn den „Vater der Geschichtsschreibung". Er will aufzeigen, aus welchem Grund die Griechen und die Perser miteinander Krieg führten (1,1). In seiner Nachfolge steht Thukydides, der Autor eines Werkes über den peloponnesischen Krieg; er unterscheidet zwischen den äußeren Anlässen und den tieferen Ursachen (1, 23), und Hippokrates von der Insel Kos – auch er wirkte im 5. Jahrhundert – fordert, „das Vorausgegangene zu erklären, das Gegenwärtige zu erkennen und das Zukünftige vorauszusagen" (epidemiarum, 1,11).

Es ist ein Kennzeichen wissenschaftlicher Methodik, nach dem den Phänomenen Zugrundeliegenden zu forschen. Nichts anderes tun auch die Sophisten, wenn sie in Wertfragen im einzelnen Menschen die nicht mehr hinterfragbare Ursache sehen.

Indem sich Sokrates hier dieser Methode bedient, vermittelt er dem Prozeß eine historische Tiefendimension. An die gegenwärtigen Ankläger wendet er sich erst im 11. Kapitel.

Der sokratische Blick auf den Anfang fördert folgendes zutage:
Es gibt viele Ankläger; vor vielen Jahren haben sie begonnen; sie sagen nichts Wahres; sie haben die Richter schon, als diese noch Kinder waren, an sich gelockt und überredet; die Überredeten haben wiederum andere überredet; es gab keine Möglichkeit der Verteidigung; die Ankläger sind im allgemeinen anonym.

Aus dieser Sachlage ergibt sich für Sokrates eine Ratlosigkeit, genauer: eine Ausweglosigkeit, eine Aporie: Er steht allein gegen viele; gegenüber der langen Zeit, in der die Ankläger handelten, verfügt er nur über eine kurze Spanne zur Verteidigung, und, das Gravierendste, er kann in keinen Dialog eintreten mit dem Ziel kritischer Prüfung und Widerlegung (vgl. Kap. 1). Zum Problem der Zeit tritt das der Form: Wie es den Anklägern gemäß ist, verleumderisch und lügnerisch zu reden, so entspräche es seinem Wesen, im Gespräch die Wahrheit zu ergründen.

In Platons „Staat" ist es ein gewisser Thrasymachos, der sich über die Art der sokratischen Gesprächsführung mokiert: Er kann es gar nicht erwarten, sich in den Dialog einzumischen; es ist eben derselbe, der die Ironie des Sokrates anprangert (vgl. Kap. 1).

> „Während wir miteinander sprachen, war Thrasymachos schon mehrfach drauf und dran gewesen, das Wort an sich zu reißen. Die Zuhörer hatten ihn daran gehindert, wollten sie doch die Untersuchung bis zum Ende hören. Aber sobald sie geendet hatten und ich das gesagt hatte, konnte er nicht mehr ruhig bleiben, sondern er duckte sich wie ein Tier und ging auf uns los, als ob er uns zerreißen wollte. Und Polemarchos und ich bekamen Angst und suchten das Weite. Der rief mitten in die Runde und sagte: Mit was für einem Geschwätz haltet ihr euch schon so lange auf, Sokrates? Wie einfältig benehmt ihr euch zueinander, indem ihr euch ständig voreinander verbeugt? Wenn du wirklich wissen willst, was das Gerechte ist, dann höre auf, nur zu fragen und deinen Ehrgeiz darein zu legen, die Antworten deines Gesprächspartners zu widerlegen. Das tust du, weil du genau weißt, daß fragen leichter ist als antworten. Nein, antworte selbst und erkläre, was deiner Meinung nach das Gerechte ist."

336b-c

Während der eine schrittweise argumentierend zu Erkenntnissen gelangen will, möchte der andere, daß in Reden vorgefaßte Meinungen vorgetragen werden (vgl. Kap. 15, Kap. 17).

Ganz nebenbei rechnet Sokrates hier nun noch mit der Gesamtheit der Athener ab: Sie hat sich als leichtgläubig und beeinflußbar erwiesen. Das ist kein gutes Zeugnis für die Demokratie, deren Fundament die Urteilsfähigkeit der Bürger ist.

So waren auch die Richter, im allgemeinen offenbar sehr viel jüngere Männer als Sokrates, von Jugend an den Einflüssen böswilliger Verleumder ausgesetzt. Was wird man von ihnen erwarten können?

Was wird Sokrates von den Anklägern zur Last gelegt? Er sei weise im Sinne der nach rationalen Ursachen forschenden Naturphilosophen und im Sinne der Sophisten, die „Unrecht zu Recht" machen, wie es in Schleiermachers Übersetzung heißt. Sokrates wird zu beweisen haben, daß er weder der einen noch der anderen Gruppierung zuzurechnen ist, denn beide verdächtigte man, wie Sokrates sagt, mindestens im religiösen Bereich außerhalb dessen zu stehen, was man in der Polis für richtig erachtete (vgl. Kap. 11).

Wenn Sokrates auf einen Komödienschreiber als Ankläger anspielt, dann dürfte er am ehesten Aristophanes meinen, den prominentesten Vertreter der sogenannten alten Komödie, die sich, unserem politischen Kabarett vergleichbar, kritisch mit Personen und Ereignissen ihrer Gegenwart auseinandersetzte. Gleich wird er ihn namentlich nennen (vgl. Kap. 3). 423, also 24 Jahre vor dem Prozeß, hatte dieser Dichter in den „Wolken" Sokrates auf die Bühne gebracht und als einen gefährlichen Naturphilosophen und Sophisten vorgestellt.

Ein gewisser Strepsiades, der hoch verschuldet ist, will seinen Sohn Pheidippides bei Sokrates als Schüler unterbringen:

> „Das ist die Werkstatt tiefgelehrter Denker,
> Da wohnen Männer, die beweisen dir:
> Der Himmel sei ein mächtiger Backofen,
> Der uns umgibt, und wir die Kohlen drin,
> Die lehren dich fürs Geld die Kunst, mit Worten
> Recht oder Unrecht glücklich zu verfechten.
> Sieh, die verstehn sich auf zwei Künste dort,
> Die Kunst der guten und der schlechten Sache.
> Der Redner, der der schlechten sich bedient,
> Gewinnt, und wenn er zehnmal unrecht hätte.
> Nun sieh, wenn du die schlechte Kunst mir lernst,
> Dann kriegt kein Gläubiger von allem Geld,
> Das ich für dich geborgt, 'nen Obolus."

VV. 94-99, 112-118
(Übersetzung: Ludwig Seeger)

Noch einmal taucht Sokrates, jetzt allerdings eher beiläufig, in einer Komödie des Aristophanes auf, und zwar in den 405 aufgeführten „Fröschen". Damit kommen wir schon nahe an das Jahr des Prozesses heran. Der Chor singt:

> „Schande, wer bei Sokrates
> Sitzen mag und schwatzen mag ...
> In gespreizten leeren Phrasen,
> Tüfteleien, Quäkeleien

Faulgeschäftig sich zu üben,
Ist für hohle Köpfe nur."

VV. 1491-99
(Übersetzung: Ludwig Seeger)

Aristophanes war nicht der einzige Komödienschreiber, der sich mit Sokrates anlegte. Sein erfolgreicherer Konkurrent war 423 ein gewisser Ameipsias mit seiner Komödie „Komos". Wir kennen nur wenige Verse, aber sie zeigen uns, daß Sokrates hier nicht besser davonkam. So wird er eingeführt:

> „Seht, da kommt Sokrates, mit dem es kein anderer in müßigen Reden aufnimmt."

fr. 9 (bei Th. Kock)

Man weiß nicht recht, was gefährlicher ist, die sachlich pointierte Charakterisierung oder die inhaltlich allgemeine Aussage. Weist die erste auf ein falsches Verständnis hin, so die zweite auf ein mangelndes.

Es ist ein durchaus nicht auf die Antike beschränktes, sondern uns allzu vertrautes Phänomen, daß Menschen von der öffentlichen Meinung vorverurteilt, ja, kriminalisiert werden, bevor ein ordentliches Gericht über sie befindet. Je höher ihr Bekanntheitsgrad, umso größer die Gefahr. Eine der griechischen Polis vergleichbare Öffentlichkeit wird heute durch die Medien rasch und effektiv hergestellt. Das der modernen Rechtskultur geläufige, der Antike noch unbekannte Prinzip der Unschuldsvermutung bietet den Betroffenen keinen wirksamen Schutz. Daß öffentlicher Druck Gerichtsentscheidungen beeinflußt, unterliegt keinem Zweifel, ebenso wenig, daß die Politik sich dieses Mittels bedient. Sie tat es damals und tut es heute, damals wie heute sehr zum Schaden des Rechtsstaates.

3. Die aktuelle Anklage

Von den Anklägern des Prozesses wird Anytos namentlich genannt. Er war reich, da er von seinem Vater eine Gerberei geerbt hatte, und ein angesehener Politiker, der im peloponnesischen Krieg das Strategenamt bekleidet (409) und 403 am Sturz der 30 Tyrannen und an der Wiederherstellung der Demokratie aktiv mitgewirkt hatte. Zur Zeit des Prozesses war er etwa Mitte fünfzig. Platon läßt ihn in seinem Dialog „Menon" als Gesprächspartner auftreten und charakterisiert ihn – nicht negativ, aber mit deutlicher Distanz – so: Sein Vater hat ihn sehr wohl erzogen und gebildet, wie das athenische Volk glaubt, sie wählen ihn ja wenigstens zu den größten Würden. Billig also ist es, gerade mit solchen die Untersuchung anzustellen über die Lehrer der Tugend, ob es welche gibt oder nicht und wer sie sind. Als dann Sokrates provozierend die Sophisten als die professionellen Lehrer der Tugend bezeichnet, ereifert sich Anytos: „Beim Herakles,

Sokrates, sprich besser. Daß doch keinen Verwandten oder Angehörigen und Freund unter den Einheimischen oder Fremden solche Raserei ergriffe, zu diesen zu gehen und sich zu verderben. Denn diese sind doch das offenbare Verderben und Unglück derer, die mit ihnen umgehen." (90b-91e, Übersetzung: F. Schleiermacher). Ein um den Staat verdienter Mann sah in Sokrates, so dürfen wir schließen, einen dieser für die gerade wieder etablierte demokratische Regierungsform gefährlichen Sophisten, die mitschuldig waren an der Niederlage Athens im Krieg gegen Sparta.

Vertrat ein so integrer Mann und überzeugter Demokrat die Anklage gegen Sokrates, dürfte auch von ihr keine geringe Gefahr ausgegangen sein, wie Sokrates mit Recht betont.

Wenn sich Sokrates angesichts dieser doppelten Bedrohung der Vergangenheit und Gegenwart nun trotzdem anschickt, sich zu verteidigen, so tut er das, weil er sich dem Gesetz unterwirft. Das Gesetz war für ihn, wie der Dialog „Kriton" deutlich macht, eine in hohem Maße verpflichtende Norm: Verbürgt es doch die für ein Gemeinwesen unerläßliche Rechtssicherheit selbst dann, wenn ein Gerichtsurteil ungerecht ist. Dabei gilt die Prämisse, daß es sich um ein Gesetz in einem Rechtsstaat handelt. Im „Kriton" läßt Platon die personifizierten Gesetze folgendermaßen Sokrates gegenüber argumentieren:

> „Oder bist du so weise, daß du nicht weißt, wieviel höher als Vater und Mutter und alle anderen Vorfahren das Vaterland geachtet ist und wieviel ehrwürdiger und heiliger bei den Göttern und bei allen Menschen, welche Vernunft haben? Und wie man ein aufgebrachtes Vaterland noch mehr ehren und ihm nachgeben und es besänftigen muß als einen Vater und entweder es überzeugen oder tun, was es befiehlt ...? Und daß du nicht weichen und nicht weggehen und nicht deine Stelle verlassen mußt, sondern im Kriege und vor Gericht und überall tun, was der Staat gebietet und das Vaterland, oder es überzeugen, was eigentlich Recht sei?"

51a-b
(Übersetzung: F. Schleiermacher)

Nur für einen solchen Staat gilt das Gesagte, der dem Bürger das Recht einräumt, seine Argumente frei vorzutragen, „zu überzeugen", wie es im Text heißt. Das Recht bedeutet für Sokrates Verpflichtung. So macht er sich nun daran, darzulegen, „was eigentlich Recht sei", und so nimmt er es auf sich, seine Verteidigungsrede selbst in aussichtsloser Lage zu halten. Erfolg wünscht er sich dabei nicht um jeden Preis, sondern nur, „wenn es so besser ist für euch sowohl als für mich", und wenn „es dem Gott genehm ist" (vgl. Kap. 24). Da gibt es kein „gut für mich", „schlecht für euch" oder umgekehrt. Was gut ist, ist es absolut und unteilbar, und das Gute ist zugleich das Gottgewollte, Gottgeliebte, wie der Dialog „Euthyphron" zeigt. Etwas ist gut und deshalb gottgeliebt, und nicht: Was die Götter wollen, ist deshalb gut. „Gottgeliebt" ist ein Akzidens, ein zum Wesen des Gutseins Hinzukommendes. Das Göttliche begründet nicht die Ethik, sondern es beglaubigt sie.

Und noch etwas verdient Beachtung. Nicht von (den) Göttern ist die Rede, sondern von „dem Gott". Sokrates glaubt an „den Gott"; ob er aber auch „an Götter" glaubt im Sinn der herkömmlichen Vorstellungen, dürfte zweifelhaft sein (vgl. Kap. 14).

So deutet sich in mehrfacher Hinsicht ein Antagonismus an: Dort die Vielen, die Lügenden, Überredenden, die Demokraten, die in der überkommenen Religion verwurzelt sind, hier der einzelne, der die Wahrheit für sich beansprucht, der den Dialog für die angemessene Form hält, der kritisch Position bezieht gegenüber der Masse, die er für leicht verführbar hält, gegenüber dem Glauben, sofern er sich auf viele Götter bezieht, und gegenüber einer Moral, die nur religiös, nicht auch argumentativ begründet wird. Fremd fühlte sich Sokrates in der Polis Athen, als fremd empfand die Polis Athen Sokrates.

3. Kapitel
(19a-d)

Die Frage nach dem Warum und
die Frage nach dem Wozu

„Sokrates frevelt und treibt Torheit, indem er
unterirdische und himmlische Dinge untersucht."

1. Text

„Rufen wir uns also zurück von Anfang her, was für eine Anschuldigung es ist,
aus welcher mein übler Ruf entstanden ist, worauf bauend auch Meletos diese
Klage gegen mich eingegeben hat. Wohl! Mit was für Reden also verleumdeten
mich meine Verleumder? Als wären sie ordentliche Kläger, so muß ich ihre beschworene Klage ablesen: „Sokrates frevelt und treibt Torheit, indem er unterirdische und himmlische Dinge untersucht und Unrecht zu Recht macht und dies
auch andere lehrt." Solcherart ist sie etwa: Denn solcherlei habt ihr selbst gesehen in des Aristophanes Komödie, wo ein Sokrates vorgestellt wird, der sich
rühmt, in der Luft zu gehen, und viel andere Albernheiten vorbringt, wovon ich
weder viel noch wenig verstehe. Und nicht sage ich dies, um eine solche Wissenschaft zu schmähen, sofern jemand in diesen Dingen weise ist – möchte ich mich
doch nicht solcher Anklagen von Meletos zu erwehren haben! –, sondern nur,
ihr Athener, weil ich eben an diesen Dingen keinen Teil habe. Und zu Zeugen
rufe ich einen großen Teil von euch selbst und fordere euch auf, einander zu berichten und zu erzählen, so viele euer jemals mich reden gehört haben. Deren
aber gibt es viele unter euch. So erzählt euch nun, ob jemals einer unter euch
mich viel oder wenig über dergleichen Dinge hat reden gehört. Und hieraus
könnt ihr ersehen, daß es ebenso auch mit allem übrigen steht, was die Leute von
mir sagen."

2. Die Anklage gegen Sokrates als Naturphilosophen

Sokrates konkretisiert die Anschuldigungen der ersten Ankläger und stilisiert sie
zu einem offiziellen Dokument. Er fügt zweierlei hinzu: 1. „Er tut Unrecht und
treibt Torheit", das heißt, er handelt rechtswidrig. 2. Er lehrt „dies auch andere".

Diese Zusätze umrahmen die uns schon bekannten Vorwürfe, er sei ein Naturphilosoph und Sophist.

Die offizielle Anklage ist bei Diogenes Laertios überliefert und lautet so:

„Meletos, der Sohn des Meletos, aus dem Demos Pitthos, hat folgende Anklage gegen Sokrates, den Sohn des Sophroniskos, aus dem Demos Alopeke, eingebracht und beschworen: Sokrates tut Unrecht, weil er die Götter, die der Staat anerkennt, nicht anerkennt, statt dessen andere dämonische Wesen einführt. Außerdem tut er Unrecht, weil er die Jugend verdirbt. Strafe: Tod.“

2,40

Wenn Sokrates später (vgl. Kap. 11) auf die aktuelle Anklage eingeht, hält er sich enger an diesen Text. Was wurde in Athen an der Naturphilosophie als so bedrohlich empfunden? Von Anaxagoras aus Klazomenai in Kleinasien, mit dem Sokrates in Verbindung gebracht wird (vgl. Kap. 14), heißt es, man habe ihn angezeigt, weil er gegenüber den Göttern gefrevelt habe. Mit anderen Worten: Man habe den Vorwurf der Asebie erhoben: „Er hat die Sonne einen feurigen Metallklumpen genannt“. Nun verehrte man die Sonne als Gott Helios, wenn auch als einen Gott besonderer Art, denn er wohnte nicht auf dem Olymp. In Athen besaß er einen Priester, folglich auch einen Kult (Burkert, a.a.O., S. 349). Von Sokrates hören wir, daß er ein Gebet an die Sonne gerichtet hat (Platon, Symposion, 220d, vgl. Kap. 14).

In Homers Odyssee wird uns berichtet, daß Eurylochos, der die Gefährten gegen Odysseus' ausdrückliche Anweisung überreden will, die dem Helios heiligen Rinder zu verzehren, zugleich rät:

„Wenn es uns gelingt, in Ithaka anzukommen, unserer Heimat,
Dann werden wir dem Helios Hyperion sogleich einen kostbaren Tempel
Einrichten, und wir werden gewiß viele Geschenke darin aufstellen.“

Odyssee, 12, VV. 345-347

Betrachtete man die Lehre des Anaxagoras als gefährlich, so verwundert es, daß man, wie Sokrates berichtet (vgl. Kap. 14), seine Bücher auf dem Markt für wenig Geld kaufen konnte.

Xenophon, wie Platon ein Schüler des Sokrates, nennt in seinen „Memorabilien“, den Erinnerungen an Sokrates, einen weiteren Grund für die Bedrohung, die man in der Naturphilosophie sah. Es sei nicht im Sinne der Götter, das zu erforschen, was sie nicht offenlegen wollten (4, 7, 6).

Nach allem, was wir von Platon und Xenophon hören, hat sich Sokrates, mag er sich auch anfangs mit Naturphilosophie beschäftigt haben, gar Schüler des Anaxagoras gewesen sein, bald von ihr abgewandt. Wenn wir heute die Naturphilosophen als Vorsokratiker bezeichnen, so markieren wir damit den Einschnitt, den Sokrates darstellt. Er hat, um mit Cicero zu reden, „die Philosophie vom Himmel herabgeholt und in den Städten angesiedelt, ja, sogar in die Häuser gebracht." (Tusc. Disp. 5,10). Diese Aussage gilt natürlich auch für die Sophisten (vgl. Kap. 1). In der Apologie distanziert sich Sokrates ausdrücklich von Anaxagoras (vgl. Kap. 14). Typisch für ihn ist die Antwort, die er Phaidros gibt, als der ihn zu einem Spaziergang außerhalb der Stadt anregt und sich darüber wundert, daß er sich wie ein Fremder führen läßt:

> „Dies verzeihe mir schon, Bester. Ich bin eben lernbegierig, und Felder und Bäume wollen mich nichts lehren, wohl aber die Menschen in der Stadt."

> *Phaidros 230d*
> *(Übersetzung: F. Schleiermacher)*

In Platons Dialog „Phaidon" argumentiert er folgendermaßen: Er suche nicht eine mechanistische Ursache, die etwas das sein oder tun läßt, was es ist oder tut, sondern eine finale, deretwegen etwas ist, was es ist, oder tut, was es tut. Die Antworten der Naturphilosophen befriedigten ihn nicht. Er lernt von Anaxagoras,

> „es sei der Geist, der ordne und Ursache von allem sei. Über diese Ursache war ich sehr erfreut, und es schien mir in gewisser Weise richtig, daß der Geist Ursache von allem sei, und ich glaubte, wenn dies so ist, daß der Geist, indem er ordnet, alles ordnet und jedes so ausstattet, wie es sich für es am besten verhält."

> *97c*
> *(Übersetzung: F. Schleiermacher)*

Er erwartet, daß eine Gottesvorstellung entfaltet werde, in der ein Geist, d.h. die Vernunft, alles sinnvoll ordnet, aber er wird enttäuscht. Anaxagoras blieb dem mechanistisch-kausalen Denken verhaftet. Die Naturphilosophie der Griechen will ebenso wie die Naturwissenschaft der Neuzeit erklären, wie ein Zustand aus einem anderen hervorgeht. Der Anspruch von sokratischer Philosophie ist es, zu erklären, wozu etwas geschieht. Die sokratische Wertung sollte Folgen haben. Das teleologische Erklärungsmodell bestimmt das Wissenschaftsverständnis des Aristoteles und bleibt in der Frage nach Gottes Absicht auch für das Mittelalter bestimmend. „Der Gott und die Natur tun nichts ohne Zweck." (Aristoteles, de caelo, 271a). Die Empirie gewinnt erst von der Renaissance an Bedeutung. Nach Kant ergänzt die teleologische Betrachtung der Natur notwendig die kausal-naturwissenschaftliche. Nur so kann Welt als Einheit gedacht werden. Notwendig ist diese Art der Betrachtung, weil sie ein Prinzip der Urteilskraft ist. Die Dominanz der Philosophie und der Geisteswissenschaft gegenüber den Naturwissenschaften wird erst im 19. Jahrhundert gebrochen.

Gewiß, der Dialog „Phaidon" enthält mit der entfalteten Ideenlehre viel Platonisches (vgl. Döring, a.a.O., S. 154f.). Trotzdem darf man die Wozu-Frage meines Erachtens schon dem Sokrates zuweisen, der sie auch in der Ethik verwendet (vgl. Kap. 4).

Schon in der Antike hat man allerdings in kritischer Distanz zu Sokrates in der Anwendung materialistisch-kausaler Begründungen ein für die Naturwissenschaften im Gegensatz zur Philosophie charakteristisches Verfahren gesehen. Entsprechend äußert sich der Neuplatoniker Simplikios im 6. Jahrhundert n. Chr. (Jaap Mausfeld, a.a.O., Nr. 86). Die Kritik ist begründet. Der Neurobiologe Wolf Singer vertritt die Ansicht, daß die Wozu-Frage in der Grundlagenforschung kontraproduktiv sei. Heute wissen wir jedoch, wie sehr die Naturwissenschaften der Ergänzung, gar der Wegweisung bedürfen. Ist alles erlaubt, wozu wir technisch imstande sind? Wir müssen die Fragen nach dem Sinn und Zweck stellen. Antworten können von Naturwissenschaft und Technik nicht kommen. Der Philosoph Hans Jonas (1903-1993) hat in seinem 1979 erschienenen Buch „Das Prinzip Verantwortung" versucht, die These von einer in der Natur angelegten Zielgerichtetheit neu zu begründen.

Wir sind heute geneigt, die in der Anklage zum Ausdruck kommende Angst vor einer grenzenlosen Forschung zu teilen. Es gibt gute Gründe dafür, etwa die Forschung an embryonalen Stammzellen nicht zuzulassen. Ob man dabei in der Argumentation anders als in der Antike ohne einen metaphysischen Bezug, ohne Rekurs auf die Religion auskommt, wage ich zu bezweifeln. Die sokratische Wozu-Frage könnte uns nicht nur veranlassen, darauf zu verzichten, alles zu tun, was wir zu tun vermögen, sondern auch, alles wissen zu wollen, was wir dank weiterer Forschung wissen könnten. Vielleicht ist es angebracht, eine Grenze zu setzen, Maß zu halten (vgl. Kap. 9).

Das Mittelalter stand noch ganz im Bann der platonisch-aristotelischen theologischen Betrachtung und sah sich befugt und beauftragt, der von Gott geschaffenen sinnvollen Ordnung des Weltalls nachzuspüren. Es berief sich auf Genesis 1,28: „Füllet die Erde und machet sie euch untertan." Es gab keinen Gegensatz zwischen Naturwissenschaft und Religion. Theologen waren zugleich bedeutende Naturwissenschaftler: Albertus Magnus (ca.1193-1280), Wilhelm von Ockham (ca.1300-1349), Nicolaus Cusanus (1401-1461), und schließlich gehören auch Nikolaus Kopernikus (1473-1543) und Johannes Kepler (1571-1631) in diesen Zusammenhang.

In der Neuzeit emanzipiert sich die Naturwissenschaft von der Theologie. Die Natur wird positivistisch-funktional interpretiert. Es bleibt offen, ob die Naturgesetze auf einen sinnstiftenden Gott verweisen. Aus dem Gegeneinander von Theologie und Naturwissenschaft, wie es in der Apologie in Erscheinung tritt, und dem Miteinander im Mittelalter ist ein Nebeneinander geworden. Es wird zunehmend wichtig, dafür Sorge zu tragen, daß beide einander nicht aus den Augen verlieren.

Die Frage, ob es denn in Athen prinzipiell verboten sei, sich mit Naturphilosophie zu befassen, erörtert Sokrates nicht. Er begnügt sich damit, darzulegen, daß er nichts mit ihr zu tun habe.

3. Die Anklage gegen Sokrates als Lehrenden

Der zweite von Sokrates den Anschuldigungen hinzugefügte Punkt betrifft sein Wirken in der Öffentlichkeit.

Nicht, was einer denkt, glaubt oder nicht glaubt, war strafbar; strafbar war es, wenn rechtswidrige Ansichten im Handeln zum Ausdruck kamen oder anderen weitervermittelt wurden. Betrachtete man auch die Parrhesia, die Redefreiheit, als ein essentielles Element der Demokratie, so wollte man sie doch nicht uneingeschränkt gelten lassen, und zwar dann nicht, wenn es um die Religion ging. Die Polis war eine Kultgemeinschaft; gerade der Kult hatte wesentlich zu ihrer Entstehung und Konstituierung beigetragen. So sehr man es duldete, mehr noch, belachte, wenn Politiker und andere Persönlichkeiten des öffentlichen Lebens in den Komödien attackiert wurden, so kleinlich und engherzig war man, wenn religiöse Belange tangiert waren. Den Tempel der Athena Parthenos, der jungfräulichen Athena, den Parthenon, umläuft innen ringsum ein Fries. Auf ihm ist die freie Bürgerschaft Athens dargestellt: Alte und Junge, Männer und Frauen, wie sie in einer Prozession unterwegs sind zum Altar ihrer Stadtgöttin, der Athene Polias. Die Panathenäen, die Dionysien und Lenäen waren Feste der Polis zu Ehren ihrer Gottheiten Athene und Dionysos. An ihnen teilzunehmen, hieß, sich zur Gemeinschaft der Polis, ja, zur Gemeinschaft der Hellenen zu bekennen. Die Trennung von Staat und Religion verlangt dann Jesus mit den Worten:

> „So gebt dem Kaiser, was des Kaisers ist, und Gott, was Gottes ist."
>
> *Lukas, 20,25 (Übersetzung: M. Luther)*

Bis zur Aufklärung hat es gedauert, bis sie endgültig vollzogen worden ist. Als Folge davon ist der auf Gott bezogene zweite Teil des Satzes mehr und mehr in Vergessenheit geraten. Daß der Staat in den Menschenrechten und der Idee der Menschenwürde ein religiöses Fundament hat, wurde und wird verdrängt.

Auf den Anschuldigungen der ersten Ankläger beruht, heißt es, die Anklage des Meletos. Damit ist der zweite Name der drei gegen Sokrates auftretenden Ankläger genannt. Wer war Meletos? Er fungierte als Hauptankläger. Die beiden anderen, Anytos und Lykon (vgl. Kap. 10), waren „Mitankläger" oder „Helfer". Meletos hat Gedichte geschrieben. Er war vielleicht ein Verehrer des Anytos, von diesem vorgeschoben. Ging der Prozeß verloren, trug er die Verantwortung. In Platons Dialog „Euthyphron" charakterisiert ihn Sokrates so:

> „Ich kenne den Mann selbst nicht recht, Euthyphron; jung scheint er mir nämlich noch zu sein und ziemlich unbekannt. Man nennt ihn, glaube ich, Meletos, und von Zunft ist er ein Pitthier (d.h. er stammte aus dem Demos, dem Stadtteil, Pitthe), wenn du dich etwa auf einen Pitthier Meletos besinnst mit glattem Haar, noch schwachem Bart und Habichtsnase."
>
> *2b (Übersetzung: F. Schleiermacher)*

Nicht älter als 25, schätzt man, dürfte Meletos im Jahre 399 gewesen sein. Gewiß hat er die Rede, auf die sich Sokrates gleich zu Beginn bezieht, vorgetragen. Ob er sie selbst verfaßt hat, ist eine andere Frage. Als „Hochverrat" würde man heute bezeichnen, was Sokrates zur Last gelegt wird.

4. Kapitel
(19d-20e)

Formale Bildung und wertorientierte Erziehung

„Es ist nichts dran, wenn ihr etwa von einem gehört habt,
ich unternähme es, Menschen zu erziehen."

1. Text

„Aber es ist eben weder hieran etwas, noch auch wenn ihr etwa von einem gehört
habt, ich unternähme es, Menschen zu erziehen, und verdiente Geld damit; auch
das ist nicht wahr. Denn auch das scheint mir meines Teils wohl etwas Schönes
zu sein, wenn jemand imstande wäre, Menschen zu erziehen, wie Gorgias der
Leontiner und Prodikos der Keier und auch Hippias von Elis. Denn diese alle,
ihr Männer, verstehen es, in allen Städten umherziehend die Jünglinge – die dort
unter ihren Mitbürgern zu wem sie wollten sich unentgeltlich halten könnten –
diese also überreden sie, jenen Umgang gering zu achten und sich, Geld bezah-
lend, zu ihnen zu halten und ihnen noch Dank dazu zu wissen. Ja es gibt auch
hier noch einen andern Mann, einen Parier, von dessen Aufenthalt ich erfuhr.
Ich traf nämlich auf einen Mann, der den Sophisten mehr Geld gezahlt hat als alle übrigen zusammen, Kallias, den Sohn des Hipponikos. Diesen fragte ich also,
denn er hat zwei Söhne: Wenn deine Söhne, Kallias, sprach ich, Füllen oder Käl-
ber wären, wüßten wir wohl einen Aufseher für sie zu finden oder zu dingen, der
sie gut und tüchtig machen würde in der ihnen angemessenen Tugend, es würde
nämlich ein Zureiter sein oder ein Landmann: nun sie aber Menschen sind, was
für einen Aufseher bist du gesonnen ihnen zu geben? Wer ist wohl in dieser
menschlichen und bürgerlichen Tugend ein Sachverständiger? Denn ich glaube
doch, du hast darüber nachgedacht, da du Söhne hast. Gibt es einen, sprach ich,
oder nicht? O freilich, sagte er. Wer doch, sprach ich, und woher ist er und um
welchen Preis lehrt er? Euenos der Parier, antwortete er, für fünf Minen. Da
pries ich den Euenos glücklich, wenn er wirklich diese Kunst besäße und so vortrefflich lehrte. Ich also würde gewiß mich recht damit rühmen und großtun,
wenn ich dies verstände: Aber ich verstehe es eben nicht, ihr Athener."

2. Sokrates und die Sophisten

Von den Sophisten als Lehrern und Erziehern haben wir im ersten Kapitel gesprochen. Hier nennt Sokrates vier mit Namen. Keiner von ihnen ist Athener. Gorgias stammt aus Sizilien, Hippias aus der Peloponnes, Prodikos und Euenos kommen von den Kykladeninseln. Sie sind 399 wohl alle noch am Leben. Kennzeichnend ist viererlei für sie: 1. Sie sind nirgends heimisch, sie ziehen von Stadt zu Stadt. 2. Sie erheben den Anspruch, Menschen erziehen zu können. 3. Sie überreden (vgl. Kap. 1) junge Männer dazu, sich ihnen anzuschließen. 4. Sie lassen sich bezahlen. Daraus resultiert eine gewisse Exklusivität. Von 5 Minen ist die Rede, das sind 500 Drachmen, und das heißt, 500 Tageslöhne eines Facharbeiters. Sokrates schätzt sein ganzes Vermögen auf diese Summe (Xenophon Oikonomikos, 2,3). Wir wissen freilich nicht, auf welchen Zeitraum sich eine Ausbildung erstreckte. Sokrates hält die Forderung für „angemessen" (so Heitsch statt „vortrefflich", a.a.O., S. 70). Die wirklich berühmten Sophisten forderten und erhielten jedenfalls ein Vielfaches. Platon erwähnt in seinem Dialog „Alkibiades I" (119a), daß Zenon aus Elea, ein Naturphilosoph (ca. 495-ca. 445), für 100 Minen Unterricht erteilt hat.

Sokrates weist die Anklage, ein Sophist zu sein, zurück: 1. Er ist Athener und mit dieser Stadt in besonderer Weise verwurzelt (vgl. Kap. 3). 2. Er ist einer der Bürger, mit denen, wer will, unentgeltlich zusammensein kann (vgl. Kap. 21). Heißt das, man bekommt bei ihm umsonst, was man dort teuer bezahlen muß? Was wäre das? „Die menschliche und bürgerliche Tugend", d.h., eine Bildung zu tüchtigen Menschen und Bürgern. Dies ist die Ware, die Euenos und die anderen Sophisten feilbieten. Sokrates sagt, er wäre stolz, wenn er sich auf diese Kunst verstünde, Wenn im Ziel Einigkeit besteht, worin liegt der Unterschied?

In Platons Dialog „Protagoras" macht Sokrates klar, an welche Voraussetzung er den Anspruch knüpft, Tugend zu lehren. Er spricht mit einem jungen Mann, der Schüler des Sophisten Protagoras (vgl. Kap. 1) werden möchte:

„Wenn uns aber jemand fragte: Und der Sophist, auf was für Kluges (versteht sich) denn der? Was würden wir ihm antworten, was zu verfertigen er versuche? Was würden wir sagen, daß es sei?
Er verstehe, Sokrates, gewaltig zu machen im Reden.
Vielleicht, sprach ich, sagten wir dann etwas Richtiges, aber hinreichend doch nicht. Denn die Antwort bedarf uns noch einer Frage, nämlich im Reden worüber denn der Sophist gewaltig macht? ... Offenbar über das, worauf er sich auch versteht?
So sollte man denken.
Was ist also dasjenige, worin er selbst, der Sophist, sachverständig ist und auch seine Schüler dazu macht?
Beim Zeus, sagte er, weiter weiß ich dir nichts zu sagen.
Darauf sprach ich: Wie nun? Weißt du also, welcher Gefahr du gehst, deine Seele preiszugeben?"

Im Folgenden vergleicht er die Sophisten mit Kaufleuten und Klein-krämern, die Kenntnisse für die Seele verkaufen, wie andere mit Nah-rungsmitteln für den Körper handeln. Die einen wissen so wenig wie die anderen, ob ihre Waren nützlich oder schädlich sind.

312b-314b
(Übersetzung: F. Schleiermacher)

Die Voraussetzung verantwortungsvoller Erziehung ist die Bestimmung ihres Inhalts und die Kenntnis des Nutzens, der in der Seele des einzelnen gestiftet werden soll (vgl. Kap. 17). Es genügt nicht, die Ziele formal als „gewaltig im Re-den" und als Lebenstüchtigkeit zu benennen. Der Erzieher muß Fachmann, Sachverständiger in der Kunst der Erziehung sein wie der Zureiter im Hinblick auf Füllen. Wie dieser das Tier zu der diesem eigenen Vollkommenheit eines gu-ten Reitpferdes führt, so der Erzieher den jungen Menschen zu der diesem eige-nen Tüchtigkeit. Nur wer sie kennt, kann die Kunst, die Technik, entwickeln, die sie hervorbringt. Sokrates distanziert sich von der Sophistik, weil sie nur formale Zwecke verfolgt und für die Lehrenden wie für die Lernenden materielle Ziele anstrebt, das notwendige Sachwissen vernachlässigt.

Die Sophisten sind Generalisten. Von einem von ihnen, Hippias, sagt Sokra-tes in Platons „Hippias maior", er sei „in den meisten Künsten der klügste von allen Menschen" (268b). Kenntnisse sind für sie aber nicht um ihrerselbst erstre-benswert, sondern nur als Mittel zum Zweck. Sie stehen im Dienst der Rhetorik.

Die Vorstellung der „Bestheit" des Menschen korrespondiert mit der im vo-rigen Kapitel erörterten Überzeugung, daß die Welt im ganzen sinnvoll geordnet sei. Von Demokrit, einem Zeitgenossen des Sokrates, der zu den Naturphiloso-phen gehört, stammt der Satz, daß der Mensch ein Kosmos im Kleinen sei (B34, Diels-Kranz).

Für die Öffentlichkeit mochte es oft nicht einfach gewesen sein, zwischen Sokrates und den Sophisten zu differenzieren. Konnte nicht aus der Beliebigkeit, gepaart mit der Fähigkeit der Überredung, die Gefahr eines Umsturzes erwach-sen? Ist der Pheidippides in Aristophanes „Wolken" nicht ein warnendes Bei-spiel, der, von Sokrates erzogen, schließlich seinen Eltern Prügel androht und ihnen beweist, daß er damit im Recht ist? War nicht Alkibiades, der geniale Stra-tege, der des Religionsfrevels angeklagt worden war und der im peloponnesi-schen Krieg mehrfach die Seite gewechselt hatte, und war nicht auch Kritias, ei-ner der 30 Tyrannen, die die demokratische Verfassung außer Kraft gesetzt hat-ten, Schüler des Sokrates? Durfte man nicht vom Lehrling auf den Meister schließen? Und gehörte nicht auch Xenophon zu seinen Anhängern, der offen-sichtlich mit den Dreißig sympathisierte und sich nach Wiederherstellung der Demokratie abgesetzt und in den Dienst des persischen Prinzen Kyros begeben hatte?

Es ist Sokrates in seinem Leben und Wirken nicht gelungen, zu verhindern, daß er mit den Sophisten identifiziert wurde, von denen er sich doch so deutlich distanzierte. Platon ist nicht müde geworden, den Unterschied einzuschärfen.

Daß die Sophistik in der Überlieferung eher negativ eingeschätzt wird, verdankt sie ihm. Man darf ihr Verdienst nicht übersehen, das unter anderem darin besteht, in Athen eine über die Elementarbildung hinausgehende anspruchsvolle Bildung etabliert zu haben.

Vielleicht ist es ein Strukturproblem der Demokratie, daß in Folge der Gleichheitsideologie in allen, die sich von der Menge abheben – und dazu gehören die Intellektuellen –, eine Gefahr gewittert wird. Einheits- und Gesamtschulen gehören in ihr Konzept, Elite gilt als suspekt.

„Die Jünglinge ... also überreden sie", sagt Sokrates von den Sophisten. Nichts anderes haben seine Ankläger getan: "Überredend haben sie gesprochen" (vgl. Kap. 1). Heißt das nicht, daß seine Ankläger zu der gefährlichen Gruppe der Sophisten gehören, nicht er, der ja gerade nicht in diesem Sinne „gewaltig im Reden" ist? Wenn jemand verdient, angeklagt zu werden, dann sind sie es, meine Ankläger, nicht ich, will Sokrates zu verstehen geben.

5. Kapitel

Weisheit und Hybris

„Ich habe durch nichts anderes als durch
eine gewisse Weisheit diesen Namen erlangt."

1. Text

„Vielleicht nun möchte jemand von euch einwenden: Aber Sokrates, was ist denn
also dein Geschäft? Woher sind diese Verleumdungen dir entstanden? Denn gewiß, wenn du nichts Besonderes betriebest vor andern, es würde nicht solcher
Ruf und solches Gerede entstanden sein, wenn du nicht ganz etwas anderes tätest als andere Leute. So sage uns doch, was es ist, damit wir uns nicht aufs Gera-
tewohl unsere eigenen Gedanken machen über dich. Dies dünkt mich mit Recht
zu sagen, wer es sagt, und ich will versuchen, euch zu zeigen, was dasjenige ist,
was mir den Namen und den üblen Ruf gemacht hat. Hört also, und vielleicht
wird manchen von euch scheinen, ich scherzte: Glaubt indes sicher, daß ich die
reine Wahrheit rede. Ich habe nämlich, ihr Athener, durch nichts anderes als
durch eine gewisse Weisheit diesen Namen erlangt. Durch was für eine Weisheit
aber? Die eben vielleicht die menschliche Weisheit ist. Denn ich mag in der Tat
wohl in dieser weise sein; jene aber, deren ich eben erwähnt, sind vielleicht weise
in einer Weisheit, die nicht dem Menschen angemessen ist; oder ich weiß nicht,
was ich sagen soll, denn ich verstehe sie nicht, sondern wer das sagt, der lügt es
und sagt es mir zur Verleumdung. Und ich bitte euch, ihr Athener, erregt mir
kein Getümmel, selbst wenn ich euch etwas vorlaut zu reden dünken sollte.
Denn nicht meine Rede ist es, die ich vorbringe; sondern auf einen ganz glaubwürdigen Urheber will ich sie euch zurückführen. Über meine Weisheit nämlich,
ob sie wohl eine ist und was für eine will ich euch zum Zeugen stellen den Gott
in Delphoi. Den Chairephon kennt ihr doch. Dieser war mein Freund von Jugend auf, und auch euer, des Volkes, Freund war er und ist bei dieser letzten
Flucht mit geflohen und mit euch auch zurückgekehrt. Und ihr wißt doch, wie
Chairephon war, wie heftig in allem, was er auch beginnen mochte. So auch, als
er einst nach Delphoi gegangen war, erkühnte er sich, hierüber ein Orakel zu begehren; nur, wie ich sage, kein Getümmel, ihr Männer. Er fragte also, ob wohl
jemand weiser wäre als ich. Da leugnete nun die Pythia, daß jemand weiser wäre.

Und hierüber kann euch dieser sein Bruder hier Zeugnis ablegen, da jener bereits verstorben ist."

2. Die Hybris der Sophisten

„Was ist denn also dein Geschäft?" läßt sich Sokrates fragen. Er wendet damit eine für ihn typische Frage nach dem, was etwas ist, auf sich selbst an. Einen Weisen (sophon) hatten ihn die ersten Ankläger genannt (vgl. Kap. 2), nicht zu Unrecht. Eine Weisheit (sophia) nimmt er für sich in Anspruch; eine gewisse Weisheit, schwächt er aber sogleich ab, und als „menschliche Weisheit" bestimmt er sie näher. Damit erinnert er an die „menschliche und bürgerliche Tugend", in der Euenos von Kallias als sachverständig angesehen wird (vgl. Kap. 4). Hat er so scheinbar Nähe zu den Sophisten hergestellt, reißt er gleich danach den Abgrund auf, der zwischen ihnen und ihm besteht. Denn ihnen kommt eine Weisheit zu, „die nicht dem Menschen angemessen ist", die jenseits dessen liegt, was dem Menschen zugänglich ist. Das Auditorium reagiert mit Unmut, verständlicherweise. Denn Sokrates, der der Asebeia, der Gottlosigkeit, angeklagt ist, erhebt seinerseits keinen geringeren Vorwurf als den des Frevels. Hybris nannten es die Griechen, wenn jemand die dem Menschen gesetzten Grenzen überschreitet und die Götter verachtet und lästert. Hatte er eben im Zusammenhang mit der Beschuldigung, er sei ein Naturphilosoph, den Vorwurf, er strebe nach übermenschlichem Wissen, zurückgewiesen, so erhebt er nun seinerseits den Vorwurf gegen seine Gegner. Er wird zum Ankläger derer, die ihn anklagen. Nicht er läßt es an der Bescheidung, der Tugend der Sophrosyne, fehlen, nicht er ist unfromm, sondern sie sind maßlos und unfromm. Nicht ich, sondern sie: Das ist ein immer wiederkehrender Topos in der Rede des Sokrates.

3. Der Begriff der Weisheit

Da tut Sokrates gut daran, sich auf einen glaubwürdigen Zeugen zu berufen. Wen benennt er? Apollon. Muß es nicht nun schon wieder als der Gipfel der Unverschämtheit erscheinen, daß ausgerechnet er sich in Beziehung setzt zu dem „Gott in Delphi"? Er schockiert und provoziert. In einem zweiten Schritt erläutert er, was er meint, erzählt er von Chairephon, von dessen Anfrage in Delphi und der Antwort des Orakels, niemand sei weiser. Er hebt hervor, daß Chairephon „von Jugend auf" sein Freund war und daß er sich als engagierter Demokrat erwiesen habe. Hier zeigt sich die politische Dimension des Prozesses: Es ist nützlich, auf Kontakte zu Demokraten verweisen zu können. So außerordentlich, wie es zunächst scheint, war die Aktion des Chairephon nicht. Fragen von der Art, wer der Frömmste, wer der Glücklichste sei, waren üblich.

Untersuchen wir etwas genauer, was mit dem Begriff der Weisheit, der in Kapitel 2 und hier auftaucht, im allgemeinen Verständnis gemeint ist. In der „Nikomachischen Ethik" führt Aristoteles aus:

> „Die Weisheit sprechen wir denen zu, die es im praktischen Bereich zur größten Vollkommenheit bringen, wie dem Bildhauer Pheidias, der mit Marmor, und Polyklet, der mit Bronze gearbeitet hat. Wir bezeichnen mit Weisheit dabei also das größte Vermögen im praktischen Bereich.
> Wir halten aber auch Menschen für weise, die es in einem umfassenden Sinn sind, nicht nur auf einem Gebiet oder in einer besonderen Beziehung ... In dieser Hinsicht ist sie die höchste Vollkommenheit der Erkenntnisse."

1141a

Daraus ergibt sich ein zweifacher Anspruch, der auch mit dem Begriff Sophist verbunden ist: Weisheit meint formal die höchste Stufe eines Vermögens und inhaltlich ein auf das Ganze gerichtetes, alle speziellen Kenntnisse überragendes (nicht: umgreifendes) Wissen.

Einem Gedicht des Xenophanes aus Kolophon in Kleinasien, der im 6. Jahrhundert lebte, entnehmen wir ein drittes Merkmal. Nachdem er die Sportarten aufgezählt hat, in denen man in Olympia antrat, und die Ehrungen der Stadt genannt hat, die mit einem Sieg verbunden waren, sagt er:

> Der Sieger „ist nicht so würdig wie ich. Denn wertvoller als die Kräfte
> von Männern und Pferden ist unsere Weisheit.
> Jenes wird hoch geschätzt ganz ohne Überlegung: Es ist nicht recht,
> die Kraft der wahren Weisheit vorzuziehen.
> Denn wenn sich auch ein tüchtiger Faustkämpfer im Volk befindet,
> oder ein Fünfkämpfer oder ein Ringer
> oder ein Läufer, dessen Sieg am meisten gilt,
> und was sonst an Leistungen im Wettstreit der Kräfte unter den Män-
>   nern erbracht wird,
> so gibt es deswegen wohl in der Stadt keine bessere Ordnung.
> Nur ein geringer Vorteil dürfte wohl der Stadt daraus erwachsen,
> daß einer siegt an den Ufern des Pises.
> Die Schatzkammern der Stadt füllen sich dadurch nicht."

fr. 2 (Diels-Kranz), VV. 11-22

Weisheit im Sinne des Xenophanes ist auf die Gemeinschaft, auf die Polis bezogen. Sie muß etwas dazu beitragen daß in der Stadt gute Gesetze bestehen und daß als Folge davon Wohlstand herrscht. Weisheit wird nicht im stillen Kämmerlein gepflegt, sondern in praktischer Tätigkeit ausgeübt. Diese Weisheit beanspruchen die Sophisten. Der Gott aber spricht Sokrates Weisheit zu. Warum?

4. Sokrates und Apollon

Was Sokrates über Chairephon und das delphische Orakel ausführt, ist gewiß nicht erfunden. Das würde sich mit dem Wahrheitsanspruch, den Platon seinen Sokrates auch hier wieder erheben läßt, schwerlich vertragen. Und außerdem dürfte nicht nur Chairephons Bruder, der angesprochen wird, zur Zeit der Veröffentlichung der Apologie noch gelebt haben, sondern auch viele, die als Richter fungierten oder als Zuhörer anwesend waren. Mit einer Erfindung hätte Platon sich und Sokrates um jede Glaubwürdigkeit gebracht. In welchem Sinn freilich die Orakelbefragung wahr ist, bedarf der Erörterung.

Die Achtung, die das delphische Orakel in der griechischen Welt und darüber hinaus genoß, kann kaum überschätzt werden. Die Athener hatten ihre Politik gegenüber den Persern von der Pythia beglaubigen lassen. Zweimal hatten sie sie befragt und schließlich „die hölzerne Mauer", von der sie gesprochen hatte, als die Flotte interpretiert, mit der sie den Sieg erringen würden (Herodot, 7, 140-143). Kroisos, der in der Mitte des 6. Jahrhunderts König der Lyder war, hatte sich, bevor er sich zum Krieg gegen die Perser entschloß, an das Orakel gewandt und die berühmte Antwort erhalten, er werde ein großes Reich zerstören (Herodot, 1, 91). Es war schließlich sein eigenes Reich, das er verlor.

Privatleute suchten es auf. Sokrates riet Xenophon, seinen Rat einzuholen, bevor er sich auf den Weg nach Kleinasien mache (Xenophon, Anabasis, 3, 1, 4-9). Darin zeigt sich nicht nur Sokrates' Frömmigkeit, sondern auch seine besondere Affinität zu dem Gott Apollon.

Die zahlreichen Belege in der Literatur, die Stätte selbst mit ihren Bauten und Denkmälern, der Reichtum an Weihgeschenken spiegeln deutlich Delphis Ansehen wider. Freilich kam es wie bei den Orakeln, die den Athenern und Kroisos erteilt worden waren, auf die zutreffende Interpretation an: Was versteht der Gott unter Weisheit? Diesem Problem wendet sich Sokrates im Folgenden zu. Halten wir fest: Sokrates, als unfromm angeklagt, beruft sich auf keinen geringeren als den Gott Apoll. Man fühlt sich an Martin Luther vor dem Reichstag in Worms 1521 erinnert. Platon setzt Sokrates noch bei einer anderen Gelegenheit in Beziehung zu Apollon: In jenem letzten Gespräch, das Sokrates im Gefängnis mit seinen Schülern über die Unsterblichkeit der Seele führt, sagt er, kurz bevor er den Schierlingsbecher trinken muß:

> „Wie es scheint, meint ihr, ich sei schlechter als die Schwäne in der Kunst des Wahrsagens. Diese singen immer, aber wenn sie merken, daß der Tod naht, dann singen sie besonders viel und besonders schön. Sie freuen sich, daß sie im Begriff sind, fortzugehen zu dem Gott, dessen Diener sie sind ... Sie sind von Apoll mit der Kunst des Wahrsagens betraut und singen, da sie das Gute im Hades im voraus kennen, und sie freuen sich an jenem Tag mehr als sonst. Ich glaube, ich bin ein Mitdiener der Schwäne und demselben Gott geweiht wie sie und mit der

DELPHI

Befragung der PYTHIA
rotfigurige Schale um 440 v. Chr.

Kunst des Wahrsagens nicht schlechter von dem Herrn ausgestattet als sie, und ich scheide nicht mit geringerem Mut aus dem Leben als sie."

Phaidon, 84e-85b

Die Pythia leugnete, daß jemand weiser sei als Sokrates. Es bleibt offen, ob es Menschen gibt oder geben wird, die ebenso weise wie Sokrates sind. Diese Formulierung eröffnet Sokrates die Möglichkeit seines Wirkens.

6. Kapitel

Götter und Gott

„Was meint der Gott also mit der Behauptung, ich sei der Weiseste?
... Ich ging zu einem von den für weise Gehaltenen. ... Es war aber
einer von den Staatsmännern."

1. Text

„Bedenkt nun, weshalb ich dieses sage; ich will euch nämlich erklären, woher die
Verleumdung gegen mich entstanden ist. Denn nachdem ich dieses gehört, gedachte ich bei mir also: Was meint doch der Gott und was will er etwa andeuten?
Denn das bin ich mir doch bewußt, daß ich weder viel noch wenig weise bin.
Was meint er also mit der Behauptung, ich sei der Weiseste? Denn lügen wird er
doch wohl nicht; das ist ihm ja nicht verstattet. Und lange Zeit konnte ich nicht
begreifen, was er meinte; endlich wendete ich mich gar ungern zur Untersuchung der Sache auf folgende Art. Ich ging zu einem von den für weise Gehaltenen, um dort, wenn irgendwo, das Orakel zu überführen und dem Spruch zu
zeigen: Dieser ist doch wohl weiser als ich, du aber hast auf mich ausgesagt. Indem ich nun diesen beschaute, denn ihn mit Namen zu nennen ist nicht nötig; er
war aber einer von den Staatsmännern, auf welchen schauend es mir folgendermaßen erging, ihr Athener. Im Gespräch mit ihm schien mir dieser Mann zwar
vielen andern Menschen und am meisten sich selbst sehr weise vorzukommen, es
zu sein aber nicht. Darauf nun versuchte ich ihm zu zeigen, er glaubte zwar, weise zu sein, wäre es aber nicht; wodurch ich dann ihm selbst verhaßt ward und
vielen der Anwesenden. Indem ich also fortging, gedachte ich bei mir selbst, als
dieser Mann bin ich nun freilich weiser. Denn es mag wohl eben keiner von uns
beiden etwas Tüchtiges oder Sonderliches wissen; allein dieser meint etwas zu
wissen, obwohl er nicht weiß, ich aber, wie ich eben nicht weiß, so meine ich es
auch nicht. Ich scheine also um dieses wenige doch weiser zu sein als er, daß ich,
was ich nicht weiß, auch nicht glaube zu wissen. Hierauf ging ich dann zu einem
andern von den für noch weiser als jener Geltenden, und es dünkte mich eben
dasselbe, und ich wurde dadurch auch ihm und vielen andern verhaßt."

2. Die Götter Homers und der Gott des Sokrates

Anders als Kroisos, der den Orakelspruch vorschnell auf das Reich des Gegners bezieht, betrachtet ihn Sokrates als ein Rätsel. Er gibt sich nicht in stolzem Selbstwertgefühl mit dem hohen Lob, das ihm gezollt worden ist, zufrieden, sondern er wandelt die Aussage in die Form der Frage um, was etwas sei: „Was ist Weisheit im Sinne des Gottes?" Zugleich sieht er sich selbst in Frage gestellt: Hat er doch von sich ganz und gar nicht die Vorstellung eines Weisen. Sokratisches Fragen zielt nie nur auf Sachkenntnis, sondern immer auch auf Selbsterkenntnis. Er stürzte in eine Aporie, eine Ausweglosigkeit. Er konnte nicht begreifen, was der Gott meinte. Dieses Mal ist es aber nicht wie im 2. Kapitel eine Aporie, die in den äußeren Umständen begründet ist, sondern eine Aporie, die sich aus einer Fragestellung ergibt. Es gilt, noch eine wichtige Voraussetzung des Dilemmas zu bedenken: Sokrates schließt aus, daß der Gott lügt; „denn das ist ihm nicht verstattet." Wie das? Gab es nicht lügende Götter bei Homer? Oder ist es nicht Lüge, wenn Athene Hektor in der Ilias vortäuscht, sein Bruder Deiphobos zu sein, und ihn auffordert, sich dem Kampf mit Achill zu stellen, um ihn dann im Stich zu lassen? Plötzlich wehrlos und ohne Beistand seinem Gegner ausgesetzt, muß Hektor erkennen: „Athene hat mich betrogen" (22, V. 299). Sokrates kritisiert diese Vorstellung. Gewiß, er war nicht der erste, schon der im vorigen Kapitel erwähnte Xenophanes hatte gedichtet:

> „Alles haben Homer und Hesiod den Göttern zugeschrieben,
> Was bei den Menschen als schimpflich und tadelnswert gilt,
> Stehlen, die Ehe brechen und einander betrügen."

fr. 10 (Diehl)

Aber Xenophanes stammte aus Kleinasien, hatte in Italien gelebt und war lange tot. Sokrates war Athener und lebte in Athen. Veränderte er nicht die Vorstellung von den Göttern, die die Griechen ihren Dichtern Homer und Hesiod verdankten? Gleichsam ein Kommentar zu dem, was Sokrates hier vertritt, ist das Gespräch, das er mit Adeimantos, einem Verwandten Platons, in der Schrift über den Staat führt:

> „Es gibt keinen Grund, weswegen der Gott lügen sollte.
> Nein.
> In jeder Hinsicht ist also das Überirdische und Göttliche frei von Lüge?
> Ganz und gar, sagte er.
> Offensichtlich ist also der Gott von einfachem Wesen und wahrhaftig in allem, was er tut und sagt, und weder er selbst wandelt sich noch betrügt er andere, weder in Erscheinungen noch in Worten noch in Zeichen, die er schickt, sei es Wachenden oder Träumenden."

382e

Homer war eine Autorität, am Fest der Panathenäen wurden seine Ilias und seine Odyssee vollständig vorgetragen, der Elementarunterricht orientierte sich wesentlich an ihm, an ihm lernte man Sprache, Geographie, Ethnologie, Geschichte, Religion und vieles anderes mehr. Er spielte die Rolle, die später in Europa der Bibel zukam. Soviel wird deutlich: Es bestand eine Diskrepanz zwischen Sokrates und der Menge der Athener im Hinblick auf den überkommenen Glauben an die Götter (vgl. Kap. 3, Kap. 7).

Die sokratische Gottheit ist dem Sittengesetz unterworfen. Im „Euthyphron" wird formuliert, das Fromme werde, weil es fromm ist, deshalb von allen Göttern geliebt – und nicht umgekehrt (10d). So würde es auch Kant formulieren. Ganz im Gegensatz dazu steht der Gott des Alten Testaments, der Abraham befiehlt, seinen Sohn Isaak zu opfern, und Gehorsam fordert. Sören Kierkegaard sah gerade darin die bewundernswerte Leistung Abrahams, daß er keine Instanz jenseits von Gottes unbegrenzter Allmacht anerkannt habe (vgl. Kap. 13).

Mit Xenophanes und Sokrates beginnt eine bis in die Gegenwart reichende Entwicklung der Kritik – nicht des „religiösen Bewußtseins", sondern der „Gestalten des religiösen Bewußtseins". So hat im vorigen Jahrhundert der evangelische Theologe Rudolf Bultmann die religiöse Substanz freilegen wollen, die „sich im Mythologischen hinter und neben ihm verbirgt". (Rudolf Malter, a.a.O., S. 179, S. 182/83). Man hat Bultmann entgegengehalten, daß letztlich nicht mehr übrig bleibt „als der Aufruf zur Mitmenschlichkeit", wenn man Verkündigung und Mythos trennt (Otto Böcher, a.a.O., S. 70, 71). Auch Sokrates entgeht nicht der Gefahr, daß Religion auf den Aufruf zu moralischem Handeln reduziert wird.

3. Die Aporie des Sokrates

Aus der Aporie erwächst bei Sokrates der Impetus zur Untersuchung. Ziel ist die Widerlegung des Gottes. Frage- Aporie – Untersuchung, dieser Dreischritt ist das Prinzip der sokratischen Methode hier wie in den Dialogen. Aristoteles hat die Funktion der Aporie theoretisch erörtert. Er vergleicht sie mit einem Knoten, den man kennen müsse, um ihn zu lösen. Die Aporie zeige den Knoten in der Sache an. Ohne Aporie gleiche man Wanderern, die nicht wüßten, wohin sie zu gehen hätten, und dann später nicht erkennen könnten, ob sie das gesuchte Ziel erreicht hätten oder nicht. Erst aus der Aporie ergebe sich die Kenntnis des Ziels (Metaphysik, 995a).

Der Knöten, ist hier der Widerspruch in den Vorstellungen der Weisheit. Ihn zu lösen, bedeutet, sich Klarheit über den Begriff zu verschaffen. In dem Dialog „Menon" führt Sokrates eben jenen Menon, einen Thessaler, in die Aporie. Dann fordert er ihn auf, von vorne zu beginnen; darauf antwortet Menon:

„Sokrates, ich habe schon gehört, ehe ich noch mit dir zusammengekommen bin, daß du ebenso selbst in einer Aporie bist wie du auch die anderen dazu bringst, in einer Aporie zu sein. Auch jetzt kommt es mir vor, daß du mich verzauberst, betörst und ganz und gar besprichst, so daß ich nicht aus noch ein weiß. Und du scheinst mir vollkommen, wenn ich auch etwas scherzen darf, in der Gestalt und auch sonst jenem breiten Seefisch, dem Zitterrochen (narke), zu gleichen. Denn auch dieser macht jeden, der ihm nahekommt und ihn berührt, erstarren (narkan). Und so, glaube ich, hast auch du mir jetzt etwas ähnliches angetan. Denn in der Tat, an Seele und Leib bin ich erstarrt (narko) und weiß dir nichts zu antworten, wiewohl ich schon tausendmal über die Tugend sehr viele Reden gehalten habe vor vielen, und sehr gut, wie ich mir einbilde. Jetzt aber weiß ich nicht einmal zu sagen, was sie überhaupt ist. Daher scheinst du mir gut beraten zu sein, daß du von hier nicht fortreist, weder zur See noch sonst. Denn wenn du in einer anderen Stadt als Fremder dergleichen tätest, so würde man dich vielleicht als einen Zauberer abführen.

Sokrates: ... Ist dein Zitterrochen selbst auch so erstarrt, wenn er andere erstarren macht, dann gleiche ich ihm, wenn aber nicht, dann nicht. Denn keineswegs bin ich etwa selbst wissend (euporon), wenn ich die anderen dazu bringe, in einer Aporie zu sein, sondern auf alle Weise bin ich selbst auch in einer Aporie, und so bringe ich die anderen dazu, in einer Aporie zu sein. So weiß ich auch jetzt keineswegs, was die Tugend ist; du aber hast es vielleicht vorher gewußt, ehe du mich berührtest, jetzt indes bist du einem Nichtwissenden ganz ähnlich. Dennoch will ich mit dir erwägen und untersuchen, was sie wohl ist."

79e-80d (Übersetzung nach F. Schleiermacher)

Wenn als Ziel formuliert wird, den Gott zu widerlegen, so ist das, wenn man Sokrates' Gottesvorstellung zugrunde legt, ironisch gemeint. Sokrates will sagen, daß er seine Untersuchung in den Dienst des Gottes, Apollons, stellt. Er erzählt die Geschichte seiner Erweckung, und das ist eine eminent religiöse Geschichte. Sein Tun ist Gottes-Dienst, ist Frömmigkeit. Nietzsche würdigt in diesem Punkt ausdrücklich Sokrates, auf den er sonst nicht so gut zu sprechen ist. In „Menschliches – Allzumenschliches" heißt es im 2. Band, in der 2. Abteilung, im Aphorismus 72 unter der Überschrift „Göttliche Missionäre":

„Auch Sokrates fühlt sich als göttlicher Missionar, aber ich weiß nicht, was für ein Anflug von attischer Ironie und Lust am Spaßen selbst hierbei noch zu spüren ist, wodurch jener fatale und so anmaßende Begriff gemildert wird. Er redet ohne Salbung davon. Die eigentlich religiöse Aufgabe, wie er sie sich gestellt fühlt, den Gott auf hunderterlei Weise auf die Probe zu stellen, ob er die Wahrheit geredet habe, läßt auf eine kühne und freimütige Gebärde schließen, mit der hier der Missionar seinem Gott an die Seite tritt. Jenes Auf-die-Probe-stellen des Gottes ist einer der feinsten Kompromisse zwischen Frömmigkeit und Freiheit des Geistes, welche je erdacht worden sind."

Martin Heidegger hat einmal von dem Fragen als der „Frömmigkeit des Geistes" gesprochen. Das trifft auf Sokrates zu: Sein Fragen ist seine Form der Frömmigkeit. In Gottes Auftrag und in seinem Sinn in der Welt tätig werden und für das Rechte und das Recht einstehen, so würden Christen wohl auch heute Frömmigkeit definieren. Sie würden freilich noch den Begriff der Nächstenliebe einbringen, der Sokrates so fremd ist wie allen Menschen der heidnischen Antike.

> „Die Begegnung mit Gott ist nicht die mit dem allmächtigen Gott, der von oben herab die Geschichte verändert. Es ist vielmehr ein Gott, der in den Herzen der Menschen wohnt, und so die Welt verändern kann. Die Frage „Wo ist Gott?" läßt sich mit einem Fingerzeig auf den von Schicksalsschlägen getroffenen Mitmenschen und auf die leidende Kreatur beantworten. Gott braucht meine Hände, meine Stimme, mein Schreien und meinen Protest. Gott braucht meine Hilfe für den gequälten, leidenden und entrechteten Menschen. Die Frage „Warum schreitet Gott angesichts des Leidens nicht ein?" läßt sich nur mit der Gegenfrage beantworten: „Warum schreiten wir nicht ein?"
> *(Grziwotz/ Döbertin, a.a.O., S. 153)*

Die Form der Untersuchung ist das Gespräch, das dialegesthai, der Dialog. Sein Ausgangspunkt ist hier die gängige Meinung von Weisheit. Sie wird geprüft, wird in Frage gestellt (vgl. Kap. 15).

Wie aber will Sokrates zu einem Urteil kommen? Bedarf es dazu nicht eines Maßstabs? Der Maßstab steckt in dem „Knoten": 1. Sokrates weiß, daß die Sophisten mit ihrem rein formalen und auf Erfolg ausgerichteten Bildungsziel dem Anspruch der Weisheit nicht genügen. Gesucht wird eine inhaltliche Bestimmung. 2. Diese Bestimmung muß sich am Wesen des Menschen orientieren, an seiner Arete, an der ihm eigenen „Bestheit". Sie erhebt den Anspruch der Allgemeinverbindlichkeit. 3. Die Weisheit ist sich als „gewisse" und „menschliche" (vgl. Kap. 5) ihrer Grenze bewußt.

Die Aporie enthält Voraussetzungen, aus denen sich Richtung und Ziel der Untersuchung ergeben.

4. Das Versagen der Politiker

Platon strukturiert seinen Bericht so, daß sich Sokrates zuerst an die Politiker wendet. Ging es doch in Kapitel 4 um den Sachverständigen in der menschlichen und bürgerlichen (politischen) Tugend, der Tugend, die die Polis betrifft. Sokrates stellt in den Gesprächen mit den Staatsmännern dreierlei fest: 1. Sie kennen das gesuchte Ziel nicht. 2. Sie bilden sich ein, es zu kennen. 3. Sie sind uneinsichtig, als sie auf ihre Fehleinschätzung hingewiesen werden. Sokrates macht sich verhaßt, nicht, weil er den Mangel an ihnen feststellt, sondern weil er ihn ihnen zum Bewußtsein bringen will und ihnen eine schmerzliche Einsicht über sich selbst zumutet.

Als ein Merkmal sokratischer Weisheit kristallisiert sich heraus, daß Sokrates, was er nicht weiß, auch nicht zu wissen glaubt. Er akzeptiert seine Defizienz ganz im Sinn des am Tempel des Apollon in Delphi angebrachten Spruchs, mit dem der Gott den sich ihm Nähernden begrüßte: „Erkenne dich selbst."

Nicht nur hier berichtet Sokrates von schlechten Erfahrungen, die er mit Politikern gemacht hat. Später wird er erzählen, wie sie ihn zweimal dazu veranlassen wollten, Unrecht zu tun und schuldig zu werden. Beide Male ist er nur knapp mit dem Leben davongekommen (vgl. Kap. 20). Daraus resultiert sein Entschluß, kein öffentliches Amt anzustreben (vgl. Kap. 19).

Ob Sokrates auch Perikles, den einflußreichsten Politiker Athens im 5. Jahrhundert, befragt hat, wissen wir nicht. Perikles ist schon 429 gestorben. In Platons Dialog „Gorgias" kommt er jedenfalls ebenso schlecht weg wie bei Xenophon (vgl. Kap. 10). Vorlage der Zeichnung ist die Kopie einer griechischen Statue der 2. Hälfte des 5. Jahrhunderts, die auf der Akropolis stand.

7. Kapitel
(21e-22c)

Inspiration und Vernunft

„Nach den Staatsmännern ging ich ... zu den Dichtern."

1. Text

„Nach diesem ging ich schon nach der Reihe vor, bemerkend freilich und bedauernd, und auch in Furcht darüber, daß ich mich verhaßt machte; doch aber dünkte es mich notwendig, des Gottes Sache über alles andere zu setzen; und so mußte ich denn gehen, immer dem Orakel nachdenkend, was es wohl meine, zu allen, welche dafür galten, etwas zu wissen. Und beim Hunde, ihr Athener, - denn ich muß die Wahrheit zu euch reden – wahrlich, es erging mir so. Die Berühmtesten dünkten mich beinahe die Armseligsten zu sein, wenn ich es dem Gott zufolge untersuchte, andere minder Geachtete aber noch eher für vernünftig gelten zu können. Ich muß euch wohl mein ganzes Abenteuer berichten, mit was für Arbeiten gleichsam ich mich gequält habe, damit das Orakel mir ja ungetadelt bliebe. Nach den Staatsmännern nämlich ging ich zu den Dichtern, den tragischen sowohl als den dithyrambischen und den übrigen, um dort mich selbst durch die Tat zu überführen als unwissender denn sie. Von ihren Gedichten also diejenigen vornehmend, welche sie mir am vorzüglichsten schienen ausgearbeitet zu haben, fragte ich sie aus, was sie wohl damit meinten, auf daß ich auch zugleich etwas lernte von ihnen. Schämen muß ich mich nun freilich, ihr Männer, euch die Wahrheit zu sagen: Dennoch soll sie gesagt werden. Um es nämlich geradeheraus zu sagen, fast sprachen alle Anwesenden besser als sie selbst über das, was sie gedichtet hatten. Ich erfuhr also auch von den Dichtern in kurzem dieses, daß sie nicht durch Weisheit dichteten, was sie dichten, sondern durch eine Naturgabe und in der Begeisterung, eben wie die Wahrsager und Orakelsänger. Denn auch diese sagen viel Schönes, wissen aber nichts von dem, was sie sagen; ebenso nun ward mir deutlich, erging es auch den Dichtern. Und zugleich merkte ich, daß sie glaubten, um ihrer Dichtung willen auch in allem übrigen sehr weise Männer zu sein, worin sie es nicht waren. Fort ging ich also auch von ihnen mit dem Glauben, sie um das nämliche zu übertreffen wie auch die Staatsmänner."

2. Sokrates' Frömmigkeit

Wo unsere Übersetzung von einem „Abenteuer" spricht, benutzt Sokrates den Begriff der „Irrfahrt", in deren Verlauf er mancherlei Mühen auf sich hat nehmen müssen. Er ist gleichsam ein Odysseus, wird wie dieser vielfach verschlagen, lernt aber auch wie dieser die Sinnesweise der Menschen kennen. Zugleich wird man an eine Geschichte erinnert, die Xenophon in seinen „Memorabilien" erzählt und die er auf den in Kapitel 4 erwähnten Sophisten Prodikos von Keos zurückführt. Es geht um Herakles: Als dieser alt genug war, um selbständig eine Entscheidung über seinen weiteren Lebensweg treffen zu müssen, traten zwei Frauen an ihn heran; die eine , das Glück oder die Schlechtigkeit, verhieß ihm ein Leben ohne Mühen, während die andere, die Tugend, unter anderem so zu ihm sprach:

> „Ich werde dir wahrheitsgetreu sagen, wie die Götter die Welt eingerichtet haben. Nichts Gutes und Schönes geben die Götter den Menschen ohne Mühe und Arbeit."
>
> *2, 1, 23 und 28*

Sokrates entscheidet sich wie „Herakles am Scheidewege" für den Weg der Mühsal. Sein Ziel ist es zu erreichen, daß „ihm das Orakel ... ja ungetadelt bliebe." Er setzt seinen Weg im Dienst des Gottes fort, mit Betrübnis und Furcht bemerkend, daß er sich verhaßt macht. Zu dem, was er unter Gottes-Dienst und Frömmigkeit versteht, gehört Mut.

In Platons Dialog „Euthyphron" versucht Sokrates vergeblich, den Seher von der seines Erachtens richtigen Definition des Begriffs der Frömmigkeit, Eusebeia, zu überzeugen. Euthyphron versteht unter Frömmigkeit – und er darf sich darin gewiß mit den Athenern einig fühlen – „ein richtiges Verständnis vom Opfern und Beten" (14c), während Sokrates darunter „einen Dienst für die Götter" versteht. „Sag mir also, beim Zeus," fragt er, „welches jenes überaus schöne Werk ist, das die Götter vollbringen, indem sie uns als ihre Diener gebrauchen?" (14a). Sich um das richtige Verständnis der Weisheit unter den Menschen zu bemühen, erweist sich als der rechte Gottesdienst. Wie weit das jedoch von dem allgemein üblichen Verständnis entfernt ist, zeigt das Scheitern des Dialogs mit dem Seher (vgl. Kap. 3, Kap. 6).

3. Dichtung und Philosophie

Die Dichter, zumal der Dithyramben – Kultlieder, vornehmlich zu Ehren des Dionysos – und der Tragödien, galten als Autoritäten in moralischen und religiösen Fragen: „Was erwirkt dem Poeten Bewund'rung?" fragt der Chor den Euripides in Aristophanes' 405 aufgeführter Komödie „Die Frösche". „Talent und

KITHAROEDE

Geschick und moralischer Zweck, begeisterter Eifer, die Menschen im Staate zu bessern." lautet die Antwort (VV. 1007-1010, Übersetzung: Ludwig Seeger). Wie die Dithyramben waren auch die Dramen Bestandteil des Kults. Sie wurden am Fest des Dionysos aufgeführt, gleichsam als eine Opfergabe dargebracht. So sind es die Dichter, die von den Göttern künden. Theologie nennt Platon im „Staat" (379a) das Reden über die Götter. Es gibt keine Offenbarung, kein Buch das verbindliche Autorität beanspruchen könnte.

> „Wenn es keine Götter gibt oder wenn sie sich nicht um die Menschen kümmern, inwiefern müssen wir uns dann sorgen, daß unser Unrecht unentdeckt bleibt? Wenn es sie aber gibt und wenn sie sich um die Menschen kümmern, dann wissen wir von ihnen und haben von ihnen gehört aus den Überlieferungen und von den Dichtern, ..."
>
> *Platon, Staat, 365d-e*

Gemeint sind hier die epischen Dichter.

Worin sieht Sokrates das Defizit der Dichter? Nicht darin, daß sie schlechte Werke hervorbrächten. Im Gegenteil: „Viel Schönes" wissen sie zu sagen, und sie verstehen es, etwas Gutes zu schaffen. In diesem Punkt sind sie den Staatsmännern überlegen. Später wird Sokrates aus Homer zitieren (vgl. Kap. 16), und mit ihm und anderen Dichtern in der Unterwelt zusammenzutreffen, würde er als ein großes Glück betrachten (vgl. Kap. 32). Sie können aber – das ist das erste – über ihr Tun keine Rechenschaft ablegen, und – das ist das zweite – sie bilden sich ein, „auch in allem übrigen sehr weise Männer zu sein, worin sie es nicht waren"; das heißt, ihnen fehlt das Bewußtsein der Begrenztheit ihres Wissens.

Sind sie in beiden Hinsichten den Staatsmännern gleich? Für den zweiten Aspekt will uns das sogleich einleuchten, aber auch für den ersten? Sokrates meint es so. Denn er formuliert: „Ich erfuhr also auch von den Dichtern in kurzem dieses, daß sie nicht durch Weisheit dichteten, was sie dichten, sondern durch eine Naturgabe und in der Begeisterung...". Auch die Politiker handeln aufgrund von Veranlagung und irrationaler Eingebung. So fällt von hier aus noch ein weiterer Makel auf die Politiker (anders Heitsch, a.a.O., S. 85f.).

Sokrates will den Menschen aus der Rolle dessen, der übermenschliche Weisheit empfängt, befreien. Der Mensch selbst, sein Logos, seine Vernunft, soll das Wissen hervorbringen und begründen. Nur so gewinnt er Freiheit, gewinnt er auch Distanz zum Ergebnis seines Denkens, das sich als richtig oder falsch erweisen kann, nur so ist er – das ist das sokratische Paradoxon – fromm.

Was sich richtigem Denken erschließt, ist Wahres. Es wird gefunden, nicht erfunden. Indem dem Menschen das Finden der Wahrheit aufgetragen ist, wird ihm der Weg zu einem selbstbestimmten und selbstverantworteten Leben gewiesen.

Das heißt aber doch auch, daß Dichtung nicht kritiklos rezipiert werden darf. Dichter verfügen, wie Pindar feststellt, über die Kunst, zu verführen, indem sie Mythen erzählen (Nemeen, 7, 23, geschrieben 485). „Sie lügen viel" sagt Solon (ca.640-ca.560, fr. 21, Diels-Kranz), und er meint damit, sie stellen eine fiktive Welt dar. Es ist eine Welt, in der Götter zur Lösung von Problemen aufgeboten werden wie in Sophokles' „Philoktet" und in Euripides' „Alkestis", in der Göttinnen im Widerstreit miteinander stehen wie in Euripides' „Hippolytos", in der die Tötung von Kindern dem Triumpf der Protagonistin und der Bestrafung ihres Widersachers dient wie in Euripides' „Medea".

Der Weg zur Erkenntnis ist das Gespräch, in das jeder Partner sich einläßt. Als Ziel formuliert Sokrates, „auf daß ich auch zugleich etwas lernte von ihnen", den Partnern (vgl. Kap. 15). Das setzt Anerkenntnis des Gesprächsteilnehmers als eines prinzipiell Gleichen voraus. Da hat Berufung auf „Enthusiasmus", auf Gottbegeisterung, der den einen über den anderen erhebt, keinen Platz. Hören wir Karl Jaspers:

> „Für Vernunft im Zeitdasein ist Wahrheit an Kommunikation gebunden. Kommunikationslose Wahrheit wird ihr identisch mit Unwahrheit. Wahrheit, die sich an Kommunikation bindet, ist nicht fertig, horcht in der Mitteilung auf Widerhall und prüft sich selbst und den anderen. Sie ist unterschieden von aller einseitigen Verkündigung. Nicht ich bringe die Wahrheit, sondern ich suche mit dem Begegnenden nach der Wahrheit, hörend, fragend, versuchend. Wahrheit kann in der Zeit nicht vollendet sein, weil die Kommunikation nicht vollendet ist. Diese Substanz ist Sokrates' Frömmigkeit, und zwar ... im Vertrauen, daß dem unbeirrten Infragestellen das Wahre sich zeigen werde, daß im redlichen Bewußtsein des Nichtwissens nicht das Nichts, sondern das lebensentscheidende Wissen kund wird."

a.a.O. (1950), S. 36

Wenn wir von "Erweckung" sprachen (vgl. Kap. 5), so ist die Erweckung, die Sokrates erfährt, eine ganz andere als die, die dem Dichter Hesiod zuteil wird: Bei diesem ist es die Erweckung als Sprachrohr göttlicher Stimme, bei jenem Erweckung als selbständig Denkendem.

> Folgende Worte sprachen zu mir zuerst die Göttinnen,
> Die olympischen Musen, Töchter des ägisschwingenden Zeus:
> Hirten auf dem Land, feiges Gesindel, nichts als Bäuche,
> Wir wissen viele Lügen zu sagen, die glaubhaft klingen,
> Wir wissen aber auch, wenn wir wollen, Wahres zu künden.
> So sprachen die redegewandten Töchter des großen Zeus.
> Und sie schnitten den Zweig eines blühenden Lorbeers,
> Herrlich anzuschauen, und gaben ihn mit als Stab und hauchten mir göttliche
> Stimme ein, damit ich preise das Zukünftige und das Vergangene,
> Und sie selbst immer zuerst und zuletzt besinge."

Theogonie, VV. 24-34

Wird Sokrates den Dichtern gerecht? Thomas Mann läßt sich den Dichter Gustav von Aschenbach in seinem Traum abkehren von der Erkenntnis und sich bekennen „zum Rausch und zur Begierde" als den Elementen des Künstlers (Der Tod in Venedig, 1913, 5. Kapitel). Von Hilde Domin stammt der Satz: Jedes Gedicht ist klüger als sein Autor. Sokrates hat als erster die Dichtung als irrational von der rationalen Philosophie abgegrenzt. „Von altersher gibt es einen Unterschied zwischen Philosophie und Dichtung", formuliert Platon im „Staat" (607b). Auch in Thukydides' vielzitiertem Satz aus der Gefallenenrede des Perikles werden Kunst und Wissenschaft als unterschiedliche Bereiche wahrgenommen.

> „Wir lieben das Schöne und wahren das Maß, wir lieben die Weisheit und verweichlichen nicht."
>
> *2, 40*

8. Kapitel

Das Wissen der Handwerker und die Weisheit des Sokrates

„Zum Schluß nun ging ich auch zu den Handwerkern."

1. Text

„Zum Schluß nun ging ich auch zu den Handarbeitern. Denn von mir selbst
wußte ich, daß ich gar nichts weiß, um es geradeheraus zu sagen, von diesen aber
wußte ich doch, daß ich sie vielerlei Schönes wissend finden würde. Und darin
betrog ich mich nun auch nicht; sondern sie wußten wirklich, was ich nicht wußte, und waren insofern weise. Aber, ihr Athener, denselben Fehler wie die Dichter, dünkte mich, hatten auch diese trefflichen Meister. Weil er seine Kunst
gründlich erlernt hatte, wollte jeder auch in den andern wichtigsten Dingen sehr
weise sein; und diese ihre Torheit verdeckte jene ihre Weisheit. So daß ich mich
selbst auch befragte im Namen des Orakels, welches ich wohl lieber möchte, so
sein wie ich war, gar nichts verstehend von ihrer Weisheit und auch nicht behaftet mit ihrem Unverstande, oder aber in beiden Stücken so sein wie sie. Da antwortete ich denn mir selbst und dem Orakel, es wäre mir besser, so zu sein, wie
ich bin."

2. Die Geringschätzung der Handwerker in der öffentlichen Meinung

Sind es die Dichter, die „viel Schönes" sagen, so sind es die Handwerker, die
„viel Schönes" wissen. Je geringer die Geltung in der öffentlichen Meinung, um
so größer die Affinität zur gesuchten Weisheit. Das ist eine erstaunliche Feststellung, und sie hat gewiß etwas mit der Tatsache zu tun, daß Sokrates von Beruf Steinmetz, also selbst Handwerker war.

Von der allgemeinen Geringschätzung der Handarbeit lesen wir bei dem
dem Ritterstand zugehörigen Xenophon ebenso wie bei dem Adligen Platon und
dem aus einer angesehenen Arztfamilie stammenden Aristoteles.

Xenophon läßt ausgerechnet Sokrates folgendes Gespräch mit einem jungen
Mann führen:

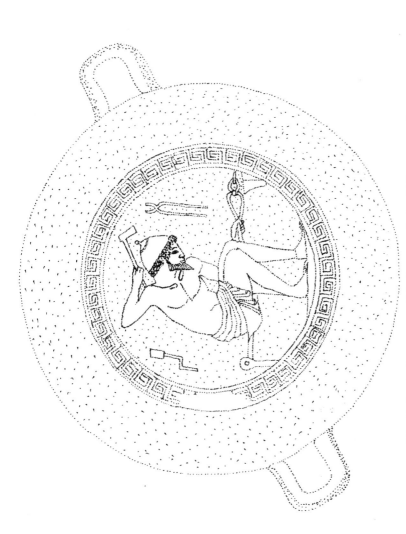

Ein Schmied in seiner Werkstatt beim Hämmern eines rotglühenden Gegenstandes auf dem Amboß. Attische Schale des frühen 5. Jhs. v. Chr.

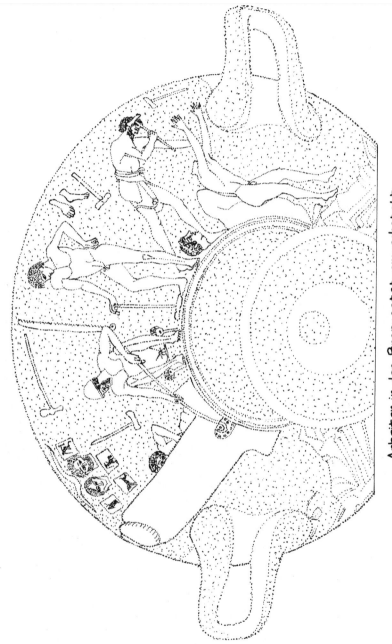

Arbeiten in der Bronzestatuenwerkstatt:
Das Schüren des Brennofens.
Attische Schale des frühen 5.Jhs. v. Chr.

„Weißt du, daß man gewisse Leute sklavisch nennt? Ja. Wegen ihres Wissens oder ihrer Unwissenheit? Offenbar wegen ihrer Unwissenheit. Wird ihnen diese Bezeichnung zugesprochen wegen ihrer Unwissenheit im Schmieden? Nein. Im Zimmermannshandwerk? Auch deswegen nicht. Im Schusterhandwerk? Wegen keines von diesen, sagte er, sondern im Gegenteil. Denn die meisten, die sich auf solches verstehen, sind sklavisch."

Memorabilien, 4, 22

Platon stellt fest:

„Viele, die nach der Philosophie streben, sind von Natur unzulänglich. Wie sie körperlich von der Ausübung des Handwerks verunstaltet worden sind, so sind sie auch wegen ihrer niederen Beschäftigung (als „Banausen") seelisch zerbrochen und aufgerieben."

Staat, 495 d/e

So äußert sich Aristoteles:

„In alten Zeiten waren in einigen Staaten die Handwerker (Banausen) oder Fremden Sklaven, daher sind es die meisten auch jetzt noch. Der beste Staat wird keinen Handwerker (Banausen) zum Bürger machen. Wenn er aber Bürger ist, so darf man die Tugend (Arete) eines Bürgers nicht jedem, und nicht einem, der nur frei ist, zuerkennen, sondern nur denen, die von der Notwendigkeit befreit sind, ihren Lebensunterhalt zu verdienen."

Politik, 1278a

Die körperliche Arbeit verunstaltet Körper und Geist, und sie macht unfrei, weil sie keine Zeit zur Muße (schole) läßt und zur Beschäftigung mit Dingen, die über die täglichen Bedürfnisse hinausgehen (vgl. Kap. 13).

Es muß vermerkt werden, daß Sokrates, zu dessen Anhängern gerade Reiche und Adlige gehörten (vgl. Kap. 4), sich hier auf die Seite der Ärmeren schlägt zu Lasten derer, die sich, frei von existentiellen Sorgen, der Politik oder Dichtkunst widmen konnten. Seine Gesprächspartner gehören anders als die der Sophisten allen Schichten der freien Bevölkerung an, wenn es auch überwiegend die Söhne der reichen Bürger waren, die über die Muße verfügten, die Zeit mit Diskussionen zu verbringen (vgl. Kap. 10).

3. Das sokratische Wissen und Sokrates' Bild vom Menschen

Die Handwerker verstehen ihr Handwerk, ihre Techne: Sie verfügen über ein Fachwissen und die Fähigkeit, es methodisch und zielgerichtet für die Praxis einzusetzen, indem sie ein Produkt herstellen, das als Werkzeug, Tisch, Schuh nützlich ist für den, der es gebraucht.

Von diesem Wissen unterscheidet Sokrates jenes „in den anderen wichtigsten Dingen". Die Umrisse jenes Wissens werden deutlich: 1. Es muß sich um ein die Spezialkenntnisse übersteigendes, umfassendes (vgl. Kap. 5) Wissen handeln. 2. Es muß rational begründbar sein. 3. Es erfordert eine methodische Forschung, die sich in der Form der Kommunikation vollzieht. 4. Es ist weder vollkommen unerkennbar noch vollkommen erkennbar. 5. Es ist nützlich für die am Gespräch Beteiligten wie für die Gemeinschaft (vgl. Kap. 5). 6. Es gibt Antwort auf die Frage nach der spezifischen Bestheit (Arete) des Menschen, nach dem „Wozu" seines Strebens, Handelns, Lebens (vgl. Kap. 4, Kap. 6). 7. Es ist im Religiösen verankert, es hat seinen Grund in Gott.

Für das sokratische Menschenbild kristallisieren sich folgende Charakteristika heraus: 1. Der Mensch ist ein „animal rationale", sein Wesen liegt in der fragenden, forschenden, lernenden Vernunft. Er ist autonom, frei, fähig zur Erkenntnis von Wahrem und Rechtem. 2. Er ist ein „animal sociale", insofern er auf Kommunikation angelegt ist. Daraus folgt: 1. Der Mensch ist nicht triebgeleitet. 2. Er ist nicht egoistisch, nicht nur auf sich selbst bezogen.

Der Typ eines triebgeleiteten Menschen ist der Lyderkönig Gyges, ein Vorfahre des Kroisos. Von ihm erzählt Platon im „Staat": Er findet einen Ring, der ihm die Gabe verleiht, sich unsichtbar zu machen. Und wie nutzt er ihn?

> „Er verführte des Königs Frau, machte mit ihr gemeinsame Sache gegen ihn, tötete ihn und riß die Macht an sich."

So, sagen die Gesprächspartner des Sokrates, berichte man. Sie fahren fort:

> „Wenn es nun zwei solcher Ringe gäbe und sich den einen ein Gerechter ansteckte, den anderen ein ungerechter, dann ist doch gewiß, wie es scheint, keines Natur so aus Stahl, daß er gerecht bleiben und es über sich bringen würde, fremdes Gut nicht anzutasten, wenn es ihm doch freistünde, vom Markt ohne Furcht vor Strafe zu nehmen, was ihm beliebte, in die Häuser hineinzugehen, mit jeder Frau nach Belieben zusammenzusein, zu töten und aus dem Gefängnis zu befreien, wen er wollte, kurz, unter den Menschen in jeder Beziehung zu handeln wie ein Gott."

360 b-c

Einen solchen Menschen würde Sokrates nicht als im höchsten Maße frei, sondern im Gegenteil als unfrei bezeichnen. Die Vernunft – im folgenden Text aus dem Dialog „Phaidon" ist vom vernünftigen Teil der Seele im Gegensatz zum begehrenden die Rede – ist das beherrschende und Maß setzende Vermögen. Stünde sie im Dienst des Körpers und seiner Bedürfnisse, die stets neu erwachsen und unerfüllbar sind, wäre sie instrumentalisiert und ohnmächtig.

„Sagst du, daß über alles im Menschen etwas anderes herrscht als die Seele, und zwar ihr vernünftiger Teil?

Nein.

Indem sie den Zuständen im Körper nachgibt oder sich ihnen entgegenstellt? Ich meine folgendes: Wenn der Körper unter Hitze und Durst leidet, kann sie ihn ins Entgegengesetzte ziehen, daß er nämlich nicht trinkt, und wenn er Hunger leidet, kann sie ihn dazu bringen, nicht zu essen, und in unzähligen anderen Fällen sehen wir, wie die Seele sich den körperlichen Zuständen widersetzt."

94 b
(Übersetzung: F. Schleiermacher)

Indem Vernunft sich vernehmbar macht in der Sprache, das heißt, in der Verständigung mit anderen, ist der Mensch als animal rationale notwendig zugleich das animal sociale.

Sokrates will eine wissenschaftliche Ethik begründen, die dem Menschen als Individuum und als Gemeinschaftswesen Maßstäbe an die Hand gibt.

Wir fügen den beiden Bestimmungen des sokratischen Menschen eine dritte hinzu und entfalten sie: Der sokratische Mensch fragt und läßt sich in Frage stellen; er nimmt Bestehendes nicht einfach als gegeben hin; er löst sich aus der Routine; er ist kritisch gegenüber der Tradition, auch der religiösen, ebenso wie gegenüber Neuem; er ist ein Gegner all derer, denen alles beliebig und relativ ist, und derer, die blind Autoritäten vertrauen und folgen; er ist auf die Gemeinschaft bezogen, ohne von ihr abhängig zu sein.

Aus dem sokratischen Wissen erwächst eine emanzipatorische Kraft. Es begründet so die Autonomie des Menschen. Es birgt andererseits die Gefahr, die Gesellschaft zu verunsichern, ohne eine neue Sicherheit anzubieten. Die Verunsicherung führt zu Feindschaft und Haß.

Die sokratische Methode ist auf die Polis als einen öffentlichen Raum angewiesen, in dem die Bürger frei und ohne Furcht, ein Tabu zu brechen, miteinander reden und handeln, in dem es jedem freisteht, „mit jedem beliebigen Mitbürger unentgeltlich Umgang zu pflegen" (vgl. Kap. 2, Kap. 4). Hierarchisch ist das Verhältnis des Staates zu seinen Bürgern, nicht das der Bürger untereinander.

Sokrates konfrontiert nicht mit einer autoritär verkündeten Wahrheit. Er knüpft an Gedachtes und Gemeintes an und bringt ans Licht, was davon Geltung beanspruchen kann und was nicht. Er prüft nicht so sehr die Menschen wie deren Ansichten. Er will das Leben in der Polis mitgestalten. Er ist nicht weniger Politiker als Philosoph.

Die Polis fühlte sich verunsichert und gefährdet. Es fällt nicht schwer, das zu verstehen. Handwerker, Dichter, Politiker wandten sich gegen Sokrates. Das war gewiß die Mehrheit der freien städtischen Bevölkerung Athens.

9. Kapitel

Das Ziel und der Weg

„Es scheint aber, ihr Athener, in der Tat der Gott weise zu sein und
mit diesem Orakel dies zu sagen, daß die menschliche Weisheit
sehr weniges nur wert ist oder gar nichts."

1. Text

„Aus dieser Nachforschung also, ihr Athener, sind mir viele Feindschaften entstanden, und zwar die beschwerlichsten und lästigsten, so daß viel Verleumdung
daraus entstand, und auch der Name, daß es hieß, ich wäre ein Weiser. Es glauben nämlich jedesmal die Anwesenden, ich verstände mich selbst auf das, worin
ich einen andern zuschanden mache. Es scheint aber, ihr Athener, in der Tat der
Gott weise zu sein und mit diesem Orakel dies zu sagen, daß die menschliche
Weisheit sehr weniges nur wert ist oder gar nichts, und offenbar nicht dies vom
Sokrates zu sagen, sondern nur mich zum Beispiel erwählend, sich meines Namens zu bedienen, wie wenn er sagte: Unter Euch, ihr Menschen, ist der der
Weiseste, der wie Sokrates einsieht, daß er in der Tat nichts wert ist, was die
Weisheit anbelangt. Dieses nun gehe ich auch jetzt noch umher nach des Gottes
Anweisung zu untersuchen und zu erforschen, wo ich nur einen für weise halte
von Bürgern und Fremden; und wenn er es mir nicht zu sein scheint, so helfe ich
dem Gotte und zeige ihm, daß er nicht weise ist. Und über diesem Geschäft habe
ich nicht Muße gehabt, weder in den Angelegenheiten der Stadt etwas der Rede
Wertes zu leisten, noch auch in meinen häuslichen; sondern in tausendfältiger
Armut lebe ich wegen dieses dem Gotte geleisteten Dienstes."

2. Die göttliche Weisheit und das menschliche Wissen

Sokrates formuliert das Ergebnis seiner „Irrfahrt":

> „Unter Euch, ihr Menschen, ist der der Weiseste, der wie Sokrates ein-
> sieht, daß er in der Tat nichts wert ist, was die Weisheit anbelangt."

Es gibt die Weisheit, aber sie ist göttlich, dem Menschen nicht zugänglich. Sie hat die Funktion des Vorbilds und Maßstabs.

Es ist nicht leicht zu begreifen, wie das Verhältnis zwischen der Überzeugung von der Existenz der Weisheit und dem Bewußtsein ihrer Unerreichbarkeit gedacht werden kann. Nikolaus von Kues hat die Beziehung zwischen menschlichem Geist und Wahrheit in seinem 1440 verfaßten Werk „De docta ignorantia" („Über das weise Nicht-Wissen") mit einem Bild zu veranschaulichen versucht: Der menschliche Geist sei wie ein Vieleck, das in einen Kreis eingeschrieben sei. Je größer die Zahl der Ecken, um so mehr gleiche sich das Vieleck dem Kreis an. Aber selbst dann, wenn man mit der Vermehrung der Ecken unendlich fortführe, würde das Vieleck nie zu einem Kreis werden.

Immanuel Kant hat das Dilemma, daß wir Fragen stellen müssen, deren Beantwortung unser Vermögen übersteigt, in der Vorrede der ersten Ausgabe der „Kritik der reinen Vernunft" (1781) so formuliert:

> „Die menschliche Vernunft hat das besondere Schicksal in einer Gattung ihrer Erkenntnisse: Daß sie durch Fragen belästigt wird, die sie nicht abweisen kann; denn sie sind ihr durch die Natur der Vernunft selbst aufgegeben, die sie aber auch nicht beantworten kann, denn sie übersteigen alles Vermögen der menschlichen Vernunft."

Und schließlich: Als einem der Begründer der kritischen Theorie, Max Horkheimer, 1971 der Hamburger Lessing-Preis verliehen wurde, gab er in seiner Rede folgendem Gedanken Ausdruck: Die Einsicht in die Bedingtheit des Wissens erfordere „die Bewältigung des Gedankens an ein anderes, nicht durch menschlichen Verstand erzeugtes Unbedingtes". Das Bewußtsein des menschlichen begrenzten Wissens und der Gedanke an die allumfassende göttliche Weisheit bedingen einander. Wir müssen uns damit abfinden: Es gibt Bereiche, in denen wir nie eine wissenschaftlich abgesicherte Antwort auf unsere Fragen finden werden. Die neurobiologische Forschung formuliert es so: Unser Gehirn ist begrenzt. Martin Heidegger (1899-1976) hat sich folgendermaßen zu Sokrates geäußert:

> „Sind wir auf das Sichentziehende bezogen, dann sind wir auf dem Zug in das Sichentziehende, in die rätselvolle und darum wandelbare Nähe seines Anspruchs. Wenn ein Mensch eigens auf diesem Zug ist, dann denkt er, mag er noch so weit von dem Sichentziehenden entfernt sein, mag der Entzug wie auch immer verschleiert bleiben. Sokrates hat zeit seines Lebens, bis in seinen Tod hinein, nichts anderes getan, als sich in den Zugwind dieses Zuges zu stellen und sich darin zu halten. Darum ist er der reinste Denker des Abendlandes." (Aus der Schrift „Was heißt denken?", zitiert bei E.-M. Kaufmann, a.a.O., S. 64/65).

Indem Sokrates sich als Nicht-Wissenden bekennt, distanziert er sich von all denen, die beanspruchen, Wahrheit zu verkünden, seien es Dichter, die der Inspiration, seien es Naturphilosophen, die ihrem Denken vertrauen, seien es Sophisten, die die Weisheit in der zur Vollkommenheit entwickelten formalen Kunst der Rhetorik zu besitzen beanspruchen (vgl. Kap. 5).

Ebenso aber distanziert er sich von allen, denen es wie Protagoras (vgl. Kap. 1) prinzipiell unmöglich erscheint, gesicherte, verbindliche Aussagen machen zu können. Zwischen beiden Lagern steht Sokrates. Er ist wie der Kusaner von der Existenz des Vollkommenen als einem inhaltlich Bestimmten überzeugt, davon, daß es zum Wesen des Menschen gehört, nach dieser Vollkommenheit zu streben, sich zu bemühen, dem Vieleck immer neue Ecken zuzufügen. Indem er weiß, daß mehr als Annäherung nicht möglich, ist er zugleich überzeugt davon, daß Annäherung möglich ist.

Es ergeht ihm nicht wie Sisyphos, dessen Stein immer wieder den Berg hinabrollt. Ihm gelingt, sich abmühend, den Stein Stück für Stück nach oben zu wälzen. Den Gipfel wird er freilich nie erreichen. Das weiß er, und trotzdem darf er nicht nachlassen, sich anzustrengen.

Natürlich hat Sokrates Wissen. Wie anders könnte er über Pferde und Kälberzucht sprechen (vgl. Kap. 4)? Natürlich hat er Maßstäbe. Woran könnte er sonst die Politiker, Dichter und Handwerker messen? Natürlich hat er Überzeugungen. Wie anders könnte er sicher sein, daß der Gott nicht lügt (vgl. Kap. 6)? Worauf bezieht sich das Nichtwissen? Auf die Weisheit, die die spezifische Bestheit (Arete) des Menschen definiert und den Weg vorzeichnet, auf dem das Ziel erreichbar ist (vgl. Kap. 8). Auch in diesem Bereich gilt es aber zu unterscheiden zwischen Gewußtem und Erreichbarem einerseits, prinzipiell Verborgenem andererseits (vgl. Kap. 17). So hat die menschliche Weisheit in der Begrenzung des Wissens eine Grenze im quantitativen Sinn.

Sie hat aber auch einen qualitativen Aspekt. Sie ist der Kompaß, mit dem sich Sokrates auf den beschwerlichen Weg der Untersuchung begibt. Er tut es in dem Vertrauen, daß das Denken nicht in die Irre geführt wird. Daß er nicht beansprucht, im Besitz gesicherten Wissens zu sein, unterscheidet ihn von den Dogmatikern, den Weisen, den Sophoi oder Sophisten. Die menschliche Weisheit ist für ihn nicht Besitz, sondern Orientierung. In diesem Sinne ist er ein Philosophos. Der Begriff ist vorsokratisch, er stammt wohl von den Pythagoreern. Platon definiert ihn im „Staat" so:

> „Wir wollen sagen, daß der Philosoph der ist, der nach der ganzen Weisheit strebt."

475b

Nicht immer wird er in diesem präzisen Sinne gebraucht wie hier und in Kapitel 17 (unspezifisch z.B. in Apologie 23d).

Die menschliche Weisheit ist „eine Bewußtheit" (Gernot Böhme, a.a.O., S. 125), eine innere Haltung, eine Einstellung, die das Verhältnis des Menschen zu den Gegenständen seines Forschens und Fragens, zu den anderen Menschen, zur Polis bestimmt. Sie ist nicht lehrbar. Sie muß sich selbst hervorbringen. Wie der Gott sie Sokrates zum Bewußtsein bringt, so Sokrates, wenn möglich, denen, die sich auf ein Gespräch mit ihm einlassen. Notwendige Durchgangsstufe ist die Aporie.

Sokrates nennt die Kunst, die es ermöglicht, daß sich seine Gesprächspartner ihrer selbst als Weise im Sinne der philosophischen Weisheit bewußt werden, seine Hebammenkunst. Er spielt damit auf den Beruf an, der seiner Mutter zugeschrieben wird.

> „Geburtshilfe leisten nötigt mich der Gott, erzeugen aber hat er mir verwehrt. Daher bin ich selbst keineswegs etwa weise, habe auch nichts dergleichen aufzuzeigen als Ausgeburt meiner eigenen Seele. Die aber mit mir umgehen … (entdecken) nur selbst aus sich selbst … viel Schönes und halten es fest; die Geburtshilfe indes leisten dabei der Gott und ich.“

Platon, Theaitet, 150c-d
(Übersetzung: F. Schleiermacher)
(vgl. Kap. 21)

Alles Fragen und Forschen muß von der Überzeugung begleitet sein, daß, wie immer die Antworten ausfallen und die Ergebnisse aussehen, sie nicht den Anspruch letztgültiger Wahrheit erheben können. Wir sind Fragende und Suchende unser Leben lang. Der Mensch kommt nie an das Ziel. Es geht immer nur um Annäherung, darum, „eine möglichst gute Seele“ zu bekommen (vgl. Kap. 17), um Handeln nach bestem Wissen und Gewissen (vgl. Kap. 26: „wie ich jedenfalls glaubte.“). In Platons „Gorgias“ formuliert Sokrates im Hinblick auf den Grundsatz, daß es besser sei, Unrecht zu leiden als Unrecht zu tun:

> „Denn ich bleibe immer bei derselben Rede, daß ich zwar nicht weiß, wie sich dies verhält, daß aber von denen, die ich angetroffen, wie auch jetzt, keiner imstande gewesen ist, etwas anderes zu behaupten, ohne dadurch lächerlich zu werden.“

509a (Übersetzung: F. Schleiermacher)

Sokrates versteht sich als Paradigma. Ausdrücklich hat das Orakel die Möglichkeit offen gelassen, daß auch andere so weise seien wie er. Ihn prägt ebenso das Bewußtsein, paradigmatischer Maßstab, gegenüber den anderen Menschen „maßgebend“ (Karl Jaspers) zu sein, wie die Erkenntnis seiner Defizienz gegenüber der Gottheit als dem absoluten Maß. Jenes allein würde zu Hochmut, dieses allein zu Unmündigkeit führen. So muß das eine das andere ergänzen.

3. Apollons Forderung der Selbsterkenntnis

„Dieses nun gehe ich auch jetzt noch umher nach des Gottes Anweisung zu untersuchen und zu erforschen.“

So stellt Sokrates sein ganzes Wirken von Anfang bis Ende unter die Anweisung des Gottes. Die Frage, ob wir das Orakel als historisch betrachten dürfen, hatten wir bejaht (vgl. Kap. 5).

Ist es aber wahrscheinlich, daß es Sokrates allererst auf den beschriebenen Weg gebracht hat, daß er nicht von Anfang an mit Politikern, Dichtern, Handwerkern Gespräche über das wahre Wissen geführt hat? Wir meinen Erwin Wolf folgend: Das ist nicht wahrscheinlich. Offenbar hatte doch Sokrates schon einen hohen Bekanntheitsgrad, als ihm das Orakel zuteil wurde. Unsere Folgerung: Platon strukturiert den Bericht, er setzt den Spruch an den Beginn und faßt so Leben und Wirken des Sokrates zu einer Einheit im Dienste Apollons zusammen (Einwände dagegen erhebt Heitsch, a.a.O. 2002, S. 73ff., S. 197ff.; er hält eine Datierung des Orakels zwischen 421 und 414/13 am wahrscheinlichsten. Sokrates wäre dann schon annähernd 50 Jahre oder älter gewesen.).

Es ist Apollon, der Sokrates die menschliche Weisheit zuspricht, Apollon, der den Menschen in Delphi zur Erkenntnis seiner selbst aufruft. Er soll sich als eines von der Gottheit unterschiedenen Wesens bewußt werden, als dem Unglück, der Krankheit, dem Alter, dem Wechsel der Verhältnisse ausgesetzt, dem Tod verfallen, als unvollkommen und irrend.

„So haben es die Götter den elenden Sterblichen zugesponnen,
In Sorge zu leben. Sie selbst aber sind ohne Kummer."

So heißt es in Homers Ilias (24, VV. 525-526).

Odysseus spricht in Sophokles' Tragödie „Aias", die in der Mitte des 5. Jahrhunderts aufgeführt worden ist, die Erkenntnis der menschlichen Hinfälligkeit aus. Athene führt ihm seinen großen Gegner Aias vor, den sie mit Wahnsinn geschlagen hat. Sie fordert Odysseus auf zu triumphieren, er antwortet:

„... Er dauert mich
In seinem Elend trotz seiner feindlichen Gesinnung,
Weil er von schlimmem Schicksal geschlagen ist.
In seinem Los erblicke ich zugleich das meine.
Denn ich sehe, daß wir nichts anderes sind als flüchtige Bilder, wir, die
    wir leben, oder leere Schatten."

VV. 121-126

Humanität in diesem Sinne beruht auf der Erkenntnis der das Menschsein konstituierenden, unaufhebbaren vielfachen Begrenzung, Fehlbarkeit, Hinfälligkeit, Hilfsbedürftigkeit. Sophokles und Sokrates sind einander geistig verwandt. In der Tat sagen ja auch die Dichter „viel Schönes", wissen es nur nicht im sokratischen Sinne zu begründen. Sokrates fokussiert die Betrachtung auf das Erkenntnisproblem. Platon faßt später in seinem „Symposion" den Philosophen im Bilde des Eros. Diotima, eine Frau aus Mantinea in Arkadien, „welche hierin (d.h. im Hinblick auf den Eros) und auch sonst sehr weise war" (201d) hat Sokrates, wie er selbst berichtet, so belehrt:

„Als Aphrodite geboren war, schmausten die Götter, und unter ihnen auch Poros (Reichtum), der Sohn der Metis (Klugheit). Als sie nun gegessen hatten, kam Penia, d. i. die Armut, um sich etwas zu erbetteln, da es doch festlich zuging, und stand vor der Tür. Poros nun, berauscht vom Nektar – denn Wein gab es noch nicht –, ging in den Garten des Zeus hinaus und, schwer und müde, wie er war, schlief er ein. Penia nun faßte wegen ihrer Bedürftigkeit den Entschluß, daß sie von Poros ein Kind haben wolle, und sie legte sich zu ihm und empfing den Eros ... Als des Poros und der Penia Sohn ergeht es nun dem Eros folgendermaßen: Zuerst ist er immer arm und bei weitem nicht fein und schön, wie die meisten glauben, vielmehr rauh, unanschaulich, unbeschuht, ohne Behausung; auf dem Boden immer umherliegend und unbedeckt, schläft vor den Türen und auf den Straßen im Freien und ist der Natur der Mutter gemäß immer der Dürftigkeit Genosse. Und nach dem Vater wiederum stellt er dem Guten und Schönen nach, ist tapfer, keck und energisch, ein gewaltiger Jäger, allzeit Netze auslegend, nach Einsicht strebend, erfinderisch, sein ganzes Leben lang philosophierend, ein großer Gaukler, Zauberer und Sophist."

203b-d
(Übersetzung: nach F. Schleiermacher)

Nun mag man hier und da stutzen, in vielem aber wird man in der Schilderung Sokrates wiedererkennen, den frommen, tapferen, armen Philosophen.

So bedürftig, wie Sokrates behauptet, wird er allerdings in Wirklichkeit nicht gewesen sein, jedenfalls nicht im ersten Jahrzehnt des peloponnesischen Krieges, in dem er als Schwerbewaffneter diente; und die Hopliten mußten ihre Rüstung selbst anschaffen. Das mutete man den Armen nicht zu. Wenn er später nicht verarmt ist, muß man hier wie bei der Datierung des Orakels mit einer Stilisierung Platons rechnen. Er will sagen: Für seine Tätigkeit im Dienst Apollons hat Sokrates auf weltliche Güter verzichtet (vgl. Kap. 18).

Von dem wissenden Unwissen, von dem dieses Kapitel handelt, hat der Dichter Erich Fried (1921-1988) in einem Gedicht sokratisch-ironisch die Jugendgefährdung und die daraus resultierende Anklage abgeleitet:

„Beschwerde des Meletos und des Lykon

Er weiß also, daß er nichts weiß
außer das eine
daß er nichts weiß
doch das ist sein sträflicher Irrtum

Denn wenn er sonst nichts weiß
wie will er dann wissen
was nichts und was Wissen heißt
und die Worte, die das erklären

Und woher weiß er dann
daß er ein Recht hat zu sagen
daß er nichts weiß
von den Göttern und seinen Pflichten

Solche Lehren können
nicht länger geduldet werden
Er vergiftet die Jugend
Der Schierling heilt sie von ihm."

Der Abschied eines HOPLITEN
attischer Stamnos
aus der 2. Hälfte des 5. Jh. vor Chr.

10. Kapitel
(23c-24b)

Junge und alte Athener

„Über dieses aber folgen mir die Jünglinge ... freiwillig und freuen sich, zu hören, wie die Menschen untersucht werden; oft auch tun sie mir nach."

1. Text

„Über dieses aber folgen mir die Jünglinge, welche die meiste Muße haben, der reichsten Bürger Söhne also, freiwillig und freuen sich, zu hören, wie die Menschen untersucht werden; oft auch tun sie es mir nach und versuchen selbst, andere zu untersuchen, und finden dann, glaube ich, eine große Menge solcher Menschen, welche zwar etwas zu wissen glauben, aber wenig oder nichts wissen. Deshalb nun zürnen die von ihnen Untersuchten mir und nicht sich und sagen, Sokrates ist doch ein ganz ruchloser Mensch und verdirbt die Jünglinge. Und wenn sie jemand fragt, was doch treibt er und was lehrt er sie: So haben sie freilich nichts zu sagen, wie sie nichts wissen; um aber nicht verlegen zu erscheinen, sagen sie dies, was gegen alle Freunde der Wissenschaft bei der Hand ist, die Dinge am Himmel und unter der Erde, und keine Götter glauben und Unrecht zu Recht machen. Denn die Wahrheit, denke ich, möchten sie nicht sagen wollen, daß sie nämlich offenbar werden als solche, die zwar vorgeben, etwas zu wissen, wissen aber nichts. Weil sie nun, denke ich, ehrgeizig sind und heftig, und ihrer viele, welche einverstanden miteinander und sehr scheinbar von mir reden: So haben sie schon lange und gewaltig mit Verleumdungen euch die Ohren angefüllt. Aus diesen sind Meletos gegen mich aufgestanden und Anytos und Lykon; Meletos der Dichter wegen mir aufsässig, Anytos wegen der Handarbeiter und Staatsmänner, Lykon aber wegen der Redner. So daß, wie ich auch gleich anfangs sagte, ich mich wundern müßte, wenn ich imstande wäre, in so kurzer Zeit diese so sehr oft wiederholte Verleumdung euch auszureden. Dieses, ihr Athener, ist die Wahrheit, und ohne weder Kleines noch Großes verhehlt oder entrückt zu haben, sage ich sie euch. Wiewohl ich fast weiß, daß ich eben deshalb verhaßt bin. Welches eben ein Beweis ist, daß ich die Wahrheit rede, und daß dieses mein übler Ruf ist und dies die Ursachen davon sind. Und wenn ihr, sei es jetzt oder in der Folge, die Sache untersucht, werdet ihr es so finden."

2. Alkibiades gegen Perikles

Gegen die Weisheit der Naturphilosophen und Sophisten setzt Sokrates seine Philosophia. Inwiefern verdirbt sie die Jugend? Kann diese wissende Unwissenheit an sich schon als jugendgefährdend angesehen werden, wie Fried es deutet?

Nicht an sich, vielmehr dadurch, daß sie öffentlichkeitswirksam wird. Es ist nicht anders als heute, da Vorgänge erst durch die Medien Verbreitung erfahren und Brisanz gewinnen. Sokrates hat von den jungen Männern gesprochen, die „zu wem sie wollten sich unentgeltlich halten könnten" (vgl. Kap. 4). Er selbst ist so einer, zu dem man sich unentgeltlich halten konnte, und offenbar gab es genug, die nicht oder nicht nur den Sophisten nachliefen, sondern zuhörten, wenn Sokrates auf der Agora seine Gespräche führte. Und natürlich hatten sie ihre Freude daran, wenn ihre Väter und die, die in deren Alter waren, wenn angesehene Bürger, Politiker, Meister, Dichter in Verlegenheit gebracht wurden und nur mühsam ihr Gesicht wahrten. Wir erinnern uns an Kephalos (vgl. Kap. 9); und Euthyphron (vgl. Kap. 7) entzieht sich Sokrates' Aufforderung, nach dem Scheitern der Untersuchung noch einmal von vorne zu beginnen und die Aporie zu überwinden:

> „Ein anderes Mal denn, Sokrates, denn jetzt eile ich wohin, und es ist Zeit, daß ich gehe."

15e (Übersetzung: F. Schleiermacher)

Natürlich konnten sich nur Männer tagsüber in der Stadt aufhalten und Zeit nehmen für Gespräche, die nicht arbeiten mußten, reiche Bürger und deren Söhne, solche wie Alkibiades (geb. ca.450), Kritias, Xenophon (geb. zwischen 430 und 425), Platon (geb. 427) und seine Brüder (vgl. Kap. 4).

Wenn Sokrates seine Tätigkeit auch als „Geschäft – ascholia" bezeichnet und ausdrücklich betont, daß er keine „Muße – schole" gehabt habe (vgl. Kap. 9), so mußte doch sein Zeitvertreib wie Muße, gar wie Müßiggang wirken. Benahm er sich nicht wie ein Reicher? Verdächtig auch das.

Nicht genug damit, daß die jungen Leute Zuhörer waren, sie werden ihrer Schadenfreude deutlich Ausdruck verliehen haben, und auch damit nicht genug: Sie ahmten Sokrates nach. Und es war damals nicht anders, als es heute ist. Für tatsächliches oder vermeintliches Fehlverhalten der Jugend machte man den Lehrer verantwortlich – oder den, den man dafür hielt. Zorn richtete sich auf Sokrates, statt daß Einsicht in die eigenen Fehler und Mängel Anstoß zur Besserung gab. Einer von denen, die sich in sokratischer Gesprächsführung übten, war Alkibiades. Xenophon berichtet davon in seinen „Memorabilien":

> „Alkibiades soll – er war damals noch keine zwanzig Jahre alt – mit Perikles folgenden Dialog über die Gesetze geführt haben.
> Perikles war sein Vormund, und er stand damals an der Spitze der Polis:

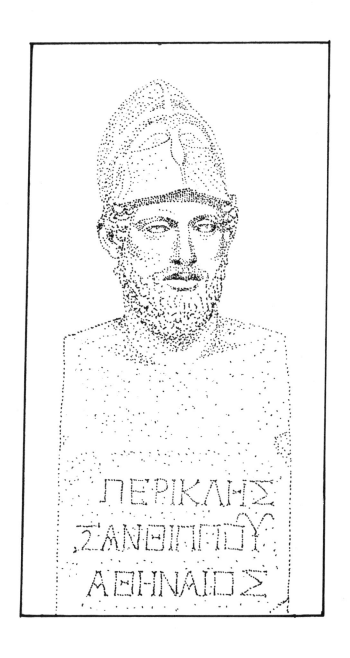

ΠΕΡΙΚΛΗΣ
ΞΑΝΘΙΠΠΟΥ
ΑΘΗΝΑΙΟΣ

PERIKLES
5. Jh. v. Chr.

Sag mir, Perikles, habe Alkibiades begonnen, könntest du mir erklären, was ein Gesetz ist?

Natürlich, habe Perikles geantwortet.

Erkläre es mir, bei den Göttern, habe Alkibiades gebeten. Ich höre nämlich, wie manche als gesetzliche Männer gelobt werden; meines Erachtens erfährt aber der zu Unrecht dieses Lob, der nicht weiß, was ein Gesetz ist.

Das ist etwas ganz Einfaches, was du verlangst, Alkibiades, wenn du wissen willst, was ein Gesetz ist, habe Perikles gesagt. Was das Volk in der Volksversammlung prüft, beschließt und schriftlich fixieren läßt als Bestimmung dessen, was man tun oder nicht tun darf, all das sind Gesetze.

Meint das Volk, daß man das Gute tun müsse oder das Schlechte?

Das Gute, beim Zeus, mein lieber Junge, habe Perikles gesagt, nicht das Schlechte.

Wenn nicht das Volk, sondern zum Beispiel dort, wo eine Oligarchie besteht, eine Herrschaft der wenigen, die wenigen in ihren Versammlungen schriftlich fixieren lassen, was man tun muß, worum handelt es sich dann?

Alles, habe Perikles gesagt, was die Obrigkeit des Staates beschließt hinsichtlich dessen, was man tun muß, und schriftlich fixieren läßt, nennt man ein Gesetz.

Und wenn nun ein Tyrann über die Polis herrscht und für die Bürger schriftlich fixieren läßt, was man tun muß, ist auch das ein Gesetz?

Auch was ein Tyrann in seiner Eigenschaft als Herrscher schriftlich fixieren läßt, auch das wird Gesetz genannt, habe Perikles geantwortet.

Was aber ist Gewalt und Ungesetzlichkeit, Perikles, habe Alkibiades gefragt. Wenn der Stärkere den Schwächeren nicht überzeugt, sondern unter Anwendung von Gewalt zwingt, das zu tun, was ihm richtig scheint, ist das nicht Gewalt und Ungesetzlichkeit?

Ich denke schon, habe Perikles geantwortet.

Und wozu ein Tyrann die Bürger, ohne sie zu überzeugen, zwingt, indem er es schriftlich fixieren läßt, ist das Ungesetzlichkeit?

Ich denke, habe Perikles gesagt. Ich widerrufe meine Aussage, daß das ein Gesetz sei, was ein Tyrann schriftlich fixieren läßt, ohne die Bürger zu überzeugen.

Was die wenigen schriftlich fixieren lassen, ohne die Mehrheit zu überzeugen, sondern kraft ihrer Macht, wollen wir das Gewalt nennen oder nicht?

Ich meine, habe Perikles gesagt, daß alles, wozu einer einen anderen zwingt, ohne ihn zu überzeugen, eher Gewalt als ein Gesetz ist, egal, ob er es schriftlich fixieren läßt oder nicht.

Wenn nun das gesamte Volk Macht über die Besitzenden ausübt und Bestimmungen schriftlich fixieren läßt, ohne diese zu überzeugen, ist das doch wohl auch eher Gewalt als ein Gesetz?

Gewiß doch, Alkibiades, habe Perikles gesagt; als wir so alt waren wie du, da verstanden wir uns auch gut auf solche Fragen. Denn in solchen Fragen übten wir uns, und wir dachten sie uns aus, genau wie du sie mir jetzt zu üben scheinst.

Da habe Alkibiades gesagt: Wenn ich dich doch damals getroffen hätte, Perikles, als du ein Meister in solchen Fragen warst."

1, 2, 40-46

Mußte nicht Zorn auf der Seite des so Gedemütigten entstehen und Enttäuschung bei den Jüngeren? Wurde nicht ein Keil zwischen die Generationen getrieben und der innerstaatliche Friede erheblich gestört? So muß man es sehen. Nur: Das Übel an der Wurzel zu packen und sich nicht nur an das Formale zu halten, sondern die Frage nach den Inhalten zu stellen, dazu wollte man sich nicht verstehen. Das Problem der Rechtmäßigkeit eines Gesetzes läßt sich nicht lösen, indem man nur die Form seines Zustandekommens betrachtet. Das Bedrohliche: Die Befragten verharrten in der Aporie.

Freilich muß man fragen, ob die Bedingungen, unter denen solche Gespräche geführt wurden, dazu angetan waren, Einsichten zu vermitteln: Da steht jung gegen alt, da wird Überlegenheit ausgespielt, und da wird – wie die Schlußbemerkung des Alkibiades zeigt – Ironie oder gar Sarkasmus ins Spiel gebracht. Solcher Art Nachahmung konnte gewiß nicht in Sokrates' Interesse liegen, der sich gegenüber seinen Gesprächspartnern in der Rolle des Vaters oder älteren Bruders sah. Sie war eine unerwünschte, aber bei der Öffentlichkeit und der Art seines Wirkens (vgl. Kap. 18) auch nicht verhinderbare Folge.

3. Die Ankläger

Die Verleumder, die seit so langer Zeit und so zahlreich gegen Sokrates am Werk sind, gewinnen konkrete Gestalt in den Anklägern. Hier werden sie den Gruppen zugeordnet, deren „Weisheit" Sokrates auf seiner Irrfahrt untersucht hat: Meletos den Dichtern (vgl. Kap 3), Anytos den Handwerkern (vgl. Kap. 2) und der dritte, Lykon, dessen Name hier erstmals fällt, den Rednern, also den politisch Tätigen. Als Demagoge wird er an anderer Stelle bezeichnet (Diogenes Laertios, 2, 38) und damit negativ von den Politikern abgesetzt. Sein Sohn, ein hochgeehrter Athlet (Xen., Symp., 2, 5), war ein Opfer der 30 Tyrannen geworden (Plutarch, Lysander, Kap. 15). Das mag ihn an die Seite der Demokraten und des Anytos getrieben und dazu verführt haben, in Sokrates einen Schuldigen am Tod seines Sohnes zu sehen, den es der gerechten Strafe zuzuführen gelte. Er dürfte mit Sokrates gleichaltrig gewesen sein.

Am Schluß beschwört Sokrates noch einmal wie am Anfang (vgl. Kap. 1) die Wahrheit, die er auf seiner Seite weiß. Sie ist die Ursache des Hasses, der ihm entgegenschlägt, und dieser ist wiederum ein Beweis dafür, daß er die Wahrheit sagt. Damit wird ein zwangsläufiger Zusammenhang zwischen Wahrheit und Haß hergestellt. Wahrheit ist tödlich für den, der sie vertritt. Wahrheit als das „Un-Verborgene" ist nicht ein nur Sokrates oder nur wenigen zugängliches Geheimwissen, Wahrheit im Sinne des Tatsächlichen ist jedem zugänglich, der sich darum bemüht. Die Athener aber lassen sich lieber die Ohren vollschwatzen und zu wohlfeilen Anklagen hinreißen. Sie alle stehen im Visier der Anklage des Sokrates, sie alle, die zugleich die Entscheidungsträger in der neu etablierten Demokratie sind. Fast wörtlich weist Sokrates auf die Einleitung zurück (vgl. Kap. 2), wenn er sagt:

> „Ich würde mich wundern, wenn ich in der Lage wäre, diese Verleumdung aus euch herauszuholen in so kurzer Zeit, die doch so mächtig geworden ist."

Daraus spricht die Resignation dessen, der um den zwangsläufigen und den tödlichen Zusammenhang zwischen Wahrheit und Haß weiß.

11. Kapitel
(24b-e)

Prolog zur offensiven Verteidigung

„Er sagt, ich frevle … Ich aber, ihr Athener, sage, Meletos frevelt."

1. Text

„Gegen das nun, was meine ersten Ankläger geklagt haben, sei diese Verteidigung hinlänglich vor euch. Gegen Meletos aber, den guten und vaterlandsliebenden, wie er ja sagt, und gegen die späteren will ich hiernächst versuchen mich zu verteidigen. Wiederum also laßt uns, wie sie denn andere Ankläger sind, nun auch ihre beschworene Klage vornehmen. Sie lautet aber etwa so: Sokrates, sagt er, frevle, indem er die Jugend verderbe und die Götter, welche der Staat annimmt, nicht annehme, sondern anderes neues Daimonisches. Das ist die Beschuldigung, und von dieser Beschuldigung wollen wir nun jeden einzelnen Punkt untersuchen. Er sagt also, ich frevle durch Verderb der Jugend. Ich aber, ihr Athener, sage, Meletos frevelt, indem er mit ernsthaften Dingen Scherz treibt und leichtsinnig Menschen aufs Leben anklagt und sich eifrig und besorgt anstellt für Gegenstände, um die doch dieser Mann sich nie im geringsten bekümmert hat. Daß sich aber dies so verhalte, will ich versuchen, auch euch zu zeigen."

2. Sokrates' Anklage

Sokrates wendet sich der von den drei genannten Anklägern eingebrachten und beschworenen Anklageschrift zu und zitiert sie. Sie weist gegenüber der früheren Formulierung (vgl. Kap. 3) Veränderungen auf. Hieß es dort in Übereinstimmung mit der offiziellen Anklage am Schluß, daß er auch andere lehre, so hier am Anfang, er verderbe die Jugend. Nicht der Inhalt der Lehre steht im Vordergrund, sondern ihre Verbreitung speziell bei der Jugend. An die Stelle der Behauptung, er sei Naturforscher und Sophist, tritt – diesmal in Übereinstimmung mit der offiziellen Anklage – die konkrete Beschuldigung, er erkenne die Götter, die der Staat anerkenne, nicht an, statt dessen andere neue dämonische Wesen. Was dort mitgedacht war, wird hier explizit der zweite Anklagepunkt. Damit ist der kriminelle Tatbestand der Asebeia – des Hochverrats, würden wir sagen – klar zum Ausdruck gebracht. Naturforscher oder Sophist zu sein, war noch kein krimineller Tatbestand, der die Anklage hätte rechtfertigen können.

Die ungerechtfertigte Zuordnung zu Gruppierungen, seien es Naturphilosophen oder Sophisten, hat Sokrates zurückgewiesen. Er steht für sich allein. Es ist ein anderer Ton, den er nun anschlägt. Ironisch greift er zunächst die Adjektive auf, mit denen Meletos sich in seiner Anklagerede offenbar selbst charakterisiert hat: gut und vaterlandsliebend. Eben noch hatte er ihn als Vertreter der Dichter bezeichnet (vgl. Kap. 10). „Vaterlandsliebend"? Eine Anmaßung.

Dann aber wird Sokrates ernst. Was immer wieder durchgeklungen war, daß er sich als der wahre Ankläger und die anderen als die wahren Angeklagten versteht, wird hier explizit formuliert: „Er sagt, ich frevle; ich aber, ihr Athener, sage, Meletos frevelt." Er spielt mit dem Namen, wenn er von <u>Mel</u>etos sagt, „ou<u>d</u>en popote <u>em</u>elesen": Der „<u>Besorgte</u>" habe sich niemals um die Dinge <u>besorgt</u>, für die <u>Sorge</u> zu tragen er so eifrig vorgebe: Oberflächlichkeit, Leichtsinn und die Diskrepanz zwischen Anspruch und Wirklichkeit wirft er ihm vor.

Den Wahrheitsbeweis seiner Anklage will er nun antreten. Indem er das tut, praktiziert er genau das, was ihm seiner eigenen Analyse zufolge die Feindschaft und schließlich die Anklage eingebracht hat.

12. Kapitel
(24e-25c)

Der Ursprung der Normen

„Alle Athener ... machen die Jugend ... gut und edel,
mich ausgenommen, ich aber allein verderbe sie."

1. Text

„Her also zu mir, Meletos, und sprich! Nicht wahr, dir ist das sehr wichtig, daß
die Jugend aufs beste gedeihe? – Mir freilich. – So komm also und sage diesen,
wer sie denn besser macht? Denn offenbar weißt du es doch, da es dir so angelegen ist. Denn den Verderber hast du wohl aufgefunden, mich, wie du behauptest,
und vor diese hergeführt und verklagt: So komm denn und nenne ihnen auch den
Besserer und zeige an, wer es ist! Siehst du, o Meletos, wie du schweigst und
nichts zu sagen weißt? Dünkt dich denn das nicht schändlich zu sein und Beweis
genug für das, was ich sage, daß du dich hierum nie bekümmert hast? So sage
doch, du Guter, wer macht sie besser? – Die Gesetze. – Aber danach frage ich
nicht, Bester, sondern welcher Mensch, der freilich diese zuvor auch kennt, die
Gesetze. – Diese hier, o Sokrates, die Richter. – Was sagst du, o Meletos? Diese
hier sind imstande, die Jugend zu bilden und besser zu machen? – Ganz gewiß. –
Etwa alle? oder einige nur von ihnen, andere aber nicht? – Alle. – Herrlich, bei
der Hera gesprochen! Und ein großer Reichtum von solchen, die uns im Guten
fördern! Wie aber, machen auch diese Zuhörer sie besser oder nicht? – Auch diese. – Und wie die Ratmänner? – Auch die Ratmänner. – Aber, o Meletos, verderben nicht etwa die in der Gemeinde, die Gemeindemänner, die Jugend? Oder
machen auch diese alle sie besser? – Auch diese. – Alle Athener also machen sie,
wie es scheint, gut und edel, mich ausgenommen; ich aber allein verderbe sie.
Meinst du das so? – Allerdings gar sehr meine ich es so. – In eine große Unselig-
keit verdammst du mich also! Antworte mir aber, dünkt es dich mit den Pferden
auch so zu stehen, daß alle Menschen sie bessern und nur einer sie verdirbt?
Oder ist nicht ganz im Gegenteil nur einer geschickt, sie zu bessern, oder wenige, die Zureiter, die meisten aber, wenn sie mit Pferden umgehen und sie gebrauchen, verderben sie? Verhält es sich nicht so, Meletos, bei Pferden und allen andern Tieren? Allerdings so, du und Anytos mögen es nun leugnen oder zugeben.
Gar glückselig stände es freilich um die Jugend, wenn einer allein sie verderbte,
die andern aber alle sie zum Guten förderten. Aber, Meletos, du zeigst eben hin-

länglich, daß du niemals an die Jugend gedacht hast, und offenbarst deutlich deine Gleichgültigkeit, daß du dich nie um das bekümmert hast, weshalb du mich hierher forderst."

2. Gesellschaftlich vermittelt versus naturgegeben

Sokrates verwickelt Meletos in ein Verhör, nicht in einen Dialog. Das Verhör hat es mit einem Gegner, nicht einem Partner zu tun, zielt nicht auf Übereinstimmung in der Sache, sondern auf den eigenen Sieg, spielt sich nicht vor interessiert Zuhörenden, sondern vor zur Entscheidung und Abstimmung Aufgerufenen ab. Entsprechend verfährt Sokrates mit aggressiver Ironie. Er apostrophiert Meletos als den, der wisse, wer die Jugend besser mache, da er, der „Besorgte" sich ja darum „sorge". Sein Schweigen wertet er als Beweis dafür, daß er sich keineswegs „darum gesorgt" hat. Warum schweigt Meletos? Sokrates insistiert auf der Aufforderung, „den zu nennen, der sie besser macht". Einer schwebt ihm vor, ein Sachverständiger „in der menschlichen und bürgerlichen Tugend" (vgl. Kap. 4), wie der Zureiter ein Sachverständiger für Pferde ist.

Endlich antwortet Meletos nacheinander: Die Gesetze – alle Richter – alle Zuhörer – alle (500) Mitglieder des Rates – alle Teilnehmer an der Volksversammlung – alle Athener.

Es ist die Gesellschaft, die die Normen festlegt, die gelten und Grundlage der Erziehung der Jugend sind.

Demgegenüber besteht Sokrates darauf, daß es nur einen Fachmann für die „Bestheit", die Arete, der Jugend geben könne. Nicht, als ob dieser mit übermenschlicher Weisheit begabt sei. Er müsse sich vielmehr wie der Zureiter an der Beschaffenheit des Pferdes so an der Beschaffenheit des Menschen orientieren und aus ihr die Norm, die dem Leben und Handeln das Ziel setzt, entwickeln, sie finden. Sie ist vorgegeben, es gilt, sie zu suchen, nicht, sie zu erfinden. Zu diesem Findungsprozeß und dazu, das Leben und die Erziehung nach ihr auszurichten, ist eben nur ein Fachmann fähig, nicht jedermann (vgl. Kap. 8). Nicht anders der Handwerker. Nur er ist fähig, ein Werkstück – Holz – sachgerecht auf ein Ziel hin – Tisch – zu bearbeiten. Daß Sokrates sich selbst als diesen Fachmann, Erzieher und Politiker sieht, ist offensichtlich (vgl. Kap. 16).

Wieder erleben wir ihn als Ankläger, nicht nur des Meletos, sondern aller Athener, in deren Namen Meletos vorgibt aufzutreten. Keiner von ihnen trägt zur Besserung der Jugend bei – außer eben Sokrates. In Platons „Kriton" entgegnet Sokrates dem Freund, der ihn, den inzwischen zum Tode Verurteilten, überreden will, aus dem Gefängnis zu fliehen:

> „Also keineswegs, o Bester, haben wir das so sehr zu bedenken, was die Leute sagen werden von uns, sondern was der eine, der sich auf Gerechtes und Ungerechtes versteht, und die Wahrheit selbst. So daß du

schon hierin die Sache nicht richtig einleitest, wenn du vorträgst, wir müßten auf die Meinung der Leute vom Gerechten, Schönen, Guten und dem Gegenteil Bedacht nehmen."

48a (Übersetzung: F. Schleiermacher)

Die These des Meletos vertritt in Platons Dialog „Protagoras" eben dieser uns schon bekannte Sophist (vgl. Kap. 1). Er erzählt in einem Mythos, wie Zeus für die Menschen, die sich, nachdem sie geschaffen waren, gegenseitig bekämpften und auszurotten drohten, auf Abhilfe sann:

> „Zeus also, für unser Geschlecht, daß es nicht etwa gar untergehen möchte, besorgt, schickt den Hermes ab, um den Menschen Scham und Recht zu bringen, damit diese der Städte Ordnungen und Bande würden, der Zuneigung Vermittler. Hermes nun fragt den Zeus, auf welche Art er den Menschen das Recht und die Scham geben solle. Soll ich, so wie die Künste verteilt sind, auch diese verteilen? Jene nämlich sind so verteilt: Einer, welcher die Heilkunst innehat, ist genug für viele Unkundige, und so auch die andern Künste. Soll ich nun auch Recht und Scham ebenso unter den Menschen aufstellen, oder soll ich sie unter alle verteilen? Unter alle, sagte Zeus, und alle sollen teil daran haben; denn es könnten keine Staaten bestehen, wenn auch hieran nur wenige Anteil hätten, wie an anderen Künsten. Und gib auch ein Gesetz von meinetwegen, daß man den, der Scham und Recht sich anzueignen unfähig ist, töte wie einen bösen Schaden des Staates. Auf diese Art also, Sokrates, und aus dieser Ursache glaubten alle anderen und auch die Athener, daß, wenn von der Tugend eines Baumeisters die Rede ist oder eines anderen Künstlers, alsdann nur wenigen Anteil zustehe an der Beratung; und wenn jemand außer diesen wenigen dennoch Rat geben will, so dulden sie es nicht, wie du sagst, und zwar ganz mit Recht, wie ich sage. Wenn sie aber zur Beratung über die bürgerliche Tugend gehen, wo alles auf Gerechtigkeit und Besonnenheit ankommt, so dulden sie mit Recht einen jeden, weil es jedem gebührt, an dieser Tugend Anteil zu haben, oder es könnte keine Staaten geben. Dieses, Sokrates, ist hiervon die Ursache."

322c-323a
(Übersetzung: F. Schleiermacher)

Nicht von einem unverrückbaren ethischen Maßstab ist hier die Rede, der allen Menschen zugeteilt worden wäre, sondern von der Anlage zu Moralität und Rechtlichkeit, die durch die „bürgerliche Kunst", über die die Sophisten verfügen, in jedermann entwickelt werden kann. Im Lichte einer solchen Theorie ist die Rhetorik von großer Bedeutung. Wir wissen nicht, wie weit Platon den historischen Protagoras referiert, aber nichts von dem, was wir hier lesen, scheint dessen Lehre zu widersprechen.

Die Theorie, die Meletos auf der Grundlage sophistischer Thesen vertritt, stimmt überein mit den Grundsätzen einer demokratisch verfaßten Polis: Ihr tritt Sokrates mit seinem Absolutheitsanspruch gegenüber und entgegen. Voraussetzung des sokratischen Gesprächs ist die Gleichberechtigung der an ihm Beteiligten. Das ist das eine. Das andere ist dies, daß es Unterschiede im Grad der Erkenntnisfähigkeit und -bereitschaft gibt.

Die Befragung der Politiker, Dichter und Handwerker hatte gerade dies erwiesen. Über die Vor- und Nachteile einer demokratischen Verfaßtheit der Polis diskutierte man heftig in Athen im 5. Jahrhundert. Die Tragödie greift das Thema immer wieder auf, den Geschichtsschreiber Herodot beschäftigt es. In sein Werk fügt er eine ganz und gar unhistorische Debatte ein, die ausgerechnet drei Perser über die beste Form der Herrschaft führen. Darin äußert sich der erste Redner folgendermaßen:

> „Die Volksherrschaft führt erstens den allerschönsten Namen, Rechtsgleichheit (Isonomie), zweitens tut sie nichts von dem, was der Alleinherrscher tut. Durch das Los vergibt sie die Ämter, die Amtsinhaber sind rechenschaftspflichtig, über alle Anträge beschließt die Gesamtheit."

Natürlich ist nur die Gesamtheit der freien männlichen Bürger gemeint. Aber immerhin müssen nicht weniger als sechstausend anwesend sein, damit gültige Beschlüsse gefaßt werden können. Gegen die Demokratie werden folgende Argumente geltend gemacht:

> „Nichts ist unvernünftiger und frevelhafter als die unnütze Masse. Es ist ganz und gar unerträglich, dem Frevel des zügellosen Volkes zu verfallen, um dem Frevel eines zügellosen Tyrannen zu entfliehen. Wenn der etwas tut, tut er es überlegt, das Volk aber kennt noch nicht einmal Überlegung. Wer nämlich könnte überlegt handeln, wer über das Rechte weder belehrt worden ist noch es von sich aus erkennt, sich vielmehr auf die Staatsgeschäfte stürzt und sie ohne Verstand betreibt, einem reißenden Strom gleich?"

80, 6; 81, 1 und 2

Das Volk ist wie ein Rohr im Wind, der Macht der Rhetoren ausgesetzt und von wechselhaften Stimmungen und Begehrlichkeiten abhängig.

Es bedarf, so Sokrates' Argumentation, des Fachmanns, der es belehrt und leitet. Gleichberechtigung heißt nicht Gleichheit schlechthin. Wenn Platon später fordert, der Philosoph müsse König oder der König müsse Philosoph werden (Staat, 473c-d), so dürfte die damit verbundene Hierarchisierung im Sinne des Sokrates sein (vgl. Kap. 20). Die Demokratiekritik der antiken Philosophie ist im politischen Denken des 18. und 19. Jahrhunderts aufgegriffen worden. Sie hat mit dazu geführt, daß man nicht nur aus praktischen, sondern auch aus theoretischen Gründen der repräsentativen Demokratie gegenüber der direkten den Vorzug gegeben hat.

Das Problem der Demokratie in Athen lag unter anderem darin begründet, daß es keine unabhängige Judikative als dritte Gewalt und keinen Katalog der Grund- und Menschenrechte gab, der die Gesetzgebung hätte binden können. Es gab wohl die „ungeschriebenen Gesetze", auf die sich Antigone gegenüber Kreon in Sophokles' Tragödie beruft (VV. 450-460). Sie schrieben vor, die Götter, Verwandten, Fremden und Gastfreunde zu ehren Aber war das genug? Und wer garantierte ihre Einhaltung? Darum kämpft Sokrates: Maßstäbe zu finden und zu setzen, an denen sich der einzelne und die Gemeinschaft orientieren.

Selbst wenn man bestreitet, daß man, wie Sokrates es tut, von der Dressur der Pferde auf die Erziehung der Menschen schließen darf, bleibt das sokratische Anliegen davon unberührt.

In einem ist sich Sokrates mit Meletos einig: Politik hat das Ziel, die Menschen moralisch besser zu machen. In Platons „Gorgias" werden die Politiker daran gemessen, ob ihnen das gelungen ist. Aristoteles formuliert ganz im Sinne dieses Politikverständnisses:

> „Der Staat entsteht um des Lebens willen, er besteht um des guten Lebens willen."
>
> *Politik, 1252b*

Mit „gut" ist „gerecht" in einem umfassenden Sinn gemeint. Politik hat demzufolge nicht nur die Aufgabe, die äußeren Bedingungen für die Daseinserhaltung und, würden wir hinzufügen, den Rahmen für die Selbstverwirklichung der Bürger zu schaffen, sondern sie hat darüber hinaus den Auftrag, der Selbstverwirklichung ein Ziel zu setzen. Sie soll daran mitwirken, daß die Menschen diesem Ziel so nah wie möglich kommen.

Wir, die wir den Verlust der Werte in unserer Gesellschaft beklagen und eine an Werten orientierte Erziehung fordern, sind vielleicht geneigt, einem derartigen Politikverständnis Sympathien entgegenzubringen. Bedenken wir jedoch auch, welche Gefahr darin lauert, daß der Staat die Bürger auf seine Vorstellung von Glück und Moral festlegt.

13. Kapitel
(25c-26a)

Erkenntnis und Wille

„Ich habe es so weit gebracht im Unverstande, daß ich auch das nicht
einmal weiß, wie ich, wenn ich einen von meinen Nächsten schlecht
mache, selbst Gefahr laufe, übles von ihm zu erdulden?"

1. Text

„Weiter, sage uns doch beim Zeus, Meletos, ob es besser ist, unter guten Bürgern
zu wohnen oder unter schlechten? Lieber Freund, antworte doch! Ich frage dich
ja nichts Schweres. Tun die Schlechten nicht allemal denen etwas Übles, die ihnen jedesmal am nächsten sind, die Guten aber etwas Gutes? – Allerdings. – Gibt
es also wohl jemanden, der von denen, mit welchem er umgeht, lieber geschädigt
sein will als gefördert? Antworte mir, du Guter. Denn das Gesetz befiehlt dir zu
antworten. Will wohl jemand geschädigt werden? – Wohl nicht. – Wohlan denn,
forderst du mich hierher als Verderber und Verschlimmerer der Jugend, so daß
ich es vorsätzlich sein soll oder unvorsätzlich? – Vorsätzlich, meine ich. – Wie
doch, o Meletos, soviel bist du weiser in deinem Alter als ich in dem meinigen,
daß du zwar einsiehst, wie die Schlechten allemal denen Übles zufügen, die ihnen
am nächsten sind, die Guten aber Gutes; ich aber es so weit gebracht habe im
Unverstande, daß ich auch das nicht einmal weiß, wie ich, wenn ich einen von
meinen Nächsten schlecht mache, selbst Gefahr laufe, Übles von ihm zu erdulden? So daß ich mir dieses große Übel vorsätzlich anrichte, wie du sagst? Das
glaube ich dir nicht, Meletos, ich meine aber, auch kein anderer Mensch glaubt es
dir; sondern entweder ich verderbe sie gar nicht, oder ich verderbe sie unvorsätzlich, so daß du doch in beiden Fällen lügst. Verderbe ich sie aber unvorsätzlich,
so ist es solcher und zwar unvorsätzlicher Vergehungen wegen nicht gesetzlich,
jemand hierher zu fordern, sondern ihn für sich allein zu nehmen und so zu belehren und zu ermahnen. Denn offenbar ist, daß, wenn ich belehrt bin, ich aufhören werde mit dem, was ich unvorsätzlich tue. Dich aber mit mir einzulassen
und mich zu belehren, das hast du vermieden und nicht gewollt, sondern hierher
forderst du mich, wohin gesetzlich ist, nur die zu fordern, welche der Züchtigung bedürfen und nicht der Belehrung."

2. Denken und Handeln

Sokrates' Argumentation liegen die folgenden Thesen zugrunde:

1. Handeln beruht auf Erkenntnis und zielt auf den Nutzen dessen, der handelt.
2. Richtiges Handeln beruht auf richtiger Erkenntnis und erweist sich als nützlich für den, der handelt.
3. Falsches Handeln beruht auf Irrtum und schadet dem, der handelt.

Diese Auffassung ist schon homerisch. „Toren" sind die Gefährten des Odysseus, die, obzwar gewarnt, die Rinder des Sonnengottes schlachten und sich so durch ihren Frevel um die Heimkehr bringen (Odyssee, 1, VV. 5-9). Auch Aigisth handelt wider besseres Wissen, als er Agamemnon tötet. So erreicht ihn Zeus' gerechte Strafe (Odyssee, 1 VV. 32-43). Beide, Gefährten wie Aigisth, gingen von der objektiv falschen Erkenntnis aus, richtig im Sinn des für sie Nützlichen zu handeln. Es ist die List der Vernunft, daß sie das tatsächlich Richtige, Gute und Nützliche abweisen und mit Gründen außer Kraft setzen kann. Der Mensch – so Sokrates – handelt nicht in dem Bewußtsein, nicht das Gute zu tun.

> „Ist es nicht auch so, daß niemand aus freier Wahl dem Bösen nachgeht oder dem, was er für das Böse hält? Und daß das, wie es scheint, gar nicht in der Natur des Menschen liegt, dem nachgehen zu wollen, was er für das Böse hält, anstatt des Guten, wenn er aber gezwungen wird, von zwei Übeln eins zu wählen, niemand das größere nehmen wird, wenn er das kleinere nehmen darf?"

Platon, Protagoras, 358c-d
(Übersetzung: F. Schleiermacher)

So liegt auch der Anklage ein Wissensproblem zugrunde: Meletos hätte zu richtiger Erkenntnis kommen können, wenn er sich dem Problem mit dem nötigen Ernst gestellt hätte (vgl. Kap. 11, Kap. 33).

Aufgabe des Menschen ist es, das tatsächlich Gute, Richtige zu erkennen. Im Erkenntnisakt wird zugleich der Anspruch mitgedacht, es zu billigen. In dem Guten, Richtigen ist die Verbindlichkeit enthalten. Mit der sittlichen Einsicht verbindet sich das Streben, das Gute handelnd zu realisieren, und die Gewißheit des Gelingens. Es gibt keine von der Vernunft unabhängige Instanz, die Erkenntnisse billigt oder verwirft.

> „In seiner Seele sich über das Wahre zu täuschen und in der Täuschung zu verharren, unwissend zu sein und die Täuschung zu behalten und zu besitzen, das würden alle am wenigsten wollen, vielmehr hassen sie es am meisten ..."

Platon, Staat, 382b
(Übersetzung: F. Schleiermacher)

In Homers Odyssee heißt es von Nausikaa, der Phaiakenprinzessin:

„Athena gab ihr Mut in den Sinn und nahm ihr die Furcht."

VV. 139 und 140

Auch da schiebt sich kein Wille zwischen Sinn und Glieder, zwischen Geist und Körper, Erkennen und Handeln (vgl. auch Kap. 19).

Wie aber nun, wenn das Gefühl, das Begehren stärker sind als die Einsicht? Phaidra, die sich in ihren Stiefsohn verliebt hat und ihn wider besseres Wissen begehrt, argumentiert so in Euripides' Tragödie „Hippolytos", die in Troizen auf der Peloponnes spielt:

„Frauen von Troizen, die ihr diesen äußersten
Bereich des Pelopslandes hier bewohnt,
Schon oft habe ich auch sonst schon in der langen Zeit der Nächte
Darüber nachgedacht, wodurch das Leben der Sterblichen verdorben
ist.
Und ich glaube, daß es nicht in der Natur des Verstandes liegt,
Wenn sie Schlechtes tun. Denn viele
Können richtig denken. Vielmehr muß man es so betrachten:
Das Gute verstehen und erkennen wir,
Führen es aber nicht aus, aus Trägheit teils,
Teils weil wir dem Rechten etwas anderes
Vorziehen, das uns Freude bereitet."

VV. 373-383

Darauf würde Sokrates antworten: Phaidra glaubt, ihrer Liebe als dem vermeintlich Begehrenswerteren und Nützlicheren folgen zu müssen. Sie täuscht sich, wie der Verlauf der Handlung zeigt: Sie tötet sich selbst. Wenn einer das Gute und das Böse erkannt hat, wird ihn nichts mehr zwingen, irgend etwas anderes zu tun als das, was seine Erkenntnis ihm befiehlt (vgl. Platon, Protagoras, 352c). Ebenso wenig wird der Handwerker etwas anderes anstreben, als sein Werkstück so sachgerecht wie möglich im Blick auf das angestrebte Ziel zu bearbeiten. Sokrates definiert den Menschen als ein Vernunftwesen, das sich – unabhängig von inneren seelischen und äußeren weltlichen Einflüssen – in Freiheit selbst bestimmt. Es ist diese Sicht des Menschen, dieses Bewußtsein des Menschen von sich selbst, das die europäische Geistesgeschichte bis heute bestimmt und prägt. Es ist ein Fundament, das geeignet ist, europäische Identität zu stiften; und es ist eine Idee, die zugleich universal ist.

Gegen diese Theorie erhebt Aristoteles Einwände. Er würde im Sinne Phaidras argumentieren, daß es Kräfte im Menschen gibt, die stärker sind als die Vernunft:

„Nun könnte jemand fragen, wie einer, obwohl er eine richtige Erkenntnis hat, sich trotzdem unbeherrscht verhalten kann. Einige behaupten, das sei unmöglich bei einem, der über das richtige Wissen verfügt. Es sei nämlich schwer vorstellbar, meinte Sokrates, daß bei einem, der über das richtige Wissen verfüge, etwas anderes die Herrschaft erlange und es wie einen Sklaven herumzerre. Sokrates verwarf ganz und gar die Behauptung, es gäbe Unbeherrschtheit. Niemand, der die richtige Erkenntnis habe, handle im Widerspruch zu dem, was das Beste ist. Wer dagegen handle, tue es aus Unwissenheit. Diese Auffassung widerspricht nun eindeutig der Erfahrung ...“

Nikomachische Ethik, 1145b

Und an anderer Stelle:

„Unter Unrechttun wollen wir verstehen, daß jemand freiwillig Schaden zufüge gegen das Gesetz. ... Freiwillig tut man, was man wissentlich und ohne Zwang tut. Nicht alles, was man zurechenbar tut, tut man mit Absicht, alles, was man mit Absicht tut, tut man wissentlich. Denn jeder weiß, was er sich vornimmt. Der Grund dafür, daß man sich vornimmt, Schaden zuzufügen und Schlechtes zu tun gegen das Gesetz, ist Schlechtigkeit und Unbeherrschtheit.“

Rhetorik, 1368b

Nach Aristoteles gibt es ihn also, den Böswilligen, der sich wissentlich und zurechenbar das Ziel setzt, wider Gesetz und Sittlichkeit zu schaden, und alle Kräfte anspannt, das Ziel auch zu erreichen. Wissen ist eine notwendige, aber nicht hinreichende Voraussetzung der Tugend.

„Wir sind keineswegs besser im Handeln, wenn wir Wissen über die Kunst des Arztes und der körperlichen Übungen haben.“

Nikomachische Ethik, 1143b

Dem sokratischen Satz, daß kein Mensch freiwillig schlecht handelt (Platon, Protagoras, 345 d/e), stellt Aristoteles die These entgegen:

„Schlechtigkeit ist freiwillig.“

Nikomachische Ethik, 1113b

Um einen vom Intellekt unabhängigen Willen handelt es sich bei Aristoteles noch nicht, eher um einen Mangel an Erfahrung und an Training sittlichen Verhaltens.

Das ändert sich bei den Römern: Seneca betont die Bedeutung des Willens im Prozeß der Selbsterziehung. Der Gefühl und Körper instrumentalisierende Intellektualismus ist von der „kritischen Theorie“ Max Horkheimers und Theodor W. Adornos kritisiert worden.

3. Wollen und Handeln: Augustin

Eine ganz andere Position als Sokrates vertritt die jüdische und frühchristliche Religion. Nicht um Einsicht und Wissen geht es primär, sondern um Entscheidung, um Gehorsam und Ungehorsam gegenüber dem göttlichen Gebot:

> „Nach diesen Geschichten versuchte Gott Abraham und sprach zu ihm:
> Abraham! Und er antwortete: Hier bin ich.
> Und er sprach: Nimm Isaak, deinen einzigen Sohn, den du liebhast, und gehe hin in das Land Morija und opfere ihn daselbst zum Brandopfer auf einem Berge, den ich dir sagen werde.
> Und da stand Abraham des Morgens früh auf und gürtete seinen Esel und nahm mit sich zwei Knechte und seinen Sohn Isaak und spaltete Holz zum Brandopfer, machte sich auf und ging hin an den Ort, davon ihm Gott gesagt hatte.“

1. Mose, 22, VV. 1-3
(Übersetzung: M. Luther) (vgl. Kap. 6)

Umgekehrt verhalten sich Adam und Eva gegenüber Gottes Gebot, von dem Baum der Erkenntnis des Guten und Bösen nicht zu essen:

> „Und das Weib schaute an, daß von dem Baum gut zu essen wäre und daß er lieblich anzusehen und ein lustiger Baum wäre, weil er klug machte, und sie nahm von der Frucht und aß und gab ihrem Mann auch davon, und er aß.“

1. Mose, 3, V. 6
(Übersetzung: M. Luther)

Die Autonomie des Menschen beruht nun nicht so sehr auf dem Vermögen der Vernunft als auf der Freiheit der Willensentscheidung. An die Stelle des Intellektualismus tritt der Voluntarismus.

Nichts kann dies besser veranschaulichen als ein Abschnitt aus den „Confessiones“, den „Bekenntnissen“, des Kirchenlehrers Augustin (verfaßt 397/98). Er erzählt in deutlicher Anspielung auf den Sündenfall von einem Ereignis aus seiner Kindheit:

> „Und ich wollte einen Diebstahl begehen, und ich habe ihn begangen, durch keinerlei Not gezwungen, vielmehr nur durch den Mangel an Gerechtigkeit, durch den Überdruß an Gerechtigkeit und die Gier nach Ungerechtigkeit. Denn gestohlen habe ich, was ich im Überfluß hatte und in besserer Qualität; und nicht das wollte ich genießen, was ich mir im Diebstahl aneignen wollte, sondern den Diebstahl selbst und die Sünde. In der Nähe unseres Weinberges stand ein Birnbaum; er war mit Früchten beladen, die weder schön aussahen noch gut schmeckten. Wir, ganz verdorbene junge Männer, machten uns mitten in der Nacht auf, um sie herunterzuschütteln und wegzutragen. Solange hatten wir

die Zeit in der verderblichen Weise, die wir gewohnt waren, beim Spiel in entsprechenden Etablissements verbracht. Gewaltige Mengen haben wir fortgeschleppt, nicht um sie beim Mahl zu verzehren, sondern um sie den Schweinen vorzuwerfen. Wenn wir auch etwas davon gekostet haben, so ging es uns doch darum, daß etwas geschehe, was uns umso mehr gefiel, je strenger es verboten war.

Siehe mein Herz an, Gott, siehe mein Herz an, dessen du dich erbarmt hast, als es in der Tiefe des Abgrunds war. Und laß mein Herz, siehe, dir jetzt sagen, was es dort suchte, daß ich ohne Grund schlecht war und daß es keinen Grund für meine Schlechtigkeit gab außer meiner Bosheit. Schändlich war sie, und ich liebte sie. Ich liebte das Verderben, ich liebte meinen Abfall von dir, nicht das, was mich veranlaßte abzufallen, sondern den Abfall an sich liebte ich, schändlich in meiner Seele, die sich aus deinem Firmament gelöst hat in ihr Verderben, die nicht durch Schande irgendein Objekt begehrte, sondern die Schande selbst."

2, 4, 9

So bedarf der augustinische Mensch der Gnade Gottes, der sokratische der Belehrung. Der Glaube an Gott und das Vertrauen in die Vernunft sind zwei gegensätzliche Positionen, die in der Kulturgeschichte Europas bis in unsere Gegenwart wirksam sind. Man hat sich darüber gewundert, daß auch Menschen, die humanistisch gebildet waren, der ideologischen Verführung des Nationalsozialismus erlegen sind, und hat damit gezeigt, wie sehr man eine auf Kenntnisvermittlung ausgerichtete Erziehung überschätzt – ein humboldtsches Erbe.

Bei den christlichen Denkern des Ostens bleibt das sokratische Erbe, vermittelt durch Platon und den Neuplatonismus, lebendig. Für Dionysios Areopagita zum Beispiel, der um 500 lebte, beruht verkehrtes Handeln auf einer Defizienz des Geistes. Dem Bösen eignet kein eigenes Sein, es kann sich nicht anders als unter dem Schein des Guten zeigen (B. R. Suchta, a.a.O., S. 212).

4. Handeln aus Pflicht: Kant

Kant hat darauf verwiesen, daß alles auf den guten Willen ankomme; eine Tat sei nur dann als moralisch gut zu bewerten, wenn sie aus Pflicht geschehe, das heißt, im Gehorsam gegenüber dem kategorischen Imperativ, der da lautet:

„Handle so, daß die Maxime deines Willens jederzeit zugleich als Prinzip einer allgemeinen Gesetzgebung gelten können."

Kritik der praktischen Vernunft, 154

Wer seine kranke Mutter unter persönlichen Opfern bis zum Tod pflegt, ist nicht schon deshalb gut, sondern nur dann, wenn er es aus Pflicht tut, dann aber nicht, wenn er es tut, um als Erbe reichlich bedacht zu werden.

„Denn bei dem, was moralisch gut sein soll, ist es nicht genug, daß es dem sittlichen Gesetze gemäß sei, sondern es muß auch um desselben willen geschehen, widrigenfalls ist jene Gemäßheit nur sehr zufällig und mißlich, weil der unsittliche Grund zwar dann und wann gesetzmäßige, mehrmalen aber gesetzwidrige Handlungen hervorbringen wird."

Grundlegung zur Metaphysik der Sitten, Vorrede

Der freie Wille ist vorausgesetzt.

5. Die eingebildete Freiheit: Neurobiologische Hirnforschung

Die neurobiologische Hirnforschung hat herausgefunden, daß alle Entscheidungen, überlegte ebenso wie emotionale, Folge neuronaler Prozesse sind. Sie unterscheiden sich nur darin, daß die einen ins Bewußtsein getreten sind, die anderen nicht. Wir sind unfrei, bilden uns Freiheit nur ein. Die Illusion der Freiheit hat sich im Laufe der Zeit unserem kulturellen Gedächtnis eingeprägt, wir haben sie uns angeeignet und gespeichert nicht anders, als ein Kind etwas lernt und behält. Daraus folgt zweierlei: 1. Wir müssen den Schuldbegriff aufgeben – nicht Justiz und Strafe, gilt es doch, einen Täter vor sich selbst und die Gesellschaft vor ihm zu schützen. 2. Ethische Grundsätze müssen dem Gedächtnis im Erziehungsprozeß eingeprägt werden (vgl. Kap. 17).

Auf die Erziehung kommt es an, darin sind sich die Wissenschaftler mit den Philosophen einig, sei es „des Herzens", um die Motive zu beeinflussen (Wolfgang Marse, FAZ v. 01.03.2003), sei es des moralischen Urteilsvermögens, um ihm Orientierung „an universalen moralischen Prinzipien wie Gerechtigkeit, Gleichheit, Würde" zu geben (Lawrence Kohlberg, in: Pädagogisches Zentrum Rheinland-Pfalz, S. 38, S. 59). Das eine verdankt sich christlicher, das andere sokratischer Tradition.

Freilich müssen sich die Neurobiologen fragen lassen, ob sie nicht vorschnell ihre Ergebnisse „ontologisieren" und die Grenze zur Philosophie überschreiten.

6. Der Sinn der Strafe

Wir fragen: Wem ist von Sokrates die Züchtigung zugedacht? In Platons Dialog „Gorgias" spricht er von denen, „die Unrecht tun und unbeherrscht sind."

„Die Erwerbskunst befreit von der Armut, die Heilkunst von der Krankheit, das Recht von der Unbeherrschtheit und der Ungerechtigkeit ... Ist es nun etwa angenehm, vom Arzt behandelt zu werden, und haben die Vergnügen, welche von ihm behandelt werden?

Polos: Ich glaube nicht.

Sokrates: Aber nützlich ist es, nicht wahr?

Polos: Ja.

Sokrates: Denn es befreit von einem großen Übel, so daß es wohl lohnt, den Schmerz auszuhalten und dann gesund zu sein.

Polos: Ja. ...

Sokrates: War nun nicht Bestraftwerden die Befreiung von dem größten Übel, der Schlechtigkeit der Seele?

Polos: Ja.

Sokrates: Denn die Strafe macht besonnener und gerechter.

Das Recht erweist sich so als die Heilkunst für die Schlechtigkeit. ... Am schlechtesten lebt, wer die Ungerechtigkeit hat und nicht davon befreit wird."

478a-e (Übersetzung nach F. Schleiermacher)

Die Gerichtsbarkeit in diesem Sinn hat, auch wenn sie straft, den Angeklagten im Blick, ihr Ziel ist die Spezialprävention. Sie strebt stets die Besserung des Täters an. Aus seiner Resozialisierung folgt der Nutzen für die Gemeinschaft. Das Konzept setzt optimistisch die Belehrbarkeit des Menschen voraus. Die Todesstrafe hat in ihm keinen Platz.

Den Anklägern des Sokrates geht es nicht um den Angeklagten, sondern um den Schutz der Gemeinschaft vor ihm. Ihr Ziel ist die Generalprävention. Dazu kann auch die Todesstrafe dienen.

In seinem Alterswerk, den „Gesetzen", ist Platon von den Grundsätzen seines Lehrers abgerückt. In ihm hätte Aristoteles eine Bestätigung für seine Theorie finden können:

Es „ist uns die Besorgnis nicht zu verargen, es möge in unserem Staat ein sozusagen hartgesottener Bürger geboren werden, der von Natur so harten Kernes wäre, sich nicht erweichen zu lassen, und daß solche Menschen, wie jene Hülsenfrüchte auf dem Feuer, selbst durch so kräftige Gesetze unerweicht bleiben würden."

853c-d (Übersetzung: F. Schleiermacher)

„Die durchgängige Schwäche der menschlichen Natur" veranlaßt Platon, Gesetze über alles, „was schwer zu heilen oder unheilbar ist", aufzustellen.

„Wird es ... von einem Bürger offenbar, daß er so etwas verübte und gegen die Götter oder gegen seine Eltern oder sein Vaterland einen großen, unaussprechlichen Frevel beging, dann sehen diesen die Richter für unheilbar an, in Erwägung, welche Erziehung und Unterweisung ihm zuteil ward, die ihn dennoch von den größten Verbrechen nicht zurückhielt; dieser erleide die Todesstrafe als das geringste Leid."

854e-855a (Übersetzung: F. Schleiermacher)

Immerhin: Die Todesstrafe ist das äußerste Mittel, und sie wird erst vollzogen, wenn Erziehung und Unterweisung fruchtlos blieben.

Die Rede ist von den Belehrbaren in der „Apologie" und von denen, die von Natur „hartgesotten", schwer oder gar nicht heilbar sind, in den „Gesetzen".

Nun gibt es, wie die Realität lehrt, zwischen diesen Extremen die Menschen, deren mangelnde intellektuelle Ausstattung sie daran hindert, selbständig Einsicht in das Gute und Nützliche zu gewinnen (vgl. Kap. 8). Platon weist sie im „Staat" dem dritten Stand zu, spricht aber auch ihnen die Tugend der Besonnenheit nicht ab, dank derer sie sich in die Leitung der Regierenden fügen (432a). Dasselbe gilt für Aristoteles' „Sklaven von Natur". Besteht doch zwischen ihm und seinem Herrn ein Verhältnis gegenseitigen Nutzens und gegenseitiger Zuneigung (Pol. 1255b).

Der sokratische Intellektualismus und Optimismus wird zwar relativiert, aber nicht prinzipiell aufgehoben.

14. Kapitel

Atheist oder Andersgläubiger?

„Also, beim Zeus, so ganz dünke ich dich gar keinen Gott zu glauben?
– Nun eben, beim Zeus, auch nicht im mindesten."

1. Text

„Doch, ihr Athener, das ist wohl schon offenbar, was ich sagte, daß sich Meletos
um diese Sache nie weder viel noch wenig bekümmert hat! Indes aber sage uns,
Meletos, auf welche Art du denn behauptest, daß ich die Jugend verderbe? Oder
offenbar nach deiner Klage, die du eingegeben, indem ich lehre, die Götter nicht
zu glauben, welche der Staat glaubt, sondern allerlei neues Daimonisches. Ist das
nicht deine Meinung, daß ich sie durch solche Lehre verderbe? – Freilich gar sehr
ist das meine Meinung. – Nun dann, bei eben diesen Göttern, o Meletos, von denen jetzt die Rede ist, sprich noch deutlicher mit mir und mit diesen Männern
hier. Denn ich kann nicht verstehen, ob du meinst, ich lehre zu glauben, daß es
gewisse Götter gäbe – so daß ich also doch selbst Götter glaube und nicht ganz
und gar gottlos bin, noch also hierdurch frevle –, nur jedoch die nicht, welche
der Staat, und ob du mich deshalb verklagst, daß ich andere glaube; oder ob du
meinst, ich selbst glaube überhaupt keine Götter und lehre dies auch andere? –
Dieses meine ich, daß du überhaupt keine Götter glaubst. – O wunderlicher Meletos! Wie kommst du doch darauf, dies zu meinen? Halte ich also auch weder
Sonne noch Mond für Götter, wie die übrigen Menschen? – Nein, beim Zeus, ihr
Richter! denn die Sonne, behauptet er, sei ein Stein, und der Mond sei Erde. –
Du glaubst wohl den Anaxagoras anzuklagen, lieber Meletos? Und du denkst so
gering von diesen und hältst sie für so unerfahren in Schriften, daß sie nicht
wüßten, wie des Klazomeniers Anaxagoras Schriften voll sind von dergleichen
Sätzen? Und also auch die jungen Leute lernen wohl das von mir, was sie sich
manchmal für höchstens eine Drachme in der Orchestra kaufen und dann den
Sokrates auslachen können, wenn er für sein ausgibt, was überdies noch so sehr
ungereimt ist? Also, beim Zeus, so ganz dünke ich dich gar keinen Gott zu glauben? – Nein, eben, beim Zeus, auch nicht im mindesten. – Du glaubst wenig genug, o Meletos, jedoch, wie mich dünkt, auch dir selbst. Denn mich dünkt dieser
Mann, ihr Athener, ungemein übermütig und ausgelassen zu sein und ordentlich
aus Übermut und Ausgelassenheit diese Klage wie einen Jugendstreich angestellt

zu haben. Denn es sieht aus, als habe er ein Rätsel ausgesonnen und wollte nun versuchen: >Ob wohl der weise Sokrates merken wird, wie ich Scherz treibe und mir selbst widerspreche in meinen Reden, oder ob ich ihn und die andern, welche zuhören, hintergehen werde?< Denn dieser scheint mir ganz offenbar sich selbst zu widersprechen in seiner Anklage, als ob er sagte, Sokrates frevelt, indem er keine Götter glaubt, sondern Götter glaubt, wiewohl einer das doch nur im Scherz sagen kann!"

2. Das Dilemma des Meletos

Daß Meletos der „Besorgte", sich ganz und gar nicht um die zur Debatte stehenden Fragen „sorgt", scheint Sokrates ein weiteres Mal offenkundig geworden zu sein. Ging es eben um die Anklage, er verderbe die Jugend, so jetzt um die Frage, womit er denn dies bewerkstellige. Hieß es zuvor (Kap. 11):

„Sokrates ... frevle, indem er die Jugend verderbe und die Götter, welche der Staat anerkennt, nicht anerkenne, statt dessen andere, neue dämonische Wesen.",

so formuliert Sokrates hier, daß er durch die Lehre über die Götter die Jugend verderbe. Mag sich das Establishment auch durch Sokrates' Umtriebigkeit, seinen Umgang mit den jungen Leuten, seine respektlose Prüfung aller Würdenträger, seine beißende Ironie und scharfe Kritik verunsichert gefühlt haben, justiziabel war nur die Asebie. Auf die Frage, ob Meletos Sokrates für gottlos halte oder nur meine, er erkenne andere Götter an als der Staat, antwortet Meletos:

„Dies meine ich, daß du überhaupt keine Götter anerkennst."

„Andere, neue dämonische Wesen" subsumiert er nicht unter den Begriff „Götter".

Daimones, daimonia sind vieldeutige Begriffe. Homer nennt in der Ilias die Götter auf dem Olymp daimonas (1, V. 222), er nennt Aphrodite daimon (Ilias, 4, V. 420). Einem Mann wird Leid verheißen, der, indem er gegen einen anderen von Gott (theos) geehrten Mann kämpft, es zugleich auch mit einer Gottheit (daimona) zu tun hat (Ilias, 17, VV. 98/99). In der sophokleischen Tragödie „Antigone" wähnt der Chor, als die Oidipustochter vom Wächter vorgeführt wird, ein übernatürliches (daimonion) Wunder zu sehen (V. 376). Wird der Begriff von Homer synonym mit „Gott" gebraucht, wird er von Sophokles zu „Gottheit", „übernatürlich" erweitert.

Zu „Dämonen" werden bei Hesiod die Menschen des goldenen Zeitalters nach ihrem Tod (Werke und Tage, V. 122). Sie nehmen eine Mittelstellung zwischen Göttern und Menschen ein (vgl. Kap. 15).

Die Anklage meint offenbar übermenschliche höhere Wesen. Die Schärfe liegt in den Worten „andere neue". Sie implizieren den Bruch mit dem Herkömmlichen.

Es ist offenbar schwierig, die Anklage zu beweisen. So legt es Meletos darauf an, Sokrates als einen der Naturphilosophen zu erweisen, von denen man annahm, sie erkennten Götter nicht an (vgl. Kap. 2). Sokrates geht darauf ein, lockt seinen Gegner auf diese Fährte und veranlaßt ihn, ihm die Lehren des Anaxagoras zu unterstellen. Wir hatten schon erwähnt (vgl. Kap. 3), daß dieser Anaxagoras, ein Zeitgenosse des Sokrates, der Asebie angeklagt worden sein soll. Er hat Athen 432 verlassen, sei es, daß er sich durch Flucht dem Prozeß entzogen hat, sei es, daß er zum Verlassen der Stadt verurteilt worden ist.

Die Nachricht, daß ein gewisser Diopeithes, ein Orakeldeuter, Seher und Gegner der Aufklärung, ein Gesetz eingebracht hatte, demzufolge

> „alle, die die eingeführte Religion mißachteten und Ansichten über die himmlischen vortrugen",

angeklagt werden sollten, verdanken wir Plutarch, der im 1. Jahrhundert n. Chr. gelebt hat (Perikles, Kap. 32, Übersetzung nach J. F. Kaltwasser). Darnach hätte die Volksversammlung das Gesetz 438/37 verabschiedet. Wenn es das Gesetz gegeben hat, scheint es nicht lange in Kraft gewesen zu sein. Im Prozeß gegen Sokrates wird nirgendwo darauf Bezug genommen. Sokrates hatte zu Anaxagoras einmal eine besondere Beziehung (vgl. Kap. 3). Enttäuscht hatte er sich abgewandt, als er feststellen mußte, daß der Naturphilosoph nur mechanische Ursachen anführt, als wenn die Physiologie der Grund dafür sei, daß Sokrates im Gefängnis sitze, und nicht vielmehr die Verurteilung der Athener und seine eigene Entscheidung, die Strafe anzunehmen, statt zu fliehen (Platon, Phaidon, 98e-99a).

Davon, daß Sokrates die Theorien des Anaxagoras über die Gestirne studiert und gar gebilligt habe, ist keine Rede. Er wird sie wohl, wenn sie ihn denn überhaupt interessiert haben, für „ungereimt", das heißt, für unsinnig, gehalten haben. Im „Symposion" widerlegt Platon die Anklage durch eine kurze biographische Notiz. Alkibiades erzählt, wie Sokrates sich während eines Feldzuges im peloponnesischen Krieg (vgl. Kap. 17) einen Tag und eine Nacht nicht von der Stelle gerührt habe: Er dachte über ein Problem nach:

> „Und er blieb stehen, bis es Morgen ward und die Sonne aufging; dann verrichtete er noch ein Gebet an die Sonne und ging fort."
>
> 220d (Übersetzung: F. Schleiermacher)

Am Schluß steigert Sokrates sein ironisches Spiel mit Meletos noch einmal. Verknüpft man dessen Behauptung, Sokrates erkenne gar keinen Gott an, die nach der Anaxagorasepisode noch einmal wiederholt wird, mit dem zweiten Teil der Anklage, er glaube an „allerlei neue dämonische Wesen", so ergibt sich in der Tat der Widerspruch:

„Sokrates frevelt, indem er keine Götter anerkennt, sondern Götter anerkennt."

Meletos hat sich in dieses Dilemma hineinmanövriert, als er den sich an
„Götter" anschließenden Relativsatz „welche der Staat anerkennt" außer acht gelassen hat.

In dem Punkt hätte er zweifellos recht gehabt; der war aber offenbar am
schwierigsten nachzuweisen.

15. Kapitel
(27a-28a)

Der Dialog

„Du aber antworte uns, o Meletos. ... Und die Dämonen, halten wir
die nicht für Götter entweder, oder doch für Söhne von Göttern?."

1. Text

„Erwägt aber mit mir, ihr Männer, warum ich finde, daß er dies sagt. Du aber
antworte uns, o Meletos. Ihr aber, worum ich euch von Anfang an gebeten habe,
denkt daran, mir kein Getümmel zu erregen, wenn ich auf meine gewohnte Weise die Sache führe. Gibt es wohl einen Menschen, o Meletos, welcher, daß es
menschliche Dinge gebe, zwar glaubt, Menschen aber nicht glaubt? Er soll antworten, ihr Männer, und nicht anderes und anderes Getümmel treiben! Gibt es
einen, der zwar keine Pferde glaubt, aber doch Dinge von Pferden? Oder zwar
keine Flötenspieler glaubt, aber doch Dinge von Flötenspielern? Nein, es gibt
keinen, bester Mann; wenn du nicht antworten willst, will ich es dir und den übrigen hier sagen. Aber das nächste beantworte: Gibt es einen, welcher zwar, daß
es daimonische Dinge gebe, glaubt, Daimonen aber nicht glaubt? – Es gibt keinen. – Wie bin ich dir verbunden, daß du endlich, von diesen gezwungen, geantwortet hast. Daimonisches nun behauptest du, daß ich glaube und lehre, sei es
nun neues oder altes, also Daimonisches glaube ich doch immer nach deiner Rede? Und das hast du ja selbst beschworen in der Anklageschrift. Wenn ich aber
Daimonisches glaube, so muß ich doch ganz notwendig auch Daimonen glauben.
Ist es nicht so? Wohl ist es so! Denn ich nehme an, daß du einstimmst, da du ja
nicht antwortest. Und die Daimonen, halten wir die nicht für Götter entweder,
oder doch für Söhne von Göttern? Sagst du ja oder nein? – Ja, freilich. – Wenn
ich also Daimonen glaube, wie du sagst, und die Daimonen sind selbst Götter,
das wäre ja ganz das, was ich sage, daß du Rätsel vorbringst und scherzest, wenn
du mich, der ich keine Götter glauben soll, hernach doch wieder Götter glauben
läßt, da ich ja Daimonen glaube. Wenn aber wiederum die Daimonen Kinder der
Götter sind, unechte von Nymphen oder anderen, denen sie ja auch zugeschrieben werden: Welcher Mensch könnte dann wohl glauben, daß es Kinder der
Götter gäbe, Götter aber nicht? Ebenso ungereimt wäre das ja, als wenn jemand
glauben wollte, Kinder gebe es wohl von Pferden und Eseln, Maulesel nämlich,
Esel aber und Pferde wollte er nicht glauben, daß er sie gäbe. Also Meletos, es

kann nicht anders sein, als daß du, entweder um uns zu versuchen, diese Klage angestellt hast, oder in gänzlicher Verlegenheit, was für ein wahres Verbrechen du mir wohl anschuldigen könntest. Wie du aber irgendeinen Menschen, der auch nur ganz wenig Verstand hat, überreden willst, daß ein und derselbe Mensch Daimonisches und Göttliches glaubt und wiederum derselbe doch auch weder Daimonen noch Götter noch Heroen, das ist doch auf keine Weise zu ersinnen."

2. Das Daimonion als Mittler zwischen Gottheit und Mensch

Mit seinem Ankläger hat Sokrates nun leichtes Spiel, die Anklage selbst widerlegt er nicht. In ihr ging es erstens darum, daß er lehre, „die Götter nicht anzuerkennen, welche der Staat anerkenne", und zweitens darum, daß er „allerlei neues Dämonisches" glaube. Über den ersten Punkt verlautet nichts, im Hinblick auf den zweiten stützt sich die Argumentation ganz auf das herkömmliche Verständnis von „Dämonen" als Göttern oder – das ist sonst nicht belegt – Kindern von Göttern und Nymphen oder „irgendwelchen anderen Wesen". Xenophon trifft den Punkt genau:

> „Gesprächsstoff war des Sokrates Behauptung, das Daimonion gebe ihm Zeichen. Dies war, wie ich glaube, hauptsächlich der Grund dafür, ihn zu beschuldigen, neues Dämonisches einzuführen. ... Und vielen, mit denen er zusammen war, riet er, dies zu tun, jenes zu lassen, weil ihm das Daimonion ein entsprechendes Zeichen gebe. Und wer ihm folgte, hatte Nutzen, wer nicht, mußte es bereuen."
>
> *Memorabilien, 1, 1, 2-4*

Sokrates kommt auf dieses Daimonion zu sprechen, nicht jedoch im Zusammenhang mit der Verteidigung gegen die Anklage (vgl. Kap. 19 und Kap. 31). Ist es vielleicht etwas so Persönliches, daß er darüber mit einem Menschen wie Meletos nicht rechten mag? Ist es nicht auch zu offensichtlich, daß er weit davon entfernt ist, einen neuen Kult, gar einen staatsgefährdenden, zu etablieren?

Andererseits waren in den letzten Jahrzehnten im Zusammenhang mit Handels- und Bündnisinteressen neue Kulte eingeführt worden. Von einem Fest der thrakischen Göttin Bendis ist zum Beispiel zu Beginn von Platons „Staat" die Rede (327a).

Sokrates genügt es jedenfalls, Meletos der Lächerlichkeit preiszugeben, ihn als leichtfertig und mit seiner Aufgabe überfordert bloßzustellen. Wir haben gesehen (Kap. 14), daß bei Hesiod die Dämonen Mittler zwischen Göttern und Menschen sind. In dieselbe Richtung weist vielleicht die Vorstellung, sie seien „Kinder der Götter", „unechte von Nymphen oder anderen". In Platons „Symposion" entspinnt sich folgender Dialog zwischen Sokrates und Diotima, der weisen Frau aus Mantineia:

> „Was wäre also, sprach ich, Eros? Etwa sterblich?
> Keineswegs.
> Aber was denn?
> Wie oben, sagte sie, zwischen dem Sterblichen und Unsterblichen.
> Was also, o Diotima?
> Ein großer Dämon, o Sokrates. Denn alles Dämonische ist zwischen
>   Gott und dem Sterblichen.
> Und was für eine Verrichtung, sprach ich, hat es?
> Zu verdolmetschen und zu überbringen den Göttern, was von den
>   Menschen, und den Menschen, was von den Göttern kommt."
>
> *202d, e (Übersetzung: F. Schleiermacher)*

So dürfte wohl in der scheinbar so rein begrifflichen Auseinandersetzung mit Meletos für Sokrates ein wahrer Kern enthalten sein: Das Daimonion ist das, was ihm Göttliches vermittelt. Ernstes verbirgt sich hinter der Ironie.

Sokrates argumentiert gegenüber Meletos auf der Grundlage seiner Überzeugungen:

1. Auch in Fragen, bei denen es um das Wesen des Menschen geht, bedarf es des Fachmannes (vgl. Kap. 12).
2. Keiner schadet sich bewußt selbst (vgl. Kap. 13). Jeder hat Anspruch auf Belehrung.
3. Wer an Dämonen glaubt, glaubt auch an Götter (vgl. Kap. 14, Kap. 15).

Es setzt seine Thesen gegen die des Anklägers:

1. In ethischen Fragen sind alle Bürger kompetent.
2. Es gibt eine Unbelehrbarkeit, vor der es die Gesellschaft zu schützen gilt.
3. Sokrates hat eine andere Vorstellung von den Göttern als die Polis. Indem er sie die Jugend lehrt, gefährdet er die Polis als Kultgemeinschaft.

Sokrates widerlegt nicht, er hebt sich ab und heraus.

3. Das Vertrauen in die Vernunft und die Sprache

Nebenbei erfahren wir etwas über den Ablauf von Prozessen, über den Lärm, Beifall und Mißfallen, der immer wieder aufbraust, über das Recht des Angeklagten zur Befragung des Klägers, über dessen Verpflichtung, Rede und Antwort zu stehen.

Sokrates versteht sich auf die Kunst, Wirkung zu erzielen. Er erweist sich keineswegs als „Fremdling in der hier üblichen Art zu reden", wie er am Anfang behauptet hatte (vgl. Kap. 1). Und würde er nicht tatsächlich als Sieger aus dem Prozeß hervorgehen, wenn er sich dialogisch statt in langer Rede verteidigen dürfte (vgl. Kap 2)?

Die Art, wie er hier Meletos befragt, bezeichnet er als seine „gewohnte Weise". Er meint damit die Form der Fragen, die Antworten erfordern. Anders als sonst üblich ist er hier aber nicht der, der sich in Frage stellt, der fragend selbst lernen möchte, sondern der Überlegene und Wissende.

Versuchen wir uns ein Bild von dem zu machen, was in Wahrheit der „gewohnten Weise" entspricht.

Freimut Hauk äußert sich folgendermaßen zu den Prinzipien, die der sokratischen Methode zugrunde liegen (a.a.O., S. 57, 58).

„Sokrates hat zwei normative Kriterien als Maßstab für die Akzeptanz von Prinzipien eingeführt: (1) die Rationalitätsannahme und (2) die Notwendigkeit der begrifflichen Klärung. Die Rationalitätsannahme (1) besagt, daß nur der Satz (das Prinzip) anerkannt wird, der sich bei der Untersuchung in einer von allen Gesprächspartnern gemeinsam vollzogenen Prüfung als der beste zeigt. Die besondere Situation, jegliches Interesse muß außer Betracht bleiben, und keine Autorität (Götter, Herkommen, Tradition, die öffentliche Meinung) kann kraft ihrer Autorität Geltung beanspruchen (Kriton, 46b). Die kritische Instanz ist allein der Logos, die Vernunft bzw. das vernünftige Wort, d.h. die prüfende und damit rationale Diskussion unter gleichwertigen Gesprächspartnern. Die Berufung auf eine an-sich-seiende universale Vernunft und auf deren Autorität findet sich noch nicht bei Sokrates.
Die Notwendigkeit der begrifflichen Klärung (2) entspricht (modern) der analytischen Forderung, daß zur Lösung der Sachprobleme die sprachlich-logische Analyse notwendig sei und daß diese den Sachfragen vorausgehen müsse. Natürlich findet sich bei Sokrates noch nicht die Scheidung in logische und inhaltliche Fragen. Beide sind bei ihm – da er der erste ist, der diese Art von Fragen stellt – unentwirrbar verbunden. Seine Was-ist-Frage stellt sprachlogisch die Frage nach der Definition des Begriffs (*was bedeutet x*) wie metaphysisch die Frage nach dem Wesen des Begriffs (*was ist das Wesen von x*). Wenn die Gespräche des Sokrates zu keinem Ergebnis führen, in einer Aporie (Ausweglosigkeit, man weiß nicht wie die Suche nach der Lösung weitergehen soll) enden, dann heißt dies, daß die sprachanalytische Klärung noch nicht gelungen ist. Und wenn Sokrates trotz der Vergeblichkeit seiner Klärungsversuche seine Gesprächspartner bittet, mit ihm weiterzusuchen, so drückt sich darin die Überzeugung und Hoffnung aus, daß nur durch und über die Sprachfrage die Aporien aufgehoben und damit die Sachfragen gelöst werden können. Und tatsächlich wird

die sprachlogische Analyse sich als ein wirksames Mittel zur Lösung von unentwirrbaren Problemen erweisen."

4. Vom Konkreten zum Abstrakten

Die Methode der Problemlösung selbst ist durch folgendes Merkmal gekennzeichnet: Von einem Beispiel aus dem täglichen Leben ausgehend, wird in induktivem Verfahren der Weg der Abstraktion beschritten.

Mit Menschen, Pferden, Flötenspielerinnen beginnt Sokrates, mit Pferden, Eseln, Mauleseln schließt er. Am Anfang seiner Verteidigungsrede hatte er von Füllen und Kälbern gesprochen (Kap. 4). Der sokratische Dialog hat einen „Sitz im Leben". Das unterscheidet ihn von rein formalistischen Diskussionen.

Das Schlußverfahren ist logisch und einfach: Wie man von der Existenz von Menschlichem, „Pferdlichem", „Flötenspielerischem" auf die von Menschen, Pferden, Flötenspielerinnen schließen kann, so von Dämonischem auf Dämonen, und wie von der Existenz von Mauleseln auf die von Pferden und Eseln, so von Dämonen auf Götter. Das Konkrete, Sichtbare verweist auf das Abstrakte, Unsichtbare. Sokrates bleibt im Begrifflichen, läßt sich auf metaphysische Erörterungen nicht ein.

Wie Sokrates mit lebensweltlichen Fragen beginnt, wie er von der Sprache ausgeht und zu abstrakten Fragestellungen fortschreitet, sei an Platons Dialog „Euthyphron" aufgezeigt. Der Seher dieses Namens hatte die Frömmigkeit als den Teil des Gerechten definiert, „der sich auf die Behandlung der Götter bezieht", im Unterschied zu jenem anderen, der sich auf die Menschen bezieht.

> „Sokrates: Und sehr schön, Euthyphron, scheinst du mir dies erklärt zu haben. Nur noch ein wenig fehlt mir, die Behandlung nämlich verstehe ich noch nicht recht, was für eine du meinst: Denn gewiß meinst du nicht, wie man von der Behandlung anderer Dinge redet, eine solche auch der Götter. Denn wir reden so auch sonst. So zum Beispiel sagen wir, nicht jedermann wisse Pferde zu behandeln, sondern nur der Reiter. Nicht wahr?
> Euthyphron: Allerdings.
> Sokrates: Nämlich die Reitkunst ist die Behandlung der Pferde.
> Euthyphron: Ja.
> Sokrates: Auch Hunde weiß nicht jeder zu behandeln, sondern der Jäger.
> Euthyphron: So ist es.
> Sokrates: Zur Jägerei nämlich gehört auch die Behandlung der Hunde.
> Euthyphron: Ja.
> Sokrates: Und die Viehzucht ist die Behandlung der Ochsen.
> Euthyphron: Allerdings.
> Sokrates: Und die Frömmigkeit und Gottesfurcht, Euthyphron, die der Götter. Meinst du so?

Euthyphron: So meine ich.

Sokrates: Bezweckt aber nicht alle Behandlung ein und dasselbe, sie gereicht nämlich irgendwie zum Besten und zum Vorteil dessen, was man behandelt, wie du wohl siehst, daß die Pferde, von der Reitkunst behandelt und bedient, Vorteil haben und besser werden. Oder denkst du nicht?

Euthyphron: Ich wohl.

Sokrates: Ebenso die Hunde von der Jägerei, die Ochsen von der Rindviehzucht und alles andere gleichermaßen. Oder meinst du, die Behandlung gereiche zum Schaden des Behandelten?

Euthyphron: Ich nicht, beim Zeus.

Sokrates: Sondern zum Nutzen?

Euthyphron: Wie anders?

Sokrates: Ist also auch die Frömmigkeit, da sie die Behandlung der Götter ist, ein Vorteil für die Götter und macht die Götter besser? Und würdest du das gelten lassen, daß, wenn du etwas Frommes verrichtest, du dadurch einen der Götter besser machst?

Euthyphron: Beim Zeus, ich nicht!"

12e-13c (Übersetzung: F. Schleiermacher)

Ob die Reitkunst die Pferde zu der in ihrer Natur angelegten „Bestheit", Arete, führt, ihr Wesen entfaltet, die Viehzucht die Ochsen, lassen wir dahingestellt. Entscheidend ist, daß der Dialog, ohne spezielles Vorwissen vorauszusetzen, an der Sprache und an Erfahrungen von Reitern und Jägern – mehr aristokratische Tätigkeiten –, aber auch von Bauern einsetzt und zu einem Ergebnis führt. In diesem Fall ist es negativ. Es macht einen Neubeginn erforderlich.

Kurz nach der hier zitierten Stelle führt Sokrates Ärzte, Schiffbauer, Baumeister, Heerführer und wiederum Bauern an. Ihrer aller Dienstleistung bringt etwas hervor: Gesundheit, Schiffe, Häuser, Siege, Nahrung. Was wollen die Götter hervorbringen? Euthyphron bleibt die Antwort schuldig. Die Arete, die „Bestheit" der Menschen, müßte sie wohl lauten. Die Beispiele führen zu der Einsicht, daß die Götter Subjekt der Dienstleistung sind, nicht Objekt. Zu ihrer Dienstleistung bedienen sie sich unser, der Menschen, als Helfer (13d-14b, vgl. Kap. 6).

Die Beispiele sollen nicht nur veranschaulichen, sie haben auch eine heuristische Funktion. Sie implizieren bereits die Lösung. Wir kommen darauf zurück.

Alkibiades charakterisiert die Art der sokratischen Gesprächsführung in Platons „Symposion":

„Und dies habe ich gleich zuerst noch übergangen, daß auch seine Reden jenen aufzuschließenden Silenen (häßliche Menschen mit Pferdeattributen; hier ist eine Art russischer Puppen gemeint) äußerst ähnlich sind. Denn wenn einer des Sokrates Reden anhören will, so werden sie

ihm anfangs ganz lächerlich vorkommen, in solche Worte und Redens-
arten sind sie äußerlich eingehüllt, wie in das Fell eines frechen Satyrs
(ein Silen). Denn von Lasteseln spricht er, von Schmieden und Schustern und Gerbern, und scheint immer auf dieselbe Art nur dasselbe zu
sagen, so daß jeder unerfahrene und unverständige Mensch über seine
Reden spotten muß. Wenn sie aber einer geöffnet sieht und inwendig
hineintritt, so wird er zuerst finden, daß diese Reden allein inwendig
Vernunft haben, und dann, daß sie ganz göttlich sind und die schön-
sten Götterbilder von Tugend in sich enthalten und auf das meiste von
dem oder vielmehr auf alles abzwecken, was, dem, der gut und edel
werden will, zu untersuchen gebührt."

221d-222a (Übersetzung: F. Schleiermacher)

5. Der diskussiv-theoretische und protreptisch-praktische Aspekt des Dialogs

Der sokratische Dialog setzt keine speziellen Kenntnisse voraus. Er verlangt im
Hinblick auf den Inhalt,

> daß Begriffe richtig und eindeutig verwendet werden,
> daß die Gesetze der Logik (z.B. das Gesetz der Widerspruchsfreiheit)
> beachtet werden,
> daß die Aussagen begründet sind,
> daß die Argumente folgerichtig sind,
> daß die Ergebnisse allgemeingültig sind.

Von den Dialogpartnern wird erwartet,

> daß sie einander ernst nehmen und zuhören,
> daß sie der Sache verpflichtet sind und das bessere Argument als sol-
> ches anerkennen,
> daß sie Einsicht in die eigene Begrenztheit haben und in die begrenzte
> Gültigkeit des jeweils erzielten Ergebnisses.

Der Dialog richtet sich diskursiv-theoretisch auf die Sache und protreptisch-
praktisch an die Personen (vgl. Kap. 6-8, Kap. 17). Er ist offen für jeden, der an
ihm teilnehmen will (vgl. Kap. 4, Kap. 21), unabhängig von Alter, Herkunft, Sta-
tus, Bildungsgrad (vgl. Kap. 17). Er ist nicht exklusiv. Sein Ort ist die Öffentlichkeit, vornehmlich die Agora, der Markt.

> „Er (Sokrates) hielt sich immer in der Öffentlichkeit auf; morgens ging
> er in die Wandelhallen und die Gymnasien, und wenn sich der Markt
> füllte, war er dort zu sehen, den restlichen Tag begab er sich stets dort-
> hin, wo er damit rechnen konnte, die meisten Menschen zu treffen."

Xenophon, Memorabilien, 1, 1, 10 (vgl. Kap. 4)

In der Prüfung der Dichter hatte Sokrates davon gesprochen, daß er gern von ihnen etwas gelernt hätte (vgl. Kap. 7). Im Dialog sind die Partner prinzipiell gleich. Mag auch Sokrates als der Überlegene erscheinen, so bleibt er doch stets offen für Gegenargumente und Widerlegung:

> „Und von welchen bin ich einer? Von denen, die sich gern überführen lassen, wenn sie etwas Unrichtiges sagen, aber auch gern selbst überführen, wenn ein anderer etwas Unrichtiges sagt; nicht unlieber aber jenes als dieses. Denn für ein größeres Gut halte ich jenes um soviel, als es ja besser ist, selbst von dem größten Übel befreit zu werden, als einen anderen davon zu befreien."
>
> *Platon, Gorgias, 458a (Übersetzung: F. Schleiermacher)*

Mit der Form des Forschens, die sich immer wieder darauf einläßt, in Frage zu stellen, zu prüfen, sich um Konsens zu bemühen, die also prinzipiell unendlich ist, begründet Sokrates die bis heute der Philosophie eigene Methode (vgl. Thomas Buchheim, a.a.O. 2003, S. 207f.). Bertrand Russel bestimmt sie in seinem 1912 erschienenen Buch „Probleme der Philosophie" gut sokratisch folgendermaßen: „Das wesentliche Charakteristikum ... ist die Kritik. Sie untersucht die Prinzipien, von denen man in der Wissenschaft und im täglichen Leben Gebrauch macht, sie findet die Inkonsequenzen heraus, die vielleicht in diesen Prinzipien verborgen sind, und sie akzeptiert sie nur dann, wenn sich nach kritischer Untersuchung kein Grund herausgestellt hat, aus dem man sie verwerfen sollte. ... Man muß zugeben, daß dabei noch ein gewisses Risiko des Irrtums übrigbleibt, denn Menschen sind fehlbar." (a.a.O., S. 132f.).

6. Das Scheitern des Dialogpartners

Wir kehren noch einmal zu dem Dialog „Euthyphron" zurück und fragen: Woran liegt es, daß der Seher in die Aporie geführt wird?

Zunächst daran, daß Sokrates dem Begriff der „Therapeia" eine zweifache Bedeutung beilegt: 1. Pflege jemandes, 2. jemanden besser machen. Das Beispiel des Pferdezüchters lenkt auf diese zweite hin. Hätte Euthyphron darauf bestanden, daß „besser machen" nicht notwendig eine Konnotation des Begriffes ist, wäre seine Definition der Frömmigkeit als „Pflege der Götter", die den Göttern nützlich ist, durchaus korrekt gewesen. Schließlich sind die Götter die Verehrten und Beschenkten, wenn die Menschen sich betend und opfernd an sie wenden. Damit übereinstimmend exemplifiziert Euthyphron den Sachverhalt an dem Verhältnis Sklave – Herr.

Sokrates nimmt das Beispiel auf und gewinnt einen neuen Aspekt, indem er Sklaven und Herren, Menschen und Götter zum gemeinsamen Subjekt der „Therapeia" macht und nun wieder nach einem Zweck der Handlung fragt: „Was ist das Wesentliche der Tätigkeit?" (14a). Indem er so Satzstruktur von „X zielt auf die Götter" zu „die Götter zielen auf X" verändert, gelingt es ihm, auf das von ihm intendierte Ergebnis hinzulenken, wenn er es auch mit Euthyphron nicht erzielt.

Nun wird man nicht annehmen, daß Sokrates bzw. Platon hier unbewußt Fehler unterlaufen. Man wird vielmehr davon ausgehen, daß Sokrates aufzeigen wollte, wie brüchig das vermeintliche Wissen seines Gesprächspartner ist, wie wenig er in der Lage ist, eine Vorstellung argumentativ zu vertreten, ein Indiz dafür, daß er keine klare Vorstellung hatte. Und gewiß sollten die Leser des Dialogs, ursprünglich sicher die Schüler der Akademie, den Dialog und die Methode der Gesprächsführung kritisch analysieren und sich daran schulen.

Im Dialog herrscht eine Asymmetrie: Einer, der in seinem Denken, dem Dialog der Seele mit sich selbst, zu einem – vorläufigen – Ergebnis gekommen ist, setzt das Ergebnis der Kritik, der Prüfung eines anderen aus mit dem Ziel, sich seiner selbst zu vergewissern oder sich widerlegen zu lassen. Daraus resultiert die Überlegenheit des Sokrates.

Die Übereinstimmung vernünftiger Gesprächspartner wird angestrebt. Euthyphron leistet seinen Beitrag nur unvollkommen. Es wird deutlich, daß die herkömmlichen religiösen Vorstellungen im Glauben nicht mehr verankert sind. Darin liegt die Berechtigung, nach neuen Inhalten zu suchen.

Sokrates hat das Wesen des Menschen in der Vernunft verankert. Vernunft ist das der Wahrhaftigkeit verpflichtete, sich der begrifflichen Strenge unterwerfende begründende und argumentierende Denken. Ziel des Denkens ist nicht die Durchsetzung individueller Interessen, sondern die intersubjektive Verständigung. Das Denken ist dialogisch und auf den Dialog angewiesen. Es verknüpft den einzelnen mit der Gesellschaft. Es verpflichtet, ethische Erkenntnis handelnd umzusetzen (vgl. Kap. 13). Es konstituiert die Autonomie des Menschen als denkendes und handelndes Individuum.

7. Betrügerische und ernsthafte Untersuchung

Sokrates hatte an den Politikern, Dichtern und Handwerkern erfahren müssen, wie Unterlegenheit im Dialog Haß erzeugt. Wir lesen bei Platon, welchen Vorwürfen Sokrates ausgesetzt gewesen sein dürfte:

> „Dieser Mann wird nie aufhören, leeres Geschwätz zu treiben. Sage mir, Sokrates, schämst du dich nicht, in deinem Alter auf Worte Jagd zu machen, und wenn jemand in einem Wort fehlt, dies für einen großen Fund zu achten?"
>
> *Gorgias, 489b (Übersetzung: F. Schleiermacher)*

„Den Leuten, die dem, was du jeweils sagst, zuhören, passiert etwa folgendes: Sie meinen, sie würden infolge ihrer Unerfahrenheit im Fragen und Antworten durch den Gang des Gesprächs bei jeder Frage zwar nur eine Kleinigkeit von ihrem Weg abgebracht; wenn man die Kleinigkeiten addiere, so zeige sich aber am Ende der Argumentation, daß das Ziel weit verfehlt worden sei und das Ergebnis im Gegensatz zu dem stehe, wovon man ausgegangen sei. ... Die Wahrheit werde so jedenfalls nicht ans Licht gebracht."

Platon, Staat, 487b-c (vgl. Kap. 9)

Wir haben Sokrates bisher unterstellt, daß es ihm, auch wenn er in seiner Fragetechnik unvermittelt die Richtung ändert, immer um die Sache gehe; es erweise die ungenügende Sachkenntnis und Dialogfähigkeit seines Gegenübers, wenn dieser unkritisch dem Gang der Untersuchung folge und sich plötzlich einem Ergebnis gegenübersehe, das seinen Intentionen widerspricht.

Vielleicht sollten wir jedoch nicht zu vorschnell die Möglichkeit ausschließen, daß auch Sokrates hier und da seinen Partner austricksen wollte und er dann doch nicht so schuldlos an dem ihn nachahmenden Treiben der Jugend ist (vgl. Kap. 10).

In Platons „Theaitet" jedenfalls mahnt er sich selbst, in die Rolle des Protagoras schlüpfend:

„Nur dieses beobachte: Betrüge nicht im Fragen. Es ist ja auch die größte Unvernunft, wenn einer sagt, es sei ihm nur an der Tugend gelegen, und sich dann doch nicht anders als betrügerisch in seinen Reden beweist. Betrügen aber heißt in dieser Sache, wenn jemand nicht dieses beides gänzlich voneinander trennt, nämlich anders, wenn er nur streiten will, seine Unterredungen einrichtet, anders aber wieder, wenn er untersuchen will, und im ersten Falle zwar immerhin scherzt und überlistet, soviel er kann, bei der ordentlichen Untersuchung dagegen ernsthaft ist und den mit ihm Untersuchenden zurechtweist, nur diejenigen Fehler ihm aufzeigend, zu denen er durch sich selbst und durch die, mit denen er früher umging, verleitet worden. Wenn du es nun so machst, werden diejenigen, welche sich mit dir unterhalten, sich selbst die Schuld beimessen an ihrer Verwirrung und Ungewißheit, nicht aber dir, und werden dir nachgeben und dich lieben, sich selbst aber hassen, und von sich entfliehen in die Philosophie, damit sie andere werden und nicht länger die bleiben, die sie vorher waren. Wofern du aber, wie die meisten, das Gegenteil hiervon tust: So wirst du auch das Gegenteil erfahren, und die, welche mit dir umgehen, anstatt zu Philosophen vielmehr zu Feinden dieser Sache machen, wenn sie werden älter geworden sein."

167d-168b (Übersetzung: F. Schleiermacher)

Ernst Heitsch vertritt die Auffassung, daß Platon in seinen frühesten, vielleicht schon vor 399 veröffentlichten Dialogen „Ion" und „Der kleinere Hippias" den „streitbaren" und „betrügerischen" Sokrates gezeichnet habe (Gymnasium 2003, S. 109-129). Wir tun offenbar gut daran, uns Sokrates nicht gar zu ernst vorzustellen. Er mag durchaus auch hin und wieder sein diebisches Vergnügen darin gefunden haben, einen Zeitgenossen auszutricksen. Sein Meletosverhör vermittelt einen Eindruck davon.

8. Mündlichkeit und Schriftlichkeit

Sokrates konnte schreiben, schon der Beruf des Steinmetzen erforderte das. Er hat nichts Schriftliches hinterlassen, darin Jesus vergleichbar. Warum? Vielleicht, weil die Lebendigkeit des Gesprächs nicht fixierbar ist oder weil er den Eindruck vermeiden wollte, er habe Wissen nach der Art der Sophisten wie Ware zu verkaufen (vgl. Kap. 4).

Platon hat sich – zum Glück für die Nachwelt – über die Skrupel hinweggesetzt. Die Bedenken gegen die Verschriftlichung hat er in einem Gespräch mit Phaidros geäußert:

> „Wer also eine Kunst in Schriften hinterläßt, und auch wer sie aufnimmt, in der Meinung, daß etwas Deutliches und Sicheres durch die Buchstaben kommen könne, der ist einfältig genug und weiß in Wahrheit nichts von der Weissagung des Ammon, wenn er glaubt, geschriebene Reden wären noch sonst etwas als nur demjenigen zur Erinnerung, der schon das weiß, worüber sie geschrieben sind.
> Sehr richtig.
> Denn dieses Schlimme hat doch die Schrift, Phaidros, und ist darin ganz eigentlich der Malerei ähnlich; denn auch diese stellt ihre Ausgeburten hin als lebend, wenn man sie aber etwas fragt, so schweigen sie gar ehrwürdig still. Ebenso auch die Schriften: Du könntest glauben, sie sprächen, als verständen sie etwas, fragst du sie aber lernbegierig über das Gesagte, so bezeichnen sie doch nur stets ein und dasselbe. Ist sie aber einmal geschrieben, so schweift auch überall jede Rede gleichermaßen unter denen umher, die sie verstehen, und unter denen, für die sie nicht gehört, und versteht nicht, zu wem sie reden soll und zu wem nicht. Und wird sie beleidigt oder unverdienterweise beschimpft, so bedarf sie immer ihres Vaters Hilfe; denn selbst ist sie weder sich zu schützen noch zu helfen imstande.
> Auch hierin hast du ganz recht gesprochen.
> Wie aber? Wollen wir nicht nach einer anderen Rede sehen, der echtbürtigen Schwester von dieser, wie sie entsteht und wieviel besser und kräftiger als jene sie gedeiht?

Welche doch meinst du, und wie soll sie entstehen?

Welche mit Einsicht geschrieben wird in des Lernenden Seele, wohl imstande, sich selbst zu helfen, und wohl wissend zu reden und zu schweigen, gegen wen sie beides soll.

Du meinst die lebende und beseelte Rede des wahrhaft Wissenden, von der man die geschriebene mit Recht wie ein Schattenbild ansehen könnte."

Phaidros, 275c-276a (Übersetzung: F. Schleiermacher)

Die Schrift hat in der griechisch-römischen Antike nie eine Bedeutung gehabt von der Art, wie sie das Judentum kannte und kennt. Als Moses vom Berg Sinai herabstieg, heißt es von ihm:

Er „hatte zwei Tafeln des Zeugnisses in seiner Hand, die waren beschrieben auf beiden Seiten. Und Gott hatte sie selbst gemacht und selber die Schrift eingegraben."

2. Mose, 32, VV. 15 u. 16 (Übersetzung: M. Luther)

Als ebenso heilig gilt dem Islam der Koran. Für die Griechen war Schrift immer nur Mittel der Kommunikation und geistigen Auseinandersetzung. Sie wurde nie Bezugspunkt eines Fundamentalismus.

„Denn der Buchstabe tötet, aber der Geist macht frei"

schreibt Paulus an die Gemeinde in Korinth (2. Kor., 3, V. 6, Übersetzung: M. Luther).

Vielleicht befinden wir uns auch mit den platonischen Schriften nur im Vorhof seiner Lehre, und er hat, was er für das Wesentliche hielt, der Mündlichkeit, dem lebendigen Gedankenaustausch, vorbehalten.

9. Der dritte Umbruch

Ging es bei Platon um Mündlichkeit und Schriftlichkeit, so heute um Schriftlichkeit und elektronische Medien. Wir erleben nach den Übergängen zur Schriftlichkeit und zum Druck den dritten Umbruch. Die neue Form der Wissensübermittlung begegnet ähnlicher Skepsis wie seiner Zeit die Schrift. Wolfgang Frühwald schreibt:

„Wenn die meditative Privatlektüre ... der Königsweg der bürgerlichen Individuation gewesen ist – wie Jürgen Habermas festgestellt hat –, so ist mit dem heraufdämmernden Ende der sich verlierenden Galaxis Gutenbergs auch das Ende dieses Königswegs, das Ende des abendländischen Begriffs von Individualität und der ihr entsprechenden Wissensgenerierung in „Einsamkeit und Freiheit" erreicht."

a.a.O., S. 10f.

Ist die Skepsis grundsätzlicher Natur, oder wird sie auch eines Tages von einer positiven Bewertung abgelöst? Ist die Entwicklung an ein Ende gelangt, oder werden noch andere Möglichkeiten der Kommunikation eröffnet?

In einem Vortrag im Rahmen der Tele-Akademie hat Wolfgang Frühwald auch auf das folgende Phänomen aufmerksam gemacht (Süd-West-Fernsehen am 09.03.2003). Auf die sprachliche Kommunikation prinzipiell gleichrangiger Lehrender und Lernender, Erfahrener und neugierig Beginnender ist die Humboldtsche Universität gegründet. Beide vereint das gemeinsame Interesse an der Forschung, der Mehrung des unendlichen und unerschöpflichen Wissens (vgl. Kap. 9). Die Idee Humboldts wird heute von zwei Gefahren bedroht: 1. Wissen gilt als umso wertvoller, je mehr es sich ökonomisch verwerten läßt. 2. Sprache wird zunehmend geringgeschätzt. An ihre Stelle treten Formeln und Experimente. Kommunikation geschieht nicht durch Beschreibung, sondern durch Nachvollzug. Einziges Heilmittel ist die Rückkehr zur Sprache.

Bei Sokrates ging es zwar nicht um einen Kampf gegen Formeln und Experimente, wohl aber darum, Sprache als Mittel der Erkenntnisgewinnung ernst zu nehmen, und darum, Wissen nicht als Ware verkommen zu lassen, sondern als etwas Unabgeschlossenes und Unabschließbares, als Stufe in einem Kommunikationsprozeß zu verstehen.

Detlef Horster hat darauf aufmerksam gemacht, daß das sokratische Gespräch im Philosophieunterricht wieder an Bedeutung gewinnt. Entscheidend ist für die modernen Philosophen wie für Sokrates, daß man nicht die Philosophie lernen kann, sondern nur das Philosophieren. Deswegen kommt es wesentlich auf die Methode an. Und wichtig ist für die modernen Philosophen wie für Sokrates, daß es immer um zweierlei geht, die Sache und den Menschen, bei Sokrates vielleicht eher noch: den Menschen und die Sache (vgl. Kap. 16).

16. Kapitel
(28a-d)

Innengeleitet und außengeleitet

„Aber schämst du dich denn nicht, Sokrates, daß du dich mit solchen
Dingen befaßt hast, die dich nun in Gefahr bringen zu sterben?"

1. Text

„Jedoch, ihr Athener, daß ich nicht strafbar bin in Beziehung auf die Anklage des
Meletos, darüber scheint mir keine große Verteidigung nötig zu sein, sondern
schon dieses ist genug. Was ich aber bereits im vorigen sagte, daß ich bei vielen
gar viel verhaßt bin, wißt ihr, das ist wahr. Und das ist es auch, dem ich unterliegen werde, wenn ich unterliege, nicht dem Meletos, nicht dem Anytos, sondern
dem üblen Ruf und dem Haß der Menge, dem auch schon viele andere treffliche
Männer unterliegen mußten und, glaube ich, noch ferner unterliegen werden,
und es ist wohl nicht zu besorgen, daß er bei mir sollte stehenbleiben. Vielleicht
aber möchte einer sagen: Aber schämst du dich denn nicht, Sokrates, daß du dich
mit solchen Dingen befaßt hast, die dich nun in Gefahr bringen zu sterben? Ich
nun würde diesem die billige Rede entgegnen: Nicht gut sprichst du, lieber
Mensch, wenn du glaubst, Gefahr um Leben und Tod müsse in Anschlag bringen, wer auch nur ein weniges nutz ist, und müsse nicht vielmehr allein darauf
sehen, wenn er etwas tut, ob es recht getan ist oder unrecht, ob eines rechtschaf-
fenen Mannes Tat oder eines schlechten. Denn Elende wären ja nach deiner Rede
die Halbgötter gewesen, welche vor Troja geendet haben, und vorzüglich vor andern der Sohn der Thetis, welcher, ehe er etwas Schändliches ertragen wollte, die
Gefahr so sehr verachtete, daß er – obgleich seine Mutter, die Göttin, als er sich
aufmachte, den Hektor zu töten, ihm so ungefähr, wie ich glaube, zuredete:
Wenn du, Sohn, den Tod deines Freundes Patroklos rächst und den Hektor tö-
test, so mußt du selbst sterben; denn, sagte sie, alsbald nach Hektor ist dir dein
Ende geordnet – er dieses hörend also dennoch den Tod und die Gefahr gering
achtete und, weit mehr fürchtend, als ein schlechter Mann zu leben, und die
Freunde nicht zu rächen, ihr antwortete: ‚Möcht' ich sogleich hinsterben, nachdem ich den Beleidiger gestraft, und nicht verlacht hier sitzen an den Schiffen,
umsonst die Erde belastend.' Meinst du etwa, der habe sich um Tod und Gefahr
bekümmert? Denn so, ihr Athener, verhält es sich in der Tat. Wohin jemand sich
selbst stellt in der Meinung, es sei da am besten, oder wohin einer von seinen

Oberen gestellt wird, da muß er, wie mich dünkt, jede Gefahr aushalten und weder den Tod noch sonst irgend etwas in Anschlag bringen gegen die Schande."

2. Achill und Sokrates

War Sokrates eben noch voller Eifer und Angriffslust, so schlägt die Stimmung jetzt um. Hatte er eben von seinen gegenwärtigen Anklägern gesprochen, denen gegenüber er guten Mutes und zuversichtlich ist, so kehrt er nun zu der seit langem schwelenden Anklage zurück (vgl. Kap. 2). Daß man gegen ihn stimmen und auf die Todesstrafe erkennen wird, erscheint ihm unausweichlich – trotz der von ihm vorgebrachten Argumente. Den Richtern stellt er damit kein gutes Zeugnis aus. An wen mochte er denken, wenn er von anderen trefflichen Männern spricht, die dem Haß der Menge unterliegen mußten? Vielleicht an Themistokles, den Sieger der Schlacht bei Marathon (480), der des Landes verwiesen und schließlich zum Tode verurteilt worden war, oder an die erfolgreichen Feldherrn der Schlacht bei den Arginusen, den nahe Lesbos gelegenen Inseln (406), die ebenfalls zum Tode verurteilt worden waren (vgl. Kap 20)? Er wird nicht der letzte in dieser Reihe sein. So sehr er an die Vernunft des einzelnen glaubt, so pessimistisch ist er, wenn es um die Menge geht. Immer wieder läßt er seine Vorbehalte gegenüber der Demokratie und ihren Organen durchblicken.

Indem er sich so in eine Reihe mit trefflichen Männern stellt, gewinnen sein Prozeß und sein Tod etwas Schicksalhaftes. Sie werden relativiert, sind Momente in einer Ereigniskette.

„Schämst du dich nicht", läßt er sich von jemandem fragen, „daß du dich mit solchen Dingen befaßt hast, die dich nun in Gefahr bringen zu sterben?" Wie im Deutschen die Begriffe „Scham" und „Schande" zusammengehören, so auch im Griechischen. Als eine Sokrates zurechenbare Schuld und Schande möchte die Frage sein Verhalten qualifizieren. Er hat es versäumt, die Folgen seines Tuns zu bedenken (vgl. Kap. 19, Kap. 29). „Anthrope", „Mensch", redet Sokrates den Frager an: Um eine „anthropine sophia", eine „menschliche Weisheit", geht es in dem, was er antwortet (vgl. Kap. 9): Es gibt einen höheren Wert als das Leben: das Rechte (vgl. Kap. 1). Wie wird erkannt, was das Rechte jeweils ist?

Sokrates orientiert sich zunächst an der Tradition, an den Heroen, an dem, was Homer erzählt, und beweist damit, daß er sich bei aller Kritik an Dichtern (vgl. Kap. 7) doch durchaus der Überlieferung verpflichtet weiß. Das ist nicht ungewöhnlich. Aristoteles verweist in der „Nikomachischen Ethik" mehrfach auf mythische Helden als Vorbilder, und der Apostel Paulus beschwört in seinem Brief an die Hebräer ein ganzes Heer von Glaubenszeugen aus dem Alten Testament (Kapitel 11). Sich an Vorbildern zu orientieren, ist ja auch uns durchaus noch geläufig.

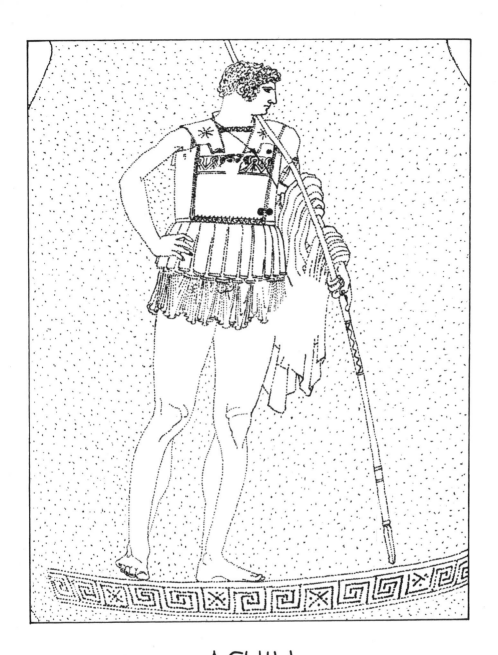

ACHILL

attische Amphora
aus der 2. Hälfte des 5. Jh. v. Chr.

Achill reagierte auf die Ankündigung seiner Mutter Thetis, daß er bald nach Hektors Tod werde sterben müssen, so:

> „Sogleich möchte ich tot sein, weil ich doch nicht in der Lage war, dem
>   Gefährten (Patroklos)
> Als er fiel, beizustehen. Der nun ging sehr fern von seiner Heimat
> Zugrunde, ich aber hätte das Unheil von ihm abwehren müssen.
> Nun, da ich in meine Heimat nicht zurückkehren werde
> Und da ich für Patroklos nicht und nicht für die anderen vielen Gefähr-
>   ten,
> Die von dem göttlichen Hektor getötet wurden, ein Retter war,
> Sondern bei den Schiffen sitze als nutzlose Last der Erde, ...
> Nun werde ich gehen, um den Vernichter des lieben Freundes zu tref-
>   fen,
> Hektor. Dann will ich das Todeslos entgegennehmen,
> Wann immer Zeus und die anderen unsterblichen Götter es verlangen
>   wollen.
> Denn selbst der starke Herakles entging nicht dem Todesgeschick,
> Obwohl er doch der Liebste war Zeus, dem Sohn des Kronos, dem
>   Herrscher,
> Aber auch ihn bezwang das Schicksal und der leidbringende Zorn der
>   Hera.
> So werde auch ich, wenn mir das gleiche Schicksal beschieden ist,
> Tot daliegen, nachdem ich gestorben bin. Nun aber will ich herrlichen
>   Ruhm gewinnen."

Homer, Ilias, 18, VV. 98-121

Achill hatte sich, weil er sich von Agamemnon in seiner Ehre gekränkt fühlte, vom Kampf zurückgezogen, es dann aber zugelassen, daß sein Freund Patroklos in seiner – Achills' – Rüstung den Troern entgegentrat. Nun empfindet er Scham, und er fühlt sich schuldig, Er war dem Gefährten zu nichts nutze. Er würde nun auch in Zukunft ein nutzloses Leben fristen, wenn er nicht wenigstens den Tod des Freundes rächte. Nur dadurch vermöchte er Ruhm gewinnen, sein Andenken bei der Nachwelt bewahren. Der Tod schreckt ihn nicht. Trifft er doch jeden, und der Zeitpunkt liegt ohnehin nicht in des Menschen Hand.

Vor sich selbst will Achill bestehen und vor der Nachwelt. Sokrates fügt noch den Aspekt der Achtung der Mitwelt hinzu: Achill will nicht „verlacht" sein.

Sokrates zitiert die Tradition, weiß sich zugleich aber in großer Distanz zu ihr: Achill fügt sich einer gesellschaftlichen Norm. Es ist undenkbar, daß er in seiner Situation weiterhin tatenlos dem Geschehen zuschaut. Täte er das, stellte er sich außerhalb der Gesellschaft, verlöre er seinen Wert, seine Ehre. Anders Sokrates: Er hat sich offensichtlich gegensätzlich zu den in der Polis geltenden Normen verhalten, und er entscheidet sich dafür, sein Verhalten nicht zu ändern.

Man hat Sokrates als den „innengeleiteten Menschen" bezeichnet im Unterschied zu Achill als dem „außengeleiteten Menschen" und im Unterschied zu dem „manipulierten Menschen" unserer Gegenwart (vgl. Paul Barrié in: Hermann Funke (Hg.), a.a.O., S. 218). Im Gegensatz zum außengeleiteten orientiert sich der manipulierte Mensch nicht an einer allgemein anerkannten gesellschaftlichen Norm wie Achill an der Ehre, sondern an wechselnden Einflüssen, die von einzelnen, einer Gruppe oder von den Medien ausgeübt werden. Die Instabilität ist das Merkmal des manipulierten Menschen.

So wie Achills Ehre als Ehrung von der Wertung der Mit- und Nachwelt abhängt, so in dem Geschichtswerk Herodots das Glück des Lyderkönigs Kandaules von seinem Vasallen Gyges – er will sich von ihm die einzigartige Schönheit seiner Frau bestätigen lassen –, und das Glück seines späteren Nachfolgers Kroisos von seinem griechischen Gast Solon: Er will sich von ihm die Einzigartigkeit seines Reichtums bestätigen lassen (1, 8-13, 29-33).

Gelingt Achill mit dem Sieg über Hektor die sein Leben sinnvoll abschließende Tat, so scheitern Kandaules und Kroisos, jener an der Mißachtung eines Tabus, dieser an der Gier nach Macht. Hätten sie auf die Warnungen gehört, hätte vielleicht die Chance auf Rettung bestanden.

Sokrates verkörpert ein neues Menschenbild. Bescheidung, Besinnung auf sich selbst, Verzicht auf Erfolge und Anerkennung von außen.

Ein Zweites: Als verpflichtend betrachtet Sokrates die Gesetze der Polis:

> „Wohin einer von seinen Oberen gestellt wird, da muß er, wie mich dünkt, jede Gefahr aushalten und weder den Tod noch sonst irgend etwas in Anschlag bringen gegen die Schande."

Mit dem letzten Wort nimmt er den Anfang auf:

> „Schämst du dich nicht?"

Wir haben gesehen (vgl. Kap. 2), wie Sokrates aus dieser Verpflichtung die Überzeugung ableitet, sich verteidigen zu müssen.
Und schließlich ein Drittes:

> „Wohin jemand sich selbst stellt in der Meinung, es sei da am besten, ... da muß er, wie mich dünkt, jede Gefahr aushalten und weder den Tod noch sonst irgend etwas in Anschlag bringen."

Sokrates weiß sich als Person, die sich von einer Grundüberzeugung leiten läßt und dadurch ihrem Leben Konsequenz, Einheit und Identität verleiht. Er ist sich seiner als eines besonderen, unverwechselbaren, von den anderen unterschiedenen und auf sich gestellten Wesens bewußt. Er weiß sich als autonom.

Woher gewinnt er die Sicherheit, daß etwas am besten sei? Konnte sich Achill auf die Adelsethik, Antigone auf „das ungeschriebene, unumstößliche Gesetz der Götter" (Sophokles, Antigone, VV. 454-55), das einen blutsverwandten

Toten (VV. 519, 991-1002) zu begraben verlangt, berufen, so fehlt der eigenen Überzeugung ein solcher Halt.

Wie bildet sich Sokrates seine Überzeugung?

Es sei angemerkt, daß der römische Kaiser Marc Aurel (er regierte von 161-180), der stoische Philosoph auf dem Thron, zwei Passagen dieses 16. Kapitels wörtlich in seine Schrift „Wege zu sich selbst" aufgenommen hat (7, 44 und 45). Es sind die Sätze, die den Rekurs auf Achill umrahmen und in denen der absolute Primat der Sittlichkeit beschworen wird. Die stoische Ethik ist stark von Sokrates geprägt worden. Auch dieses Diktum des Philosophenkaisers ist gut sokratisch, wie das folgende Kapitel zeigen wird:

> „Wer unrecht tut, tut es an sich selbst, weil er sich selbst schlecht macht."
>
> *9, 4*

17. Kapitel
(29b-30e)

Ethik und Glück

„Solange ich noch atme und es vermag, werde ich nicht aufhören,
nach Weisheit zu suchen und euch zu ermahnen.“

1. Text

„Ich also hätte Arges getan, ihr Athener, wenn ich, als die Befehlshaber mir einen Platz anwiesen, die ihr gewählt hattet, um über mich zu befehlen, bei Potidaia, bei Amphipolis und Delion, damals also, wo jene mich hinstellten, gestanden hätte wie irgendein anderer und es auf den Tod gewagt; wo aber der Gott mich hinstellte, wie ich es doch glaubte und annahm, damit ich in Aufsuchung der Weisheit mein Leben hinbrächte und in Prüfung meiner selbst und anderer, wenn ich da, den Tod oder irgend etwas fürchtend, aus der Ordnung gewichen wäre. Arg wäre das, und dann in Wahrheit könnte mich einer mit Recht hierher führen vor Gericht, weil ich nicht an die Götter glaubte, wenn ich dem Orakel unfolgsam wäre und den Tod fürchtete und mich weise dünkte, ohne es zu sein. Denn den Tod fürchten, ihr Männer, das ist nichts anderes als sich dünken, man wäre weise, und es doch nicht sein. Denn es ist ein Dünkel, etwas zu wissen, was man nicht weiß. Denn niemand weiß, was der Tod ist, nicht einmal, ob er nicht für den Menschen das größte ist unter allen Gütern. Sie fürchten ihn aber, als wüßten sie gewiß, daß er das größte Übel ist. Und wie wäre dies nicht eben derselbe verrufene Unverstand, die Einbildung, etwas zu wissen, was man nicht weiß. Ich nun, ihr Athener, übertreffe vielleicht um dasselbe auch hierin die meisten Menschen. Und wollte ich behaupten, daß ich um irgend etwas weiser wäre: So wäre es um dieses, daß, da ich nichts ordentlich weiß von den Dingen in der Unterwelt, ich es auch nicht glaube zu wissen; gesetzwidrig handeln aber und dem Besseren, Gott oder Mensch, ungehorsam sein, davon weiß ich, daß es übel und schändlich ist. Im Vergleich also mit den Übeln, die ich als Übel kenne, werde ich niemals das, wovon ich nicht weiß, ob es nicht ein Gut ist, fürchten oder fliehen. So daß, wenn ihr mich jetzt lossprecht, ohne dem Anytos zu folgen, welcher sagt, entweder sollte ich gar nicht hierher gekommen sein, oder nachdem ich einmal hier wäre, sei es ganz unmöglich, mich nicht hinzurichten, indem er euch vorstellt, wenn ich nun durchkäme, dann erst würden eure Söhne sich dessen recht befleißigen, was Sokrates lehrt, und alle ganz und gar verderbt werden; wenn ihr mir hierauf sagtet: Jetzt, Sokrates, wollen wir zwar dem Anytos nicht folgen, sondern lassen dich los, unter der Bedingung jedoch, daß du diese Nachforschung nicht mehr betreibst und nicht mehr nach Weisheit suchst; wirst du aber noch einmal darauf betroffen, daß du dies tust, so mußt du sterben; wenn ihr mich also, wie gesagt, auf diese Bedingung losgeben wolltet, so würde ich zu euch sprechen: Ich bin euch, ihr Athener, zwar zugetan und Freund, gehorchen aber werde ich dem Gotte mehr als euch, und solange ich noch atme und es vermag, werde ich nicht aufhören, nach Weisheit zu suchen und euch zu ermahnen und zu beweisen, wen von euch ich antreffe, mit meinen gewohnten Reden, wie: Bester Mann, als ein Athener, aus der größten und für Weisheit und Macht berühmtesten Stadt, schämst du dich nicht, für Geld zwar zu sorgen, wie du dessen aufs meiste erlangst, und für Ruhm und Ehre, für Einsicht aber und Wahrheit und für deine Seele, daß sie sich aufs beste befinde, sorgst du nicht und hieran willst du nicht denken? Und wenn jemand unter euch dies leugnet und behauptet, er denke wohl daran, werde ich ihn nicht gleich loslassen und fortgehen, sondern ihn fragen und prüfen und ausforschen. Und wenn mich dünkt, er besitze keine Tugend, behaupte es aber: so werde ich es ihm verweisen, daß er das Wichtigste geringer achtet und das Schlechtere höher. So werde ich mit Jungen und Alten, wie ich sie eben treffe, verfahren, und mit Fremden und Bürgern, um soviel mehr aber mit euch Bürgern, als ihr mir näher verwandt seid. Denn so, wißt nur, befiehlt es der Gott. Und ich meines Teils glaube, daß noch nie ein größeres Gut dem Staate widerfahren ist als dieser Dienst, den ich dem Gott leiste. Denn nichts anderes tue ich, als daß ich umhergehe, um jung und alt unter euch zu überreden, ja nicht für den Leib und für das Vermögen zuvor noch überhaupt so sehr zu sorgen wie für die Seele, daß diese aufs beste gedeihe, indem ich zeige, daß nicht aus dem Reichtum die Tugend entsteht, sondern aus der Tugend der Reichtum und alle andern menschlichen Güter insgesamt, eigentümliche und gemeinschaftliche. Wenn ich nun durch solche Reden die Jugend verderbe, so müßten sie ja schädlich sein; wenn aber jemand sagt, ich rede etwas anderes als dies, der sagt nichts. Demgemäß nun, würde ich sagen, ihr Athenischen Männer, gehorcht nun dem Anytos oder nicht, sprecht mich los oder nicht, aber seid gewiß, daß ich auf keinen Fall anders handeln werde, und müßte ich noch so oft sterben."

2. Die Belagerung und Einnahme von Potidaia

„Ich hätte Arges getan, ihr Athener, wenn ich, ... wo ... der Gott mich hinstellte, wie ich es doch glaubte und annahm, ... den Tod oder irgend etwas fürchtend, aus der Ordnung gewichen wäre."

Sokrates beweist mit seiner Biographie, daß er im peloponnesischen Krieg (431-404) dort seinen Mann gestanden hat, wo die von der Volksversammlung gewählten Befehlshaber ihm seinen Platz angewiesen haben. Und dabei stand durchaus das Leben auf dem Spiel. Nicht für Kadavergehorsam um jeden Preis tritt er ein, sondern für Gehorsam gegenüber den gemäß den Gesetzen der demokratisch verfaßten Polis bestellten Strategen. Nur unter der Voraussetzung der Anerkenntnis einer derartigen Gehorsamsverpflichtung kann ein Gemeinwesen bestehen.

> „In den Angelegenheiten des Staates halten wir uns hauptsächlich aus Furcht an die Gesetze; wir gehorchen den jeweiligen Beamten und den Gesetzen."

So formuliert Perikles in der bei Thukydides überlieferten Rede auf die Gefallenen (2, 37). Die im Folgenden erwähnten Schlachten trugen sich im ersten Jahrzehnt des peloponnesischen Krieges zu, also zwischen dem 40. und 50. Lebensjahr des Sokrates. Eine Wehrpflicht bestand zwischen dem 20. und 50. Lebensjahr, in Notfällen wurde auch auf Jüngere, 18-20-jährige, und Ältere bis zum 60. Lebensjahr zurückgegriffen.

Potidaia war eine Stadt auf dem westlichen Finger der Halbinsel Chalkidike. Sie war um 600 von Korinth als Kolonie gegründet worden. Sie gehörte dem attisch-delischen Seebund an, einem von Athen dominierten Bündnis zahlreicher Inseln und Küstenstädte. 432 fiel sie von Athen ab. Nach zweijähriger Belagerung mußte sie sich 430/29 ergeben. Mit Sokrates' Teilnahme an dieser Belagerung gewinnen wir – abgesehen von dem Geburtsdatum 469 – das erste gesicherte Datum seines Lebens.

In Platons „Symposion" erzählt Alkibiades bewundernd von Sokrates' vorbildlichem Verhalten:

> „Da nun übertraf er zuerst in Ertragung aller Beschwerden nicht nur mich, sondern alle insgesamt. Denn wenn wir etwa irgendwo abgeschnitten waren und, wie es im Felde wohl geht, hungern mußten: so war das nichts gegen ihn, wie es die andern aushielten. Und auch wenn hoch gelebt wurde, verstand er allein zu genießen. ... Im Ertragen von Witterung aber, die Winter sind dort ... furchtbar, trieb er es bewundernswürdig weit, auch sonst immer, besonders aber einmal, als der Frost so heftig war, wie man sich nur denken kann, und die andern entweder gar nicht hinausgingen, oder, wer es etwa tat, wunder wieviel Anzug und Schuhe unterband und die Füße einhüllte in Filz und Pelz: da ging dieser hinaus in ebensolcher Kleidung, wie er sie immer zu tragen pflegt, und ging unbeschuht weit leichter über das Eis hin als die anderen in Schuhen. Die Kriegsmänner sahen ihn auch scheel an, als verachte er sie.
>
> Wollt ihr ihn auch in der Schlacht sehen – denn es ist billig, ihm das auch nachzurühmen: Als nämlich das Gefecht vorfiel, bei welchem mir die Heerführer den Preis zuerkannten, hat mich kein andrer Mensch gerettet als dieser, der mich Verwundeten nicht verlassen wollte und so

meine Waffen und mich selbst glücklich mit durchbrachte. Auch drang ich damals darauf, Sokrates, daß die Heerführer dir den Preis erteilen sollten, was du auch weder tadeln wirst noch sagen, daß ich lüge; allein, wie die Heerführer auf meine Vornehmheit Rücksicht nahmen und mir ihn geben wollten, so warst du noch eifriger darauf als die Heerführer, daß ich ihn erhalten sollte und nicht du selbst."

219e-220e (Übersetzung: F. Schleiermacher)

Bemerkenswert, wie Sokrates allein durch sein ungewöhnliches Verhalten Neid erregt. Gewisse hier angesprochene Züge hat der Kyniker Diogenes verabsolutiert und übersteigert.

3. Die Flucht beim Delion

Amphipolis war ein strategisch wichtiger Ort: Zwischen zwei Gebirgszügen kontrollierte er den Weg von Makedonien nach Thrakien. 437 hatten die Athener hier eine Kolonie gegründet. 424/23 ergab sie sich den Spartanern. Da die Athener vor allem Holz für den Schiffsbau aus dieser Gegend bezogen, traf sie der Verlust schwer. 422/21 versuchten sie vergeblich, die Stadt zurückzuerobern.

Der Name des Apollonheiligtums Delion an der Küste Boiotiens, nahe der attischen Grenze, verbindet sich ebenfalls mit einer Niederlage. Die Athener hatten sich dort 424 verschanzt, wurden aber nach kurzer Belagerung von den Boiotern vertrieben. Hören wir von Alkibiades, was sich dort zutrug:

„Besonders noch, ihr Männer, war es sehr viel wert, den Sokrates zu sehen, als sich das Heer vom Delion fliehend zurückzog. Denn ich war zu Pferde dabei, er aber in schwerer Rüstung zu Fuß. Er zog sich also zurück, erst als das Volk schon ganz zerstreut war, er und Laches. Ich komme dazu und erkenne sie und rede ihnen sogleich zu, guten Mutes zu sein, und sagte, daß ich sie nicht verlassen würde. Da konnte ich nun den Sokrates noch schöner beobachten als bei Potidaia – denn ich selbst war weniger in Furcht, weil ich zu Pferde war –, zuerst, wie weit er den Laches an Fassung übertraf, und dann schien er mir nach deinem Ausdruck, Aristophanes, auch dort einherzugehen „stolzierend und stier seitwärts hin werfend die Augen", ruhig umschauend nach Freunden und Feinden; und jeder mußte es sehen schon ganz von ferne, daß, wenn einer diesen Mann berührte, er sich aufs kräftigste verteidigen würde. Darum kamen sie auch unverletzt davon, er und der andere. Denn meist werden die, welche sich so zeigen, im Kriege gar nicht angetastet, sondern man verfolgt nur die, welche in voller Hast fliehen."

220e-221b (Übersetzung: F. Schleiermacher)

Laches galt als ein sehr tapferer Mann. 427 war er Stratege gewesen, bei dem De-lion kämpfte er als einfacher Hoplit mit. In dem nach ihm benannten Dialog Pla-tons wird die Frage erörtert, was Tapferkeit ist. Laches äußert sich über Sokra-tes:

> „Bei der Flucht vor Delion ging er mit mir zurück, und … wenn die üb-rigen sich hätten so beweisen wollen, unsere Stadt wäre damals bei Eh-ren geblieben und hätte nicht einen so schmählichen Sturz erlitten."
>
> *181b (Übersetzung: F. Schleiermacher)*

Auch Berthold Brecht hat Sokrates' Tapferkeit in der Schlacht beim Delion ge-priesen. Er berichtet von ihr in der Geschichte mit dem Titel „Der verwundete Sokrates". Als Vorlage diente ihm Georg Kaisers (1878-1945) 1920 uraufgeführ-tes Drama „Der gefesselte Alkibiades" (K. Döring, a.a.O., S. 176/77).

Sokrates war auf der Flucht in ein Stoppelfeld geraten, spürte einen Schmerz: „Ein Dorn hatte die dünne Ledersohle (seiner Sandale) durchbohrt und stak tief im Fleisch." Da tauchten die Feinde auf. Bei Brecht sind es Perser. Sokrates sah sich ihnen hilflos ausgeliefert.

> „Er wußte nicht, was machen, und plötzlich fing er an zu brüllen. Ge-nau beschrieben war es so: Er hörte sich brüllen. Er hörte sich aus sei-nem mächtigen Brustkasten brüllen wie eine Röhre: „Hierher, dritte Abteilung! Gebt ihnen Saures, Kinder!"
> Und gleichzeitig sah er sich, wie er das Schwert faßte und es im Kreise um sich schwang; denn vor ihm stand, aus dem Gestrüpp aufgetaucht, ein persischer Soldat mit einem Spieß. Der Spieß flog zur Seite und riß den Mann mit.
> Und Sokrates hörte sich zum zweiten Mal brüllen und sagen:
> „Keinen Fußbreit mehr zurück, Kinder! Jetzt haben wir sie, wo wir sie haben wollen, die Hundesöhne! Krapolus, vor mit der sechsten! Nul-los, nach rechts! Zu Fetzen zerreiße ich, wer zurückgeht." (a.a.O., S. 108)

So brachte er die wankende Schlachtreihe zum Stehen. Aber Brecht wäre nicht Brecht, wenn er Sokrates nur um dieser Geistesgegenwart willen hätte preisen wollen. Nein. Den eigentlichen Sieg erringt Sokrates, als alle ihn loben und die Stadt ihn ehren will. Da besiegt er sich selbst und gesteht die Wahrheit:

> „Ich bin sofort, als die Schlacht begann, das heißt, als ich die ersten Perser auftauchen sah, davongelaufen, und zwar in der richtigen Rich-tung, nach hinten."

Dann erzählt er, was vorgefallen ist. Alkibiades fragt:

> „Warum hast du nicht gesagt, du hast irgendeine andere Wunde? Weil ich einen Dorn im Fuß habe, sagte Sokrates grob." (a.a.O., S. 131)

Bert Brecht wird gewiß darin Recht haben, daß Sokrates kein begeisterter Soldat war, Unrecht darin, daß er je davongelaufen wäre. Er tat seine Pflicht, und dies, so gut er konnte, nicht mehr, aber auch nicht weniger.

4. Der Unverstand der Todesfurcht

Wenn er nun schon seinen weltlichen sterblichen Oberen glaubt Gehorsam schuldig zu sein, um wieviel mehr dem Gott. Freilich hatte dieser keinen eindeutigen Befehl erteilt, sondern nur in einem Orakelspruch erklärt, niemand sei weiser als Sokrates (vgl. Kap. 5). Damit, so meinte Sokrates, habe ihn der Gott dazu aufgerufen, sein Leben in seinen Dienst zu stellen, nach Weisheit zu streben, sich selbst und andere zu prüfen und am Maßstab der Weisheit zu messen. Der Achill Homers wußte sich im Einklang mit der gesellschaftlichen Norm seiner Zeit. Die Antigone des Sophokles war sich ihrer Sache sicher, als sie sich auf die „ungeschriebenen Gesetze" berief. Sokrates trifft seine Entscheidung ungesichert, auf sich gestellt, autonom. Er zweifelt keinen Augenblick daran, daß er sich richtig entschieden hat, auch nicht jetzt, da er das Todesurteil erwartet. Darin gleicht er Achill, darin unterscheidet er sich von Antigone, die angesichts des Todes unsicher wird (Sophokles, Antigone, VV. 921-928). Er erleidet den Tod nicht widerwillig wie Antigone. Der Tod ist für ihn ein lange vorhergesehenes und vorhersehbares, sein Leben folgerichtig und sinnvoll abschließendes Ereignis.

Die Alternative lautet für ihn: Tod oder Ungehorsam gegenüber dem Gott. Das heißt für ihn nicht, es stünden zwei Übel zur Wahl, von denen es das kleinere zu wählen gelte. Nein, einem Übel, dem Ungehorsam, steht ein Tatbestand gegenüber, über den man nichts weiß. Das Eingeständnis des Nichtwissens wird handlungsbestimmend.

> „Im Vergleich also mit den Übeln, die ich als Übel kenne, werde ich niemals das, wovon ich nicht weiß, ob es nicht ein Gut ist, fürchten oder fliehen."

Der Tod ist für Sokrates ein Teil des Lebens, etwas, das stets mitbedacht werden muß. Da wir über das, was ihm folgt, nichts wissen, tun wir gut daran, ihm mit Gelassenheit entgegenzusehen. Er konstituiert unsere Endlichkeit.

Als die Nymphe Kalypso in Homers Odyssee Odysseus die Unsterblichkeit verheißt, wenn er bei ihr bleibe und auf die Heimkehr verzichte, antwortet er ihr:

> „Göttin, Herrin, zürne mir nicht wegen der Antwort, die ich dir gebe.
> Ich weiß auch selbst
> Alles sehr gut, daß die umsichtige Penelope im Vergleich zu dir
> Weniger schön anzusehen und kleiner an Wuchs ist.
> Ist sie doch eine Sterbliche, du aber bist unsterblich und alterst nicht.

Aber ich habe trotzdem alle Tage den Wunsch und den Willen,
Nach Hause zurückzukehren und den Tag der Heimkehr zu erleben.
Wenn ein weiteres Mal einer der Götter mich Schiffbruch erleiden läßt
    auf dem weinfarbenen Meer,
Dann will ich es ertragen, denn ich habe ein Herz in der Brust, das Leid
    erträgt.
Denn schon sehr vieles habe ich erlitten und viele Mühen ertragen
In den Wellen und im Krieg. Mag auch dies noch hinzukommen."

5, VV. 215-224

Der Philosoph Hans-Georg Gadamer hat am 13. Juli 1997 an der Friedrich-Schiller-Universität in Jena eine Rede gehalten, die das Frankfurter Allgemeine Magazin am 28.11. desselben Jahres, leicht gekürzt, veröffentlicht hat. Darin heißt es:

> „Es gibt vieles, worüber ich selber wenig weiß und keine politische Kompetenz in Anspruch nehme. Aber ich meine, das gerade ist Philosophie, daß wir das wissen, daß es so vieles gibt, was wir nicht wissen können und womit wir trotzdem leben müssen, wie etwa mit den Wundern von Geburt und Tod. Das alles ist ja offenkundig etwas, worin nicht nur der eine oder andere seine Interessen findet. Sondern diese über uns stehende Endlichkeit unseres Daseins, dieses Geschenk des Da und diese drohende Nacht des Nicht – Da, all das sind menschliche Grunderfahrungen. Und von ihnen ließe sich, meine ich, das Einander der Zukunft auch in den tosenden Tempi unseres heutigen Verkehrs und Informationslebens immer wieder zur Besinnung kommen und zu einem dankbaren Aufblick zu der Stille des Abends, oder was immer uns das Schicksal gewährt."

Das ist gut sokratisch, wenn Sokrates vielleicht auch nicht den beschaulichen Schluß gewählt, sondern sich darauf besonnen hätte, daß es gelte, im Leben weiter tapfer handelnd seine Aufgabe zu erfüllen – wie Odysseus.

Gewiß, wir Menschen des 21. Jahrhunderts werden nicht ohne weiteres an Sokrates anknüpfen können. Das antike Weltbild war von der Vorstellung des Kosmos geprägt. Die Erde bildete den Mittelpunkt; auf ihr nahm der Mensch, ein Kosmos im Kleinen, einen hervorragenden Platz ein. Für uns ist die Erde ein winziger Teil eines unendlichen Universums, der Mensch Ergebnis einer sich nicht zielgerichtet vollziehenden Evolution. Wir sind längst nicht mehr in ein staatliches und gesellschaftliches Umfeld eingebunden, in dem die Religion in ihrer sinnstiftenden Funktion unbeschadet aller Kritik ein selbstverständliches Faktum ist. Wir sind im Verlauf des letzten halben Jahrtausends um viele Illusionen ärmer geworden. Kopernikus, Darwin, Freud.

Trotzdem: Zeugung, Geburt, Tod sind noch immer Konstanten unseres Daseins. Mögen die Gene von Mensch und Tier einander noch so ähnlich sein:

Nur der Mensch ist sich seiner Endlichkeit bewußt, nur er denkt über den Tod hinaus.

Stehen wir jetzt vor einem Quantensprung? Werden Zeugung und Geburt durch Techniken ersetzt, wird der Tod aus der Realität und aus dem Bewußtsein verdrängt? Steht der Mensch erstmals vor einer nicht mehr nur graduellen, sondern prinzipiellen Veränderung? Wir wollen hoffen, daß es nicht gelingt, den Tod zu eliminieren, oder daß sich der Mensch selbst eine Grenze setzt und nicht alles realisiert, was er realisieren könnte.

Sokrates spricht eine Vermutung aus: Man weiß nicht, „ob er (der Tod) nicht für den Menschen das größte ist unter allen Gütern". Man muß sich vergegenwärtigen, welche Vorstellung man sich damals allgemein vom Tod machte, um sich klarzumachen, welche Umwertung Sokrates vornimmt. Wenn am Beginn von Homers Ilias die starken Seelen der Helden dem Hades (wie einem wilden Tier) vorgeworfen werden, sie selbst eine Beute der Hunde werden (1, VV. 3-5), so sind die Seelen eben nicht mehr die Helden, höchstens ihre Schatten. Der tote Achill will lieber einem armen Tagelöhner dienen, der selbst nicht viel Besitz zum Leben hat, als über die Toten herrschen (Homer, Odyssee, 11, VV. 488-491). So dachten gewiß die meisten über den Tod auch noch im Athen des Sokrates. Daneben gab es freilich auch jene anderen Auffassungen vom Tod als Erlösung, Verheißung, Durchgangsstadium zwischen zwei Geburten (vgl. Kap. 32). Sokrates stand nicht allein.

5. Selbstbeschädigung durch Unrechttun

Könnte der Tod das größte aller Güter für den Menschen sein, müßte dann nicht vielleicht das Unrechttun, hier der Ungehorsam gegenüber dem Spruch des Gottes, für den Menschen das größte unter allen Übeln sein? Das ist nun in der Tat eine sehr merkwürdige Auffassung, daß, wer Unrecht tut, nicht andere schädigt, sondern sich selbst. Sokrates war nicht der einzige, der sie vertreten hat. Bei seinem Zeitgenossen Demokrit lesen wir:

„Wer Unrecht tut, ist unglücklicher als der, der es erleidet."

fr. 68 B 45 (Diels-Kranz)

Wiedergefunden habe ich den Gedanken in Jurek Beckers Erzählung „Der Boxer": Mark ist mißhandelt worden. Aron überlegt, wie man eine Wiederholung verhindern könne.

„Der Idealfall, sagt er, wäre erfolgreiches Überzeugen. Man erkläre ihnen (den Tätern), wie unmenschlich es sei zu schlagen, daß man nicht nur den Geschlagenen schädige, sondern auch die eigene Seele. Die

Überzeugung müsse so lange fortgeführt werden, bis neue Verhältnisse eingetreten wären."

a.a.O., S. 22

In Platons "Staat" wird die Vorstellung näher entfaltet:

> „Das Gesunde bewirkt Gesundheit, das Kranke Krankheit?
> Ja.
> Recht tun bewirkt Gerechtigkeit, Unrecht tun Ungerechtigkeit?
> Gewiß . ...
> Der beste Zustand ist, wie es scheint, Gesundheit, Schönheit und Wohlbefinden der Seele, der schlechte Zustand Krankheit, Häßlichkeit und Schwäche.
> So ist es.
> Führen nicht die guten Handlungen zum Erwerb des besten Zustandes, die schimpflichen zu dem des schlechten?
> Gewiß.
> Im Folgenden müssen wir, wie es scheint, nun noch betrachten, ob es nützt, Recht zu tun, gut zu handeln und gerecht zu sein – sei es im Verborgenen oder nicht –, oder Unrecht zu tun und ungerecht zu sein, auch wenn man nicht bestraft wird und also durch Strafe auch nicht besser wird (vgl. Kap. 13).
> Aber, Sokrates, ... es kommt mir lächerlich vor, diese Untersuchung anzustellen. Wenn es doch nicht möglich ist, mit einem geschädigten Körper zu leben, auch wenn man Essen und Trinken, Reichtum und Macht hat, soviel man nur will, dann soll man leben können, wenn eben das, wodurch wir leben, durcheinandergebracht und geschädigt ist dadurch, daß man alles tut, was man will, nur nicht das, wodurch man von Schlechtigkeit und Ungerechtigkeit befreit wird und Gerechtigkeit und Tugend erwirbt? Das waren doch die beiden Ergebnisse unserer gemeinsamen Untersuchung."

444c-445b

Ganz entsprechend wird im „Kriton" (47d) die Seele definiert als das,

> „was durch das Gerechte besser wird, durch das Ungerechte zugrunde geht."

Sokrates vertritt eine Ethik, in der das Rechttun in der Gesundheit der Seele seinen Zweck, sein Telos, hat. Im Gegensatz zu dieser teleologischen Ethik gibt es die Auffassung, moralisches handeln sei ein Wert an sich, weise nicht über sich hinaus. Man bezeichnet sie als deontologisch. „Gesundheit der Seele" zielt anders als „die Zustände der Befriedigung", von denen die Utilitaristen sprechen, auf Dauer ab.

Körper und Seele sind für Sokrates zwei getrennte Entitäten, deren jede einem anderen Seinsbereich angehört, die Seele dem inneren des Denkens, Fühlens, Wollens, der Körper dem äußeren, der physikalischen Gesetzen unterworfen ist. Das Seelische existiert in unserem Bewußtsein, läßt sich nur in Analogie zum Körper verstehen. Die Seele ist das regierende, der Körper das dienende, reagierende Organ.

Die Frage, wie man sich die Einwirkung der Seele auf den Leib vorzustellen hat, wird erst von René Descartes (1596-1650) gestellt. Die moderne Hirnforschung vertritt einen Monismus: Auch innere Vorgänge sind letztlich physikalisch erklärbar. Endgültig gelöst ist das Problem freilich noch immer nicht (vgl. Kap. 13).

Unrechttun, wird in Platons „Kriton" argumentiert, darf man selbst dann nicht, wenn man selbst Unrecht erlitten hat. Muß sich die theoretische Vernunft von der Forderung leiten lassen, sich ihrer Begrenzung bewußt zu sein (vgl. Kap. 9), so die praktische Vernunft von der Forderung, kein Unrecht tun zu dürfen. In dieser doppelten Hinsicht, der Wahrheit und der Sittlichkeit, steht der Mensch in Beziehung zum Absoluten. Die Instanzen der Wahrheit und des moralischen Imperativs sind unbedingt. Sie leiten sich nicht von anderem her. Sie haben den Charakter der Evidenz.

„Auf keine Weise also darf man Unrecht tun?
Nein freilich.
Also auch nicht der, dem Unrecht geschehen ist, darf wieder Unrecht tun, wie die meisten glauben, wenn man doch auf keine Weise Unrecht tun darf?
Es schein nicht. ...
Und siehe wohl zu, Kriton, wenn du dies eingestehst, daß du es nicht gegen deine Meinung eingestehst. Denn ich weiß wohl, daß nur wenige dieses glauben und glauben werden. Welche also dies annehmen, und welche nicht, für die gibt es keine gemeinschaftliche Beratschlagung, sondern sie müssen notwendig einander gering achten, wenn einer des anderen Entschließungen sieht."
49b-d) (Übersetzung: F. Schleiermacher)

Uns klingt das mehr als 2000 Jahre nach der Geburt Christi vertraut. Es war damals aber geradezu revolutionär.

„Den Freunden nutzen, den Feinden schaden" (Platon, Staat, 332d), das war die allgemein akzeptierte Moral, und gewisse sophistische Kreise vertraten gar die Devise, gerecht sei, was der jeweils Mächtige zu seinem Nutzen festlege (Platon, Staat, 338c-339a).

Mit der Frage, ob die Übereinstimmung mit sich selbst ein hinreichendes Motiv für moralisches Handeln sei, hat sich der Philosoph Ernst Tugendhat (a.a.O., S. 122ff.) kritisch auseinandergesetzt. Er glaubt nicht, daß man gänzlich von dem Anspruch absehen könne, von den anderen – sofern sie urteilsfähig und kompetent sind – geschätzt zu werden (vgl. Kap. 16). Der Gedanke spiele eine

Rolle, ob eine Handlung tadelnswert ist, unabhängig davon, ob sie tatsächlich getadelt wird. Der mögliche Tadel werde als Scham und Schuld empfunden.

Andere – wie Jürgen Habermas – verzichten auf den Versuch einer Letztbegründung der Ethik. Habermas legt in seiner Diskurstheorie den Schwerpunkt auf den Prozeß der Urteilsbildung und Entscheidungsfindung.

Übereinstimmung mit sich selbst meint bei Sokrates zugleich Übereinstimmung mit Gott. In der modernen philosophischen Diskussion fehlt der religiöse Bezug. Vernunft im sokratischen Sinn ist nicht nur das der Wahrhaftigkeit verpflichtete, argumentierende und begründende Denken (vgl. Kap. 15). Vernunft ist auch eine moralische Instanz, der das Sittengesetz eingeschrieben ist.

Die sokratische Maxime, in keinem Fall Unrecht zu tun, bedarf je und je der Konkretisierung. Im „Kriton" zeitigt die Untersuchung das Ergebnis, Sokrates dürfe nicht aus dem Gefängnis fliehen, hier in der Apologie wird der Ungehorsam gegenüber dem Gott als Unrecht interpretiert. Ist die Maxime, gleichsam der kategorische Imperativ, unbedingt gültig, so sind es die daraus abgeleiteten Folgerungen in der Regel nur bedingt, sofern ihnen nämlich Zustimmung in einer Untersuchung zuteil wird.

Wir wissen, wie kontrovers moralische Entscheidungen häufig sind. Darf man einem Entführer die Folter androhen um der Chance willen, das Leben des Entführten zu retten, dem Terroristen um der Chance willen, die Explosion einer Bombe zu verhindern?

Auch im Hinblick auf das Völkerrecht stellt sich die Frage: Ist es rechtens „den zu töten, der sich darauf vorbereitet zu töten?" Hugo Grotius, einer der Väter des Völkerrechts, hat die Frage im 17. Jahrhundert bejaht. Damit sind Präventivkriege gerechtfertigt.

Das Dilemma des Sokrates entsteht dadurch, daß er die Normen des Staates, die von seinen Anklägern vertreten werden, nicht vorbehaltlos als verbindlich anerkennen will, sondern nur dann, wenn sie mit seinen sittlichen Vorstellungen übereinstimmen. Grundrechte, auf die er sich dabei hätte berufen können, die die Macht des Staates binden, gab es damals noch nicht. Aber die aufgeführten Beispiele zeigen: Das Dilemma, sich zwischen jeweils berechtigten Alternativen entscheiden zu müssen, ist prinzipieller Natur, zeitgebunden nur in den Formen, in denen es auftritt.

6. Die Unbedingtheit des Sokrates

„Solange ich noch atme und es vermag, werde ich nicht aufhören, nach Weisheit zu suchen und euch zu ermahnen." Das klingt wie ein Schwur. Da soll man den Bezug zu dem delischen Apollonhymnus hören, in dem es heißt

„Ich werde nicht aufhören, den sicher treffenden Apollon singend zu preisen, den Gott mit dem silbernen Bogen, den Leto gebar, die Göttin mit den schönen Haaren."

V. 177 (vgl. Kap. 20)

Die Ankläger haben so Unrecht nicht, wenn sie in der Auseinandersetzung mit Sokrates eine Angelegenheit auf Leben und Tod sehen. Wenn Sokrates fortfährt, er selbst zu sein, muß er sterben.

Wir erinnern uns an die Stelle in der „Apostelgeschichte", in der davon berichtet wird, wie Petrus und Johannes vor den Rat geführt werden.

„Und der Hohepriester fragte sie und sprach: Haben wir euch nicht im Ernst geboten, daß ihr nicht solltet lehren in diesem Namen? Und sehet, ihr habt Jerusalem erfüllt mit eurer Lehre und wollt dieses Menschen Blut über uns führen. Petrus aber antwortete und die Apostel sprachen: Man muß Gott mehr gehorchen denn den Menschen. ...
Da sie das hörten, ging's ihnen durchs Herz, und dachten, sie zu töten."

5, 27-29, 33 (Übersetzung: M. Luther) (vgl. Kap. 20)

Martin Luther war in einer vergleichbaren Situation, als er auf den Reichstag zu Worms 1521 aufgefordert wurde, zu widerrufen. Er hat es nicht getan, und wenn er auch die in das Denkmal in Worms eingemeißelten Worte

„Hier stehe ich! Ich kann nicht anders. Gott helfe mir! Amen."

nicht gesprochen, sondern nur „deus adiuvet me (Gott helfe mir)" gesagt hat, so ist seine Haltung gegenüber Staat und Kirche doch ebenso zu bewerten wie die des Sokrates.

Sokrates, die Apostel, Martin Luther, Martin Luther King (1929-1968) – sie folgen der Unbedingtheit eines Anspruchs, der als kategorischer Imperativ vernommen wird. Er ist nicht allgemein verbindlich begründbar. Er hat seine Wurzel in der Religion. Er kann keine universale Geltung beanspruchen. Er gewinnt Würde und Wert, indem er zur Richtschnur des Lebens gemacht wird.

Martin Buber (1878-1965) wird an Menschen wie diese gedacht haben, wenn er schreibt und für unsere Gegenwart reklamiert:

„Personen tun not, nicht bloß „Vertreter" in irgendeinem Sinn, gewählte oder eingesetzte, die den Vertretenen die Verantwortung abnehmen, sondern auch „Vertretene", die sich nur eben in der Verantwortung nicht vertreten lassen.
Not tut die Person als der unaufgebbare Grund, von dem aus der Eintritt des Endlichen in das Gespräch mit dem Unendlichen allein möglich ward und wird.
Not tut der Glaube des Menschen an die Wahrheit als ein von ihm Unabhängiges, das er nicht innehaben kann, zu dem er aber in ein lebensmäßiges Realverhältnis zu treten vermag, – der Glaube der menschli-

MARTIN LUTHER KING

MARTIN LUTHER

nach einem Gemälde von Lukas Cranach, 1529

chen Personen an die Wahrheit als an das sie alle gemeinsam Tragende, in sich Unzugängliche, aber dem real um die Wahrheit Werbenden sich im Faktum der bewährungsbereiten Verantwortung Erschließende.

Not tut, damit der Mensch nicht verloren gehe, die Wahrheitsverantwortung der Person in ihrer geschichtlichen Lage.

Der Einzelne tut not, der dem ganzen ihm gegenwärtigen Sein, also auch dem öffentlichen Wesen standhält und für das ganze ihm gegenwärtige Sein, also auch für das öffentliche Wesen einsteht."

a.a.O., S. 267

Sokrates ist die Inkarnation der erstmals von Aischylos erwähnten (Sieben gegen Theben, V. 621) und von Platon philosophisch reflektierten Kardinaltugenden (Staat, 433b). Philosophierend zu leben, das ist seine Weisheit, ist, bezogen auf die Gottheit, Frömmigkeit, bezogen auf die Menschen Gerechtigkeit (vgl. Platon, Euthyphron 12e), ist um die Differenz zum Göttlichen wissende Bescheidenheit und schließlich Tapferkeit, mit der es diesen Lebensentwurf durchzuhalten gilt gegen alle Widerstände, ja, selbst gegen die Androhung des Todes. Wenn irgendwo, erweist sich in diesem absoluten Anspruch der sittlichen Vernunft die Freiheit des Individuums.

Kant schreibt in der „Kritik der praktischen Vernunft":

„Freiheit und unbedingtes praktisches Gesetz weisen also wechselweise aufeinander zurück. ... Also ist es das moralische Gesetz, dessen wir uns unmittelbar bewußt werden ..., welches sich uns zuerst darbietet und ... gerade auf den Begriff der Freiheit führt. ... Aber auch die Erfahrung bestätigt diese Ordnung der Begriffe in uns. Fragt jemanden, ob, wenn sein Fürst ihm unter Androhung der ... unverzögerten Todesstrafe zumutete, ein falsches Zeugnis wider einen ehrlichen Mann, den er gerne unter scheinbaren Vorwänden verderben möchte, abzulegen, ob er da, so groß auch seine Liebe zum Leben sein mag, sie wohl zu überwinden für möglich halte? Ob er es tun würde oder nicht, wird er vielleicht sich nicht getrauen zu versichern, daß es ihm aber möglich sei, muß er ohne Bedenken einräumen. Er urteilt also, daß er etwas kann, darum weil er sich bewußt ist, daß er es soll, und erkennt in sich die Freiheit, die ihm somit ohne das moralische Gesetz unbekannt geblieben wäre."

S. 52, 53 in der Originalausgabe von 1787

Es war Sokrates, der eine von Erfolgsaussichten unabhängige Ethik begründet hat. Der Vorsokratiker Parmenides hatte zuvor ein von den Sinneswahrnehmungen unabhängiges Sein konzipiert, und die sokratische Maxime hat Sophokles in seiner Tragödie „Antigone" antizipiert: Ob Antigone sich entschlossen hätte, ihren Bruder zu begraben, wenn sie sicher gewußt hätte, daß es ihr nicht gelingen würde, mag dahingestellt sein. Tatsächlich wird ihr der Erfolg versagt. Die Götter fordern, wie die mißlingenden Opfer zeigen, die Beerdigung. Damit setzen sie Kreon ins Unrecht, Antigone ins Recht. Ihr Handeln war richtig – unabhängig von seinem Ausgang.

7. Die Weisheit, die Freiheit und die äußeren Güter

Das argumentative Gespräch zielt auf Erkenntnis und Selbsterkenntnis nicht als zwei voneinander getrennte Akte, sondern als im gleichen Prozeß miteinander verbundene. „Schämst du dich nicht", beginnt Sokrates seine Scheltrede, die Formulierung aufgreifend, mit der der Vorwurf an ihn eingeleitet war (vgl. Kap. 16). Nein, will er sagen, nicht ich muß mich schämen, an euch ist es vielmehr, euch zu schämen. Er reißt den Abgrund zwischen sich und den anderen auf. Schämen müssen sich alle diejenigen, die sich nicht um die Erkenntnis der Wahrheit bemühen, sondern sich um äußere Güter wie Geld und Ruhm kümmern. Damit wendet er sich zum wiederholten Mal gegen die Bildungsziele der Sophisten (vgl. Kap. 4).

Sokrates geht es hier wie schon in der Auseinandersetzung mit den Naturphilosophen und den Sophisten (vgl. Kap. 3, Kap. 4) darum, die Menschen zu veranlassen, die „Wozu-Frage" zu stellen und ihrem Leben die Ausrichtung auf das wahre Ziel, die Weisheit, zu geben.

> „Die Weisheit macht, daß die Menschen in allen Dingen Glück haben. Denn nie wird die Weisheit etwas verfehlen, sondern immer richtig handeln und es erlangen. Denn sonst wäre es ja keine Weisheit mehr. ... Ist also wohl, beim Zeus, ... irgendein anderer Besitz etwas nutz ohne Einsicht und Weisheit?
> ... Im allgemeinen also ... scheint es ..., daß von allem insgesamt, was wir zuerst Güter nannten, nicht in der Art könne die Rede sein, als ob es an und für sich von Natur gut wäre. Sondern, wie es scheint, verhält es sich so: Wenn Torheit darüber gebietet, sind diese Dinge umso größere Übel als ihr Gegenteil, je mehr sie imstande sind, dem Gebietenden, welcher schlecht ist, Dienst zu leisten; wenn aber Einsicht und Weisheit, dann sind sie größere Güter."
> *Platon, Euthydem, 280a, 281b, d-e (Übersetzung: F. Schleiermacher)*

Die Weisheit ist die innere wertende Instanz. Sie leitet das moralische Handeln, aus ihr ergeben sich die Maßstäbe für die Rangfolge der Güter. Während die Maxime, in keinem Fall Unrecht tun zu dürfen, stets mit sich selbst identisch bleibt und keinen äußeren Einflüssen unterliegt, sind alle sogenannten Güter möglichem Wechsel unterworfen: Der Schöne läuft Gefahr, verführt zu werden, der Starke, sich zu übernehmen und in Schwierigkeiten zu geraten, der Reiche, verfolgt zu werden, „ und viele haben aufgrund ihres Ruhmes und ihrer politischen Macht schon großes Unglück erlitten." (Xenophon, Memorabilien, 4, 34-35).

Sokrates war nicht der einzige, vielleicht auch nicht der erste, der zu einer Umkehr mahnte. Aus der Ethik des Demokrit, eines Zeitgenossen des Sokrates, stammen die folgenden Sätze.

> „Es ziemt den Menschen, der Seele mehr Beachtung zu schenken als dem Körper."
> „Die Seele ist die Ursache von Glück und Unglück."
> „Das Glück wohnt nicht in Herden und nicht im Gold. Die Seele ist der Wohnsitz des Schicksals."

fr. 68 B 187, 170, 171 (Diels-Kranz)

Daß diese Aussagen Teil eines Systems waren, ist allerdings nicht ersichtlich.

Als im Geschichtswerk Herodots Kroisos Solon fragt, wen er für den glücklichsten Menschen halte, antwortet dieser: Tellos aus Athen.

> „Der Polis ging es gut. Tellos hatte tüchtige Söhne. Er durfte erleben, wie ihnen allen Kinder geboren wurden und wie sie alle am Leben blieben. Und ein Zweites: Er hatte – nach unseren Maßstäben – ein gutes Auskommen, und ihm wurde ein glänzendes Lebensende zuteil. In einer Schlacht der Athener gegen ihre Nachbarn (die Megarer) bei Eleusis kämpfte er mit, er war dabei, als die Feinde in die Flucht geschlagen wurden und fand einen sehr ruhmvollen Tod. Die Athener begruben ihn auf Staatskosten an dem Ort, wo er gefallen war, und hielten ihn sehr in Ehren."

1, 30

Glück wird durch äußere Tatbestände konstituiert. Von innerer Einstellung ist nicht die Rede. Das ändert sich bei Sokrates. Hatte er vorher die Macht des Todes relativiert, so jetzt den Wert der äußeren Güter. Der Mensch wird frei, sein Leben nach ethischen Gesichtspunkten auszurichten.

Eben das ist die Freiheit. Sie besteht nicht darin, der Lust und dem Machttrieb zu folgen. Wenn sie sich nämlich so von Äußerem, von dem, dessen sie sich bemächtigen will, abhängig macht und umso mehr will, je mehr sie hat, verkehrt sie sich in ihrer Schrankenlosigkeit in ihr Gegenteil, in Ohnmacht. Sokrates exemplifiziert das gegenüber der von dem Sophisten Kallikles vertretenen These in einem Bild:

> „Gib acht, ob du wohl dies richtig findest von jeder dieser beiden Lebensweisen, der besonnenen und der zügellosen, wie wenn von zwei Menschen jeder viele Fässer hätte. Die des einen wären dicht und angefüllt, eines mit Wein, eins mit Honig, eins mit Milch und viele andere mit vielen anderen Dingen; die Quellen aber von dem allen wären sparsam und schwierig und gäben nur mit vieler Mühe und Arbeit etwas her. Jener eine nun hätte seine Fässer voll und leitete nichts weiter hinein, dächte auch gar nicht weiter daran, sondern wäre hierüber ganz ru-

hig. Der andere aber hätte eben wie jener solche Quellen, die zwar etwas hergäben, aber mit Mühe, seine Gefäße aber wären leck und
morsch, und er müßte sie Tag und Nacht anfüllen oder die ärgste Pein
erdulden."

Platon, Gorgias, 493d-494a
(Übersetzung: F. Schleiermacher)

Die von Sokrates geforderten Um- und Neuorientierung ist ein Akt der Befreiung. Wir erinnern an das Höhlengleichnis in Platons „Staat", aus dem wir ganz
am Anfang zitiert haben (vgl. Kap. 1). Von dem, „der von der göttlichen Schau
in die Welt der Menschen zurückkehrt" heißt es:

„Wenn sich nun die Menschen damals (in der Höhle) untereinander
Ehre und Anerkennung zollten und Geschenke austauschten, glaubst
du, daß er besondere Sehnsucht danach hat und die beneidet, die bei
diesen (den Höhlenbewohnern) Ehre und Macht erlangen? Oder wird
sich an ihm bewahrheiten, was Homer sagt: Würde er nicht viel lieber
„bei einem armen Manne als Ackerknecht für Lohn arbeiten" und lieber alles erleiden, als ein Leben mit jenen falschen Vorstellungen zu
führen?"

316c-d

Der Gedanke ist sokratisch, die Verknüpfung mit der „göttlichen Schau" der
Ideen natürlich platonisch. Cicero stellt der sinnlichen Lust – voluptas – die sittliche Gesinnung als das höhere Gut gegenüber, und er nennt sie dignitas, Würde
(de finibus 1, 3).

Noch Aristoteles mißt äußeren Gütern eine Bedeutung für das Glück bei
(Nikomachische Ethik, 1099b), für die Stoa werden sie gleichgültig (SVF, 1,
190), für die Kyniker lästig. Jesus lehrte:

„Es ist leichter, daß ein Kamel durch das Nadelöhr gehe, denn daß ein
Reicher ins Reich Gottes komme."

Markus, Kap. 10, V. 25 (Übersetzung: M. Luther)

Radikaler fordert er im folgenden Text die Menschen auf, selbst die lebensnot-
wendigen Güter geringzuachten gegenüber dem vorbehaltlosen Vertrauen auf
Gott:

„Darum sollt ihr nicht sorgen und sagen: Was werden wir essen, was
werden wir trinken, womit werden wir uns kleiden?
Nach solchem allem trachten die Heiden. Denn euer himmlischer Vater weiß, daß ihr des alles bedürfet.
Trachtet am ersten nach dem Reich Gottes und seiner Gerechtigkeit,
so wird euch solches alles zufallen."

Matthäus, Kapitel 6, VV. 31-33 (Übersetzung: M. Luther)

Luther formuliert:

> „Was hülfe es dem Menschen, wenn er die ganze Welt gewönne und Schaden nähme an seiner Seele."

Eine Gegenposition vertritt in der Neuzeit Thomas Hobbes (1588-1679). Er sieht wie die Sophisten das Wesen des Menschen im ständigen Streben nach mehr Macht (Leviathan, Kapitel 11). Seine Vorstellung greift in der Aufklärung der Schotte Adam Smith auf in seinem Werk „Der Wohlstand der Nationen. Eine Untersuchung seiner Natur und seiner Ursachen" (1776): Der natürliche Erwerbssinn ist für das Gemeinwohl nicht nur nicht schädlich, sondern im Gegenteil nützlich. Der Eigennutz führt zu friedlicher Konkurrenz und mehrt den allgemeinen Wohlstand. Er ist kein Laster, sondern im Gegenteil eine Tugend. Unsere Marktwirtschaft beruht auf dieser Maxime, sie ist freilich näher bestimmt durch das Attribut „sozial".

Kant wendet sich gegen Ansichten wie diese. Wie Sokrates unterscheidet er zwischen einer auf „physischen Gütern" beruhenden und dem Selbsterhalt dienenden „Glückseligkeit" und der Moral als der „Würdigkeit, glücklich zu sein". Kommt jene dem Menschen als determiniertem Naturwesen zu, so eignet diese ihm als freiem Vernunftwesen: Tugend ist die oberste Bedingung alles dessen, was uns wünschenswert erscheinen mag. Sie hat weiter keine Bedingung über sich (Kritik der praktischen Vernunft, S. 198, 199). Die formale Bestimmung der Moral ist der kategorische Imperativ. Weniger elaboriert, aber prinzipiell gleich ist die Forderung des Sokrates, das Handeln an der Maxime auszurichten, kein Unrecht zu tun, und ihr alle materiellen Bedürfnisse unterzuordnen. Die Abwertung der äußeren Güter ergibt sich nicht ohne weiteres aus der Maxime, sie ergänzt sie, tritt als konkrete Anweisung neben die formale.

„Schämst du dich nicht" – so redet Sokrates seine Mitbürger an. In Platons „Symposion" berichtet Alkibiades über die Wirkung, die Sokrates auf ihn ausgeübt hat:

> „Und mit diesem allein unter allen Menschen ist mir begegnet, was einer nicht in mir suchen sollte, daß ich mich vor irgend jemand schämen könnte; allein vor diesem allein schämte ich mich doch. Denn ich bin mir sehr gut bewußt, daß ich nicht imstande bin, ihm zu widersprechen, als ob man das nicht tun müßte, was er anrät, sondern daß ich nur, wenn ich von ihm gegangen bin, durch die Ehrenbezeugungen des Volkes wieder überwunden werde. Also laufe ich ihm davon und fliehe, und wenn ich ihn wiedersehe, schäme ich mich wegen des Eingestandenen und wollte oft lieber sehen, er lebte gar nicht."
>
> *216a-c (Übersetzung: F. Schleiermacher) (vgl. Kap. 22)*

Platon schließt seinen Dialog „Phaidros" mit einem Gebet des Sokrates, in dem die Bezogenheit alles Äußeren auf das Wertbewußtsein sehr schön zum Ausdruck gebracht wird:

„Lieber Pan und ihr Götter, die ihr sonst hier zugegen seid, verleiht mir, schön zu werden im Innern, und daß, was ich Äußeres habe, dem Innern befreundet sei."

279b (Übersetzung: F. Schleiermacher)

Sokrates verbindet die methodische Suche nach der Wahrheit, die Aufgabe des Wissenschaftlers, mit der Sorge um die bestmögliche Verfassung der Seele. So verknüpft er die Forschung mit der Verantwortung des Forschers. Wahrheit, so könnte man vielleicht im Anschluß an eine moderne Theorie formulieren, kommt den Ergebnissen der Forschung zu, insofern sie einen Beitrag dazu leisten, begründet und systematisch die Existenz der Menschen in dieser Welt, ihre Aufgabe und Daseinsberechtigung, verstehen zu lehren (vgl. Erhard Scheibe, a.a.O.). Die auf Rationalität gegründete und auf Wahrheit gerichtete forschende Wissenschaft ist – neben dem Postulat der Freiheit und Autonomie des Individuums (vgl. Kap. 13) – ein weiteres Merkmal europäischer Identität. Sie kann zugleich universale Geltung beanspruchen.

8. Das Wissen des Sokrates und sokratisches Nichtwissen

Was gehört zum gesicherten Wissen des Sokrates?

1. Man muß in einem demokratisch verfaßten Rechtsstaat den Gesetzen und den Befehlen der gewählten Amtsträger gehorsam sein.
2. Man muß sich grundsätzlich von der Maxime leiten lassen, daß man kein Unrecht tun dürfe.
3. Alle äußeren Güter sind, weil dem Wechsel unterworfen, von untergeordnetem Wert.
4. Aufgabe des Menschen ist es, von der Maxime geleitet, in der konkreten Situation je und je danach zu streben, richtig zu handeln.
5. Voraussetzung richtigen Handelns ist die richtige Erkenntnis. Zu ihr führt das der Wahrhaftigkeit verpflichtete Denken, das sich der Prüfung des Dialogs stellt (vgl. Kap. 15).

Dem steht der Bereich des Nichtwissen gegenüber:

1. Wir wissen nicht, was uns nach dem Tod erwartet.
2. Wir wissen nicht, wie unser Leben verlaufen wird.
3. Eine Regel, die uns in jeder konkreten Situation anleiten würde, richtig zu handeln, gibt es nicht. Handeln birgt immer ein Risiko, immer die Gefahr, sich schuldig zu machen.

Auf dem Weg zur Arete, zur Moralischen „Bestheit", wird der Mensch stets ein Suchender bleiben (vgl. Kap. 9). So ist der Mensch in dreifacher Hinsicht unwissend und ungesichert: in seinem äußeren Lebenslauf bis zu seinem Tod, im Tod und in dem, was das Wichtigste ist, der Sicherheit seines Handelns. Moralische

Sicherheit – das wäre die Weisheit, die zu erreichen ihm unmöglich, zu erstreben aufgegeben ist.

Sokrates wollte im Dienste Apolls einschärfen, was nicht in des Menschen Macht steht, und frei machen zu dem, was in seiner Macht steht. Das eine hängt mit dem anderen zusammen (vgl. Norbert Hinske, a.a.O., S. 326-330).

In Sophokles' Tragödie „Antigone" (aufgeführt 442) preist der Chor in einem Lied den Menschen, der es mit seinen Fähigkeiten so überaus weit gebracht hat. Er ist Herr über die Natur, Meister in Sprache und Rede. Dann fährt er fort:

> „Allbewandert,
> Unbewandert zu nichts kommt er.
> Der Toten künftigen Ort nur
> Zu fliehen weiß er nicht,
> Doch die Flucht vor unbewältigbaren Seuchen
> Hat überdacht er.
> Als eine Weisheit das Geschickte der Kunst
> Mehr, als er hoffen kann, besitzend,
> Kommt einmal er auf Schlimmes, das andere Mal zu Gütern."
>
> VV. 358-367 (*Übersetzung nach Friedrich Hölderlin*)

Zwei Grenzen sind dem Menschen gesetzt: Der Tod und das Fehlen moralischer Maßstäbe, die dem Menschen sichere Wegweiser sein könnten. Hierin ist das Menschenbild des Sokrates dem der Tragödie verwandt.

Der Dialog ist die Form, sich der Wahrheit zu nähern. Wie das geschieht, exemplifizieren wir an einem Abschnitt aus Platons „Staat". Sokrates faßt zuerst die Gedanken seines Gesprächspartners Kephalos zusammen und unterzieht sie dann einer kritischen Prüfung:

> „Das sagst du sehr schön, sagte ich, Kephalos. Wollen wir nun sagen, Gerechtigkeit sei schlicht und einfach die Wahrheit und die Rückgabe dessen, was man vielleicht von einem anderen empfangen hat? Oder kann es sein, daß man damit manchmal gerecht, manchmal aber auch ungerecht handelt? Jeder würde doch wohl folgender Aussage zustimmen: Wenn man von einem Freund, der im Besitz seiner geistigen Kräfte ist, Waffen empfinge und der Freund sie später, geistig verwirrt, zurückverlangte, dann darf man sie nicht zurückgeben, und der, der sie zurückgibt, ist nicht gerecht, und auch der nicht, der einem solchen Menschen stets die volle Wahrheit sagen wollte.
> Da hast du Recht, sagte er.
> Das ist also nicht die Definition der Gerechtigkeit, die Wahrheit zu sagen und zurückzugeben, was man empfangen hat."
> Hier mischt sich Kephalos' Sohn ein. Der Vater überläßt ihm seinen Part als Gesprächsteilnehmer. „Denn" – so sagt er – „ich muß mich jetzt um die Opfer kümmern."
>
> 331c-d

Kephalos mag die Aporie, in die ihn Sokrates geführt hat, nicht zum Weiterfragen nutzen: Der Ritus dient ihm als Vorwand, dem Denken auszuweichen, eine symbolische Geste. Dann, so möchten wir das interpretieren, ist rituelles Handeln für Sokrates negativ besetzt, wenn es philosophisches Fragen ersetzt.

Andererseits reagiert Kephalos auch nicht ungehalten, obwohl er sich, ein älterer Herr, in Anwesenheit anderer – seine Söhne gehörten dazu! – belehren lassen muß. Da hat Sokrates bei den Politikern und Dichtern andere Erfahrungen gemacht (vgl. Kap. 6 und 7).

Die aus der zurückgewiesenen Definition gewonnene Einsicht wird zum Ausgangspunkt einer neuen Untersuchung. Angestrebt wird ein von den Gesprächspartnern durch Übereinstimmung beglaubigtes Ergebnis, das der von den Umständen, von Zeit und Ort unabhängigen stets gültigen Wahrheit möglichst nahe kommt.

Haben wir, die wir es in allem so weit gebracht haben, das Ziel erreicht? Nein, Sokrates hat recht, es bleibt prinzipiell unerreichbar: Wissen wir, wie frei der Mensch ist, sind wir uns stets sicher, wie wir moralisch richtig handeln? Gibt es eine allgemein anerkannte philosophische Begründung der Ethik? Und neue Erkenntnisse erfordern immer wieder neues Nachdenken, die Suche nach neuen Lösungen. Darf man embryonale Stammzellen zu Forschungszwecken nutzen? Ist Pränatal- und Präimplantationsdiagnostik erlaubt? Läßt sich Klonen aus therapeutischen Gründen rechtfertigen? Neue Fragen wird über kurz oder lang auch die Nanotechnologie aufwerfen.

Gibt es nicht heute auch Gebiete, auf denen wir es uns versagen müssen, unsere Neugier zu befriedigen? Es besteht weitgehend Einigkeit darüber, daß wir nicht alles tun dürfen, was wir tun können. Aber gehört nicht vielleicht auch das Nicht-wissen-wollen, das Einhalten einer Grenze, zum Humanum?

Ist es für den Menschen gut zu wissen, welche Krankheit in seinen Genen angelegt ist und wann sie ausbrechen wird?

So gesehen, ist sokratisches Nichtwissen nicht nur auferlegte Begrenzung; sie kann auch gewollte Bescheidung sein und als solche Bestandteil einer modernen Ethik (vgl. Kap. 3).

9. Die Adressaten: Bürger und Fremde

Einerseits macht Sokrates keinen Unterschied zwischen Bürgern und Fremden, will mit beiden gleich verfahren, andererseits hebt er die Bürger hervor. Sie sind ihm näher verwandt, stehen ihm durch ihre Herkunft näher als die Fremden.

Es ist ein merkwürdiges Phänomen, daß die demokratische Polis Fremden, so bereitwillig sie sie als „Mitbewohner", sogenannte Metöken, aufnahm, Rechte des Mitgestaltens ihres Staates vorenthielt. Sie waren weder Mitglieder der Volksversammlung noch der Gerichte, konnten weder Ratsherren noch Archonten werden. Sie durften auch kein Eigentum an Grund und Boden erwerben. Sie waren geduldet. Aus dem Jahre 451 datiert ein Gesetz, das das Bürgerrecht nur dem gewährte, dessen Vater und Mutter aus Athen stammten. Damit wurde das bis dahin gültige Recht verschärft, demzufolge nur der Vater Athener sein mußte. Warum? Spielte das Bewußtsein einer gewissen Besonderheit und Exklusivität eine Rolle, das man mit dem Mythos gemeinsamer Abstammung überhöhte (vgl. dazu: Christian Meier, a.a.O., S. 398-401)?

Hier zeigt sich Sokrates ganz zeitgebunden. Frauen erwähnt er nicht. Er traf sie nicht in der Öffentlichkeit. Sklaven konnte er wohl als Arbeitern oder Begleitern ihrer Herren begegnen, aber sie standen ihm fern. Noch hatte sich die Idee der Gleichheit der Menschen nicht durchgesetzt.

Sokrates hatte immer wieder – gegenüber Kallias (vgl. Kap. 4), gegenüber Meletos (vgl. Kap. 12) – den Fachmann in Fragen der „menschlichen und bürgerlichen Tugend" gefordert. Hier tritt er als ein solcher auf. Philosophie hat für Sokrates den praktisch-politischen Bezug, er konstituiert sie als eine Form der Lebenshilfe. Daran orientieren sich die hellenistischen Philosophenschulen der Skeptiker und Kyniker, der Stoa und des Epikureismus, während Aristoteles der Philosophie gerade den Nutzen abspricht und ihren Wert darin sieht, daß sie „um ihrer selbst Willen" betrieben wird (Metaphysik, 982b).

Die Frage, welche Erfolgsaussicht die Mahnung hat, erörtert Sokrates nicht. Aristoteles diskutiert das Problem, welche Bedeutung der Veranlagung, welche der Gewöhnung zukommt. Der Belehrung mißt er nur eine begrenzte Bedeutung zu (Nikomachische Ethik, 1179b).

Die Mahnrede lebt, vermittelt durch die kynische Diatribe, in der christlichen Predigt fort.

Richten wir am Schluß unsere Aufmerksamkeit auf die Form: Sokrates fingiert einen Dialog zwischen den Richtern, die ihn anreden, und sich, der ihnen antwortet. Kurz darauf charakterisiert er sein Tun, indem er sich ein Gespräch mit einem beliebigen Athener vorstellt. Immer wieder durchbricht er die Rede und versetzt sich in die Rolle des Fragenden oder Gefragten (vgl. Kap. 4, 5, 16, 23, 28). Nicht die Rede, der Dialog ist die ihm gemäße Form.

18. Kapitel
(30c-31c)

Die Verantwortung gegenüber der Gemeinschaft

„Daher ich auch jetzt, ihr Athener, weit davon entfernt bin, um meiner
selbst willen mich zu verteidigen, sondern um euretwillen, damit ihr nicht
gegen des Gottes Gabe an euch etwa sündigt durch meine Verurteilung."

1. Text

„Kein Getümmel, ihr Athener, sondern harrt mir aus bei dem, was ich euch gebeten, mir nicht zu toben über das, was ich sage, sondern zu hören. Auch wird es
euch, glaube ich, heilsam sein, wenn ihr zuhört. Denn ich bin im Begriff, euch
noch manches andere zu sagen, worüber ihr vielleicht schreien möchtet; aber
keineswegs tut das. Denn wißt nur, wenn ihr mich tötet, einen solchen Mann,
wie ich sage, so werdet ihr mir nicht größeren Schaden zufügen als euch selbst.
Denn Schaden zufügen wird mir weder Meletos noch Anytos im mindesten. Sie
könnten es auch nicht; denn es ist, glaube ich, nicht in der Ordnung, daß dem
besseren Manne von dem schlechteren Schaden geschehe. Töten freilich kann
mich einer, oder vertreiben oder des Bürgerrechtes berauben. Allein dies hält
dieser vielleicht und sonst mancher für große Übel, ich aber gar nicht; sondern
weit mehr dergleichen tun, wie dieser jetzt tut, einen anderen widerrechtlich suchen hinzurichten. Daher ich auch jetzt, ihr Athener, weit davon entfernt bin,
um meiner selbst willen mich zu verteidigen, wie einer wohl denken könnte,
sondern um euretwillen, damit ihr nicht gegen des Gottes Gabe an euch etwas
sündigt durch meine Verurteilung. Denn wenn ihr mich hinrichtet, werdet ihr
nicht leicht einen andern solchen finden, der ordentlich, sollte es auch lächerlich
gesagt scheinen, von dem Gotte der Stadt beigegeben ist, wie einem großen und
edlen Rosse, das aber eben seiner Größe wegen sich zur Trägheit neigt und der
Anreizung durch eine Sporn bedarf, wie mich der Gott dem Staat als einen solchen zugelegt zu haben scheint, der ich euch einzeln anzuregen, zu überreden
und zu verweisen den ganzen Tag nicht aufhöre, überall euch anliegend. Ein anderer solcher nun wird euch nicht leicht wieder werden, ihr Männer. Wenn ihr
also mir folgen wollt, werdet ihr meiner schonen. Ihr aber werdet vielleicht ver-
drießlich, wie die Schlummernden, wenn man sie aufweckt, um euch stoßen und
mich, dem Anytos folgend, leichtsinnig hinrichten, dann aber das übrige Leben
weiter fort schlafen, wenn euch nicht der Gott wieder einen andern zuschickt

aus Erbarmen. Daß ich aber ein solcher bin, der wohl von dem Gotte der Stadt mag geschenkt sein, das könnt ihr hieraus abnehmen. Denn nicht wie etwas Menschliches sieht es aus, daß ich das meinige samt und sonders versäumt habe und es so viele Jahre schon ertrage, daß meine Angelegenheiten zurückstehen, immer aber die eurigen betreibe, an jeden einzeln mich wendend und wie ein Vater oder älterer Bruder ihm zuredend, sich doch die Tugend angelegen sein zu lassen. Und wenn ich hiervon noch einen Genuß hätte und um Lohn andere so ermahnte, so hätte ich noch einen Grund. Nun aber seht ihr ja selbst, daß meine Ankläger, so schamlos sie mich auch alles andern beschuldigen, dieses doch nicht erreichen konnten mit ihrer Schamlosigkeit, einen Zeugen aufzustellen, daß ich jemals einen Lohn mir ausgemacht oder gefordert hätte. Ich aber stelle, meine ich, einen hinreichenden Zeugen für die Wahrheit meiner Aussage, meine Armut."

2. Die Verteidigung als Dienst an der Polis

Die Verteidigungsrede ist nichts anderes als die Fortsetzung der Tätigkeit, um deretwillen Sokrates angeklagt worden ist und jetzt vor Gericht steht. Sie will wie alle Dialoge mahnen und Nutzen stiften:

„Auch wird es euch, glaube ich, heilsam sein, wenn ihr zuhört."

Und wie sooft wird Sokrates auch jetzt wieder Ärgernis erregen:

„Denn ich bin im Begriff, euch noch manches andere zu sagen, worüber ihr vielleicht schreien möchtet."

Die Apologie ist der konsequente Abschluß des sokratischen Wirkens. In ihr verdichtet sich Sokrates' Leben und Philosophieren. Mit dem Bewußtsein, im Auftrag des Gottes zu handeln, verknüpft sich die Überzeugung, in einem sinnvoll geordneten, gerechten Kosmos aufgehoben zu sein. Wenn es denn möglich ist, daß ein gerechter Mensch in dieser Welt getötet, vertrieben oder des Bürgerrechts beraubt wird, so kann das nur heißen, daß ihm mit all dem kein wirklicher Schaden zugefügt wird. Wirklicher Schaden könnte nur die Seele betreffen; sie ist aber dem Einfluß von außen entzogen. Nur wer selbst Unrecht tut, schädigt sie. Dies zu tun, sich selbst zu schaden, sind aber die Ankläger im Begriff, und alle, die für Sokrates' Tod stimmen. So schließt sich der Gedankenkreis: Sokrates verteidigt sich, um seine Widersacher davor zu bewahren, Schaden an sich selbst zu nehmen. Er tut es im Auftrag des Gottes.

Bewahrt er sie wirklich vor Schaden? Provoziert er sie nicht eher zu Unrecht, als daß er sie davor bewahrt? Wir antworten mit einer Gegenfrage: Hätte er das vermeiden können? Hätte er sich dann nicht verleugnen müssen, sich anders geben, als er ist? Er hat recht. Entweder müssen sie ihn so ertragen, wie er ist, oder ihn verurteilen, wenn sie glauben, das nicht tun zu dürfen oder zu können. Er muß sie vor diese Entscheidung stellen. Er ist es der Achtung gegenüber sich selbst und den anderen schuldig, sich das Votum nicht zu erschleichen. Vor allem ist er aber auch dem Gott verpflichtet, der ihn „dieser Stadt beigegeben" hat. Ihm darf er den Dienst nicht aufkündigen. Sokrates freizusprechen, ist nicht nur gerecht, sondern auch nützlich für die Stadt, für die Richter. Gerechtigkeit und Nutzen können nicht in Widerstreit zueinander treten. Und umgekehrt gilt: Die Verurteilung wäre ungerecht und schädlich für die Stadt und für die, die gegen Sokrates rotieren.

Anna Seghers Roman „Das siebte Kreuz" endet mit den Sätzen:
„Wir fühlten alle, wie tief und furchtbar die äußeren Mächte in den Menschen hineingreifen können, bis in sein Innerstes, aber wir fühlten auch, daß es im Innersten etwas gab, was unangreifbar war und unverletzbar."

Das Buch wurde vor dem Beginn des 2. Weltkrieges angesichts der unmenschlichen Grausamkeiten der Nationalsozialisten geschrieben. Was hier die Menschen fühlten, wußte Sokrates: Daß es etwas im Menschen gibt, das von außen nicht tangiert, nicht verletzt werden kann. Sokrates nennt es Seele, unser Grundgesetz spricht von der Würde.

3. Die Verantwortung für die Moral der Bürger

Nicht nur darin erleiden die Athener, wenn sie Sokrates töten, Schaden, daß sie sich selbst – jeder in seiner Seele – Unrecht zufügen, sondern auch dadurch, daß sie die Stadt dessen berauben, der jeden einzelnen in ihr anregt, überredet, verweist, kurz aus dem Schlaf weckt. Sokrates erinnert hier vielleicht an Heraklit, der die anderen Menschen im Vergleich zu sich selber als verständnislos und unerfahren bezeichnet. Ihnen, sagt er, „bleibt verborgen, was sie in wachem Zustand tun, wie das, was sie schlafend vergessen" (fr. 22 B 1, Diels/ Kranz).
    Um „wachen" und „schlafen" ging es auch im Neuen Testament, als Jesus in Gethsemane die Jünger aufforderte, mit ihm zu wachen. Er tat es vergeblich.

„Und er kam zu seinen Jüngern und fand sie schlafend und sprach zu Petrus: Könnet ihr denn nicht eine Stunde mit mir wachen? Wachet und betet, daß ihr nicht in Anfechtung fallet!"
Matthäus, 26, VV. 38-41 (Übersetzung: M. Luther)

„Darum seid wach" ruft der Apostel Paulus in seiner Abschiedsrede den versammelten Gemeindeältesten zu (Apostelgeschichte, 20, V. 31).
    Es gilt nach Heraklit, den Menschen bewußt zu machen, was sie in wachem Zustand tun. Platon spricht später in seinem „Staat" nicht von schlafenden Men-

schen, sondern von solchen, die, in einer Höhle eingesperrt, gezwungen sind, nur die Schatten der realen Gegenstände an der Wand zu betrachten (514a-518d). Und wie diese sich gegen den wehren, der sie aus der Dunkelheit befreien will, so jene gegen den, der sie aus dem angenehmen Schlummer herausreißen will. Es ist eine unangenehme und schmerzhafte Widerfahrnis, sich auf den Weg der Bildung, der Erkenntnis, Wahrheits-, Werterfindung und zugleich der Selbsterkenntnis zu machen. So ergeht es auch dem Arzt, der Verzicht anmahnt, statt Medikamente zu verschreiben:

> „Ist das nicht etwas Charmantes an den Menschen, daß sie den für den allerverhaßtesten halten, der ihnen die Wahrheit sagt: Bevor sie nicht aufhören zu trinken, sich den Bauch vollzuschlagen, nur an Weiber zu denken und zu faulenzen, werden ihnen keine Medikamente, kein Brennen und Schneiden, kein Zauber, kein Amulett nützen und was es sonst noch geben mag.
> Das ist ganz und gar nicht charmant, sagte er. Dem, der die richtigen Worte findet, zu zürnen, hat überhaupt keinen Charme."
>
> *Platon, Staat, 426a-b*

Sokrates hatte davon gesprochen (Kap. 17), daß die Bürger untereinander verwandt seien. Hier wird er konkreter: „Wie ein Vater oder älterer Bruder" habe er ihnen zugeredet. Das markiert größte Nähe und Intimität, verknüpft mit dem Bewußtsein höchster Verantwortung. Bedient sich Sokrates hier gängiger Vorstellungen oder stellt er besondere Anforderungen an eine Bürgertugend?

Nach Aristoteles ist es in einer Polis die Aufgabe der Bürger, sich gegenseitig darum zu kümmern, welche Eigenschaften man jeweils haben sollte und daß niemand ungerecht sei und in Schlechtigkeit gerate (Politik, 1280b).

Jeder ist für jeden verantwortlich: Genauso hatte Meletos argumentiert (Kap. 12), als er behauptete, alle Bürger machten die Jugend besser. Sokrates leistet also mit dem, was er tut, dem Gott Gehorsam und kommt damit zugleich seiner Bürgerpflicht nach – freilich in dem Sinn, daß er allen, die sich nicht wie er in der Anstrengung des begrifflichen Denkens um das Wesen der wahren Tugend bemühen, das Recht abspricht, zu lehren und zu mahnen.

1964 ist dem französischen Philosophen Gabriel Honoré Marcel (1889-1973) in der Frankfurter Paulskirche der Friedenspreis des Deutschen Buchhandels verliehen worden. „Sokratik" hat Marcel die von ihm vertretene christliche Existenzphilosophie genannt. In seiner Rede hat er sich mit der Aufgabe des Philosophen in der Gesellschaft befaßt und unter anderem ausgeführt:

> „Ich glaube, daß das Wort Wächter am genauesten diese Rolle charakterisiert. Darunter verstehe ich folgendes: Wachen, das heißt, wach bleiben, aber noch genauer, zuerst für sich selbst gegen den Schlaf kämpfen. Aber um welche Art von Schlaf handelt es sich? Er kann sich in verschiedener Gestalt darbieten. Da ist zuerst die Gleichgültigkeit, das Gefühl, daß ich nichts vermag, das heißt, der Fatalismus, der übri-

gens verschiedene Aspekte annehmen kann. Daher rührt auch der recht bequeme Optimismus derer, die denken, daß sich letzten Endes alles schon arrangieren werde (als wenn das Geschehene eine Zuversicht dieser Art nicht auf schlagende Weise widerlegt hätte). Daneben gibt es auch die freiwillige Unbeteiligtheit dessen, der unter dem Vorwand, daß ja doch alle lügen, weder Zeitungen liest noch Radio hört. Sich wachhalten, heißt tätig gegen alles reagieren, was uns zur Annahme dieser feigen oder trägen Haltung bringen könnte. Es gibt also durchaus eine Tugend der Wachsamkeit, die der Philosoph im Rahmen des Möglichen ausüben muß."

FAZ vom 22.09.1964, S. 5

Politikverdrossenheit ist heutzutage der Schlaf, aus dem die Menschen, zumal die Jugend, aufgerüttelt werden müssen. Daß der Rechtsstaat nicht nur dadurch definiert ist, daß dem einzelnen Rechte gegenüber dem Staat zustehen, sondern auch dadurch, daß ihm Pflichten auferlegt sind, droht in Vergessenheit zu geraten. Der demokratische Staat lebt davon, daß seine Bürger ihn verantwortlich mitgestalten.

Den Aspekt der Verantwortung für das Gemeinwesen hebt Perikles in seiner von Thukydides gestalteten Gefallenenrede hervor:

„Wir kümmern uns gleichermaßen um die Angelegenheiten zu Hause wie um die der Polis, und wir können, auch wenn wir uns anderen Tätigkeiten widmen, die Angelegenheiten der Polis zutreffend beurteilen. Als einzige nämlich halten wir den, der keinen Anteil an ihnen nimmt, nicht für einen untätigen, sondern für einen unnützen Menschen. Wir entscheiden selbst über die Angelegenheiten oder bemühen uns um die richtige Erkenntnis."

2, 40, 2

Sokrates freilich, auch Platon und Aristoteles ging es mehr um den Staat als eine Institution, die für die Moralität der Bürger verantwortlich ist. In diesem Sinn sollte jeder Bürger Hüter seines Bruders sein. Wir sehen die Aufgabe des Staates darin, den Rechtsrahmen zu schaffen, innerhalb dessen sich jeder nach seinen Vorstellungen verwirklichen kann.

Hatte Perikles das als das Kennzeichen eines Bürgers genannt, daß er sich gleichermaßen um die Belange zu Hause wie um die der Polis kümmert, so stellt Sokrates von sich fest, daß er ohne Lohn selbstlos nur für die Mitbürger tätig gewesen sei. Hier erscheint unter dem Aspekt der Selbstlosigkeit, was zuvor ein Merkmal der sokratischen Weisheit war (vgl. Kap. 4). In „tausendfältige Armut" hat ihn seine Tätigkeit geführt (vgl. Kap. 9). Wie mögen die Athener das eingeschätzt haben? In der Periklesrede steht auch unter anderem dies:

„Sich zu seiner Armut zu bekennen, ist nicht schimpflich; schimpflich ist es vielmehr, sich nicht tatkräftig aus ihr herauszuarbeiten."

Thukydides, 2, 40, 1

An dieser Tatkraft, werden sie urteilen, hat es Sokrates fehlen lassen: Ein Armer mit der Attitüde des müßigen Reichen. Das wird ihn den Mitbürgern eher suspekt gemacht haben. War für Sokrates Chairephon bzw. sein Bruder ein Zeuge (martys) für das Orakel, für den Auftrag des Gottes (vgl. Kap. 5), so ist die Armut für ihn ein Zeugnis (martys) für seinen Gehorsam gegenüber dem Gott.

War für Sokrates Armut eine unvermeidbare Folge seiner Lebensführung, so wurde sie für die Kyniker, die sich durchaus als Sokratiker verstanden, wesentlicher Inhalt ihres philosophischen Selbstverständnisses. Armut als solche war nun wertvoll. Das christliche Ideal der mönchischen Askese dürfte sich unter anderem an diesem Vorbild orientiert haben.

19. Kapitel

(31c-32a)

Politik und Philosophie

„Notwendig muß, wer in der Tat für die Gerechtigkeit streiten will,
auch wenn er sich nur kurze Zeit erhalten soll, ein zurückgezogenes
Leben führen, nicht ein öffentliches."

1. Text

„Vielleicht könnte auch dies jemanden ungereimt dünken, daß ich, um einzelnen
zu raten, umhergehe und mir viel zu schaffen mache, öffentlich aber mich nicht
erdreiste, in eurer Versammlung auftretend dem Staate zu raten. Hiervon nun ist
die Ursache, was ihr mich oft und vielfältig sagen gehört habt, daß mir etwas
Göttliches und Daimonisches widerfährt, was auch Meletos in seiner Anklage
spottend erwähnt hat. Mir aber ist dieses von meiner Kindheit an geschehen, eine
Stimme nämlich, welche jedesmal, wenn sie sich hören läßt, mir von etwas abre-
det, was ich tun will, zugeredet aber hat sie mir nie. Das ist es, was sich mir widersetzt, die Staatgeschäfte zu betreiben. Und sehr mit Recht scheint es mir sich
dem zu widersetzen. Denn wißt nur, ihr Athener, wenn ich schon vor langer Zeit
unternommen hätte, Staatsgeschäfte zu betreiben: so wäre ich auch schon längst
umgekommen und hätte weder euch etwas genutzt noch auch mir selbst. Werdet
mir nur nicht böse, wenn ich die Wahrheit rede. Denn kein Mensch kann sich
erhalten, der sich, sei es nun euch oder einer andern Volksmenge, tapfer widersetzt und viel Ungerechtes und Gesetzwidriges im Staate zu verhindern sucht:
sondern notwendig muß, wer in der Tat für die Gerechtigkeit streiten will, auch
wenn er sich nur kurze Zeit erhalten soll, ein zurückgezogenes Leben führen,
nicht ein öffentliches."

2. Das Daimonion

Sokrates begründet und rechtfertigt seine Lebensweise. Dazu gehört auch, daß
er zu der Frage Stellung nimmt, warum er sich nur in Gespräche mit je einzelnen
eingelassen, sein Anliegen nicht in der Volksversammlung vorgetragen hat. Er
beruft sich auf etwas, das er „Göttliches und Dämonisches" nennt und das die

155

Eigenart hat, abzuraten. Es hat ihn davon abgehalten, Politik im öffentlichen Raum zu betreiben. Von Kindheit an hat er in seinem Innern diese Stimme vernommen und als göttlich gedeutet. Nicht erst das Orakel stellt einen Bezug zur Gottheit her, er konnte, ja mußte vielmehr das Orakel ernst nehmen, weil er immer schon in einer Beziehung zum Göttlichen stand und weil er gute Erfahrungen mit diesem Göttlichen gemacht hatte. Es war nicht etwas Fremdes, das zu ihm sprach. Das Phänomen ist irrational, insofern es nur abrät, und vor allem, weil es nicht begründet; es ist rational, insofern sich gute Gründe für seine Warnungen angeben lassen: „Sehr zu Recht" hält es Sokrates vom öffentlichen Wirken ab. Denn wäre er ihm nicht gefolgt, hätte er weder sich noch den Athenern so nützen können, wie er es glaubt getan zu haben. So leitet die Stimme zu richtigem Handeln an, indem sie vor falschem bewahrt.

Es ist für Sokrates kein Widerspruch, sich und anderen rationale Rechenschaft abzufordern und zugleich anzuerkennen, daß sich in ihm etwas vernehmbar macht, das er nicht steuern und beeinflussen, nur auf- und annehmen kann. Er vertraut der Stimme, wie er darauf vertraut, daß das denkende Bemühen auf Wahrheit gerichtet ist und nicht in die Irre geführt wird. Die Stimme ist etwas, das zwischen der Gottheit und ihm vermittelt (vgl. Kap. 14).

Im Unterschied zu dem Orakel spricht die Stimme nicht zu allen, sondern nur zu ihm persönlich. Und im Unterschied zum Orakel, das eine sein Leben bestimmende Aussage macht, wird die Stimme je und je in konkreten Lebenssituationen vernommen. In diesem Fall korreliert sie mit dem Orakel, insofern sie gewährleistet, daß Sokrates über einen so langen Zeitraum den Auftrag der Gottheit erfüllen und tätig sein kann.

Den Athenern, die ihren Homer kannten, dürfte ein Phänomen wie die innere Stimme des Sokrates nicht fremd gewesen sein. Homer erzählt in der Ilias, wie Achill, willens, das Schwert gegen Agamemnon zu zücken, dann doch davon Abstand nimmt.

„Der Peleussohn empfand Schmerz, und sein Herz
In der behaarten Brust überlegte hin und her,
Ob er das scharfe Schwert von der Hüfte ziehen
Und die Männer aufscheuchen, den Atriden töten solle,
Oder den Zorn beenden und seinen Mut bezähmen.
Während er noch dies erwog in seinem Herzen und Mut
Und aus der Scheide das große Schwert zog, erschien Athene
Vom Himmel. Die Göttin, die weißarmige Hera, hatte sie gesandt,
Da sie beide Helden in ihrem Herzen liebte und sich um sie sorgte.
Sie stellte sich hinter ihn und ergriff den Peleussohn an seinem blonden
      Haar.
Nur ihm zeigte sie sich, von den anderen konnte keiner sie sehen.
Da erstaunte Achill, er wandte sich um und erkannte sogleich
Pallas Athene. Furchtbar strahlten ihre Augen.
Und er erhob die Stimme und sprach zu ihr die gefiederten Worte:

Warum bist du wieder gekommen, Tochter des aigishaltenden Zeus?
Willst du dir von dem Übermut des Atreussohnes Agamemnon einen
    Eindruck verschaffen?
Aber ich sage dir, und ich glaube, daß es auch so geschehen wird:
Für seinen übermäßig großen Stolz wird er bald sein Leben verlieren.
Zu ihm sprach ihrerseits die Göttin, die helläugige Athene:
Ich bin vom Himmel gekommen, deinem Ungestüm Einhalt zu gebie-
    ten, wenn du mir folgst.
Mich sandte die Göttin, die weißarmige Hera,
Da sie euch beide in ihrem Herzen liebt und sich um euch sorgt.
Mach dem Streit ein Ende und nimm die Hand von dem Schwert.
Schmähe ihn mit Worten und sag ihm, wie es sein wird.
Denn so verkünde ich es, und so wird es vollendet.
Einst wirst du dreimal so viele herrliche Geschenke erhalten
Wegen des Übermuts Agamemnons. Beherrsche dich, folge uns.
Ihr antwortete der schnellfüßige Achill und sprach:
Euer beider Worte Göttin, muß man bewahren.
Auch wenn man noch so sehr in seinem Herzen zürnt, denn es ist bes-
    ser so.
Wer den Göttern folgt, auf den hören sie sehr.
So sprach er und hemmte die schwere Hand am silbernen Griff,
Stieß das große Schwert in die Scheide zurück und fügte sich
Dem Wort Athenes. Sie ging zurück zum Olymp
Zum Palast des aigishaltenden Zeus, zu den anderen Göttern."

1, VV. 188-222

„Daimonas" ist das letzte Wort (vgl. Kap. 14).

In einer konkreten und lebensbestimmenden Entscheidungssituation spricht eine göttliche Stimme zu Achill, nur zu ihm. Sie will ihn von etwas abhalten. Sie befiehlt nicht, sie läßt die Wahl. Achill folgt ihr, weil er es für nützlich hält. Er folgt aus Einsicht (vgl. Kap. 13). Die Behauptung der Ankläger, Sokrates führe „neue dämonische Wesen" (vgl. Kap. 11) ein, ist unhaltbar. Xenophon nimmt folgendermaßen Stellung:

„Er führte nichts Neueres ein als all die anderen, die an eine Wahrsage-
kunst glauben und sich der Vögel, Orakelsprüche, Vorzeichen und Opfer bedienen. Denn die nehmen ja auch nicht an, daß die Vögel oder
die, die ihnen Bescheid geben und deuten, wüßten, was für die Ratsu-
chenden nützlich ist, sondern daß die Götter es durch sie anzeigen; und
so glaubte auch er es."

Memorabilien, 1, 1, 3 (vgl. Kap. 22)

Die Anklage, er erkenne die Götter nicht an, die der Staat anerkenne, reichte nicht aus, obwohl sie doch zutreffend war.

3. Der Philosoph in der Polis

Die Distanz, die Sokrates zum politischen Alltag in Athen empfand, formuliert er im platonischen „Gorgias" so:

> „Ich bin kein Staatsmann. Ja, im Vorjahr, als es mich traf, im Rat zu sitzen, und der Stadtbezirk den Vorsitz hatte und ich die Stimmen einsammeln sollte, bereitete ich nur Gelächter und verstand gar nicht, die Stimmen zu sammeln."
>
> *473e (Übersetzung: nach F. Schleiermacher)*

Natürlich stilisiert Sokrates hier seine Weltfremdheit nicht anders als zu Beginn seiner Verteidigungsrede (vgl. Kap. 1). In seiner kritischen Haltung bezieht sich Sokrates nicht nur auf Athen. Er spricht von den Athenern „und einer anderen Volksmenge". Er sah den Konflikt als prinzipiell unausweichlich an.

Platon wollte sich mit dem Rückzug des Philosophen nicht zufrieden geben. Er sah das Heil in der konsequenten Unterordnung der Politik unter die Philosophie: Politik muß zur Philosophie werden.

> „Wenn nicht entweder die Philosophen in den Staaten Könige werden oder die, die heute Könige oder Herrscher genannt werden, aufrichtig und ausreichend philosophieren, und wenn dies nicht zusammenfällt, politische Macht und Philosophie, und wenn die große Menge derer, die sich jetzt aufgrund ihrer Veranlagung nur einem von beiden zuwenden, nicht zwangsweise ausgeschlossen wird, dann wird es, mein lieber Glaukon, des Unglücks für die Staaten kein Ende nehmen und – wie ich glaube – auch nicht für das ganze Menschengeschlecht."
>
> *Staat, 473c-d*

Sokrates hatte die fingierte Frage an sich gerichtet (vgl. Kap. 16), ob er sich nicht schäme, daß er sich mit Dingen befaßt habe, die mit dem Risiko verknüpft seien zu sterben. Sokrates hatte darauf geantwortet, daß der Tod gegenüber dem Recht nicht in Anschlag gebracht werden dürfe. Das bedeutet nicht, wie jetzt deutlich wird, daß man sein Leben leichtfertig aufs Spiel setzen dürfe. Kann man seine Aufgabe auf eine Weise erfüllen, die ein geringeres Risiko birgt und einem doch erlaubt, sich nicht untreu zu werden, so muß man es tun.

20. Kapitel

Die Bewährung

„Tüchtige Beweise will ich euch hiervon anführen, nicht Worte,
sondern was ihr höher achtet, Tatsachen."

1. Text

„Tüchtige Beweise will ich euch hiervon anführen, nicht Worte, sondern was ihr
höher achter, Tatsachen. Hört also von mir, was mir selbst begegnet ist, damit
ihr seht, daß ich auch nicht einem nachgeben würde gegen das Recht aus Todesfurcht und daß ich, wenn ich das nicht täte, sogleich umkommen müßte. Ich
werde euch freilich unangenehme und langweilige Geschichten erzählen, aber
doch wahre. Ich nämlich, ihr Athener, habe niemals irgendein anderes Amt im
Staate bekleidet, nur zu Rate bin ich gesessen. Und eben hatte unser Stadtbezirk,
der antiochische, den Vorsitz, als ihr den Anschlag faßtet, die zehn Heerführer,
welche die in der Seeschlacht Gebliebenen nicht begraben hatten, sämtlich zu
verurteilen, ganz gesetzwidrig, wie es späterhin euch allen dünkte. Da war ich
unter allen Prytanen der einzige, der sich euch widersetzte, damit ihr nichts gegen die Gesetze tun möchtet, und euch entgegenstimmte. Und obgleich die
Redner bereit waren, mich anzuzeigen und gefangenzusetzen, und ihr es forder-
tet und schriet: so glaubte ich doch, ich müßte lieber mit dem Recht und dem
Gesetz die Gefahr bestehen, als mich zu euch gesellen in einem so ungerechten
Vorhaben aus Furcht des Gefängnisses oder des Todes. Und dies geschah, als im
Staat noch das Volk herrschte. Nachdem aber die Regierung an einige wenige
gekommen, so ließen einst die Dreißig mich mit noch vier anderen auf die Tholos holen und trugen uns auf, den Salaminier Leon aus Salamis herzubringen, um
ihn hinzurichten, wie sie denn dergleichen vieles vielen andern auch auftrugen,
um so viele als irgend möglich in Verschuldungen zu verstricken. Auch da nun
zeigte ich, wiederum nicht durch Worte, sondern durch die Tat, daß der Tod,
wenn euch das nicht zu bäurisch klingt, mich auch nicht das mindeste kümmer-
te, nichts Ruchloses aber und nichts Ungerechtes zu begehen mich mehr als alles
kümmert. Denn mich konnte jene Regierung, so gewaltig sie auch war, nicht so
erschrecken, daß ich etwas Unrechtes tat. Sondern als wir von der Tholos herun-
terkamen, gingen die viere nach Salamis und brachten den Leon; ich aber ging
meines Weges nach Hause. Und vielleicht hätte ich deshalb sterben gemußt,

wenn nicht jene Regierung kurz darauf wäre aufgelöst worden. Dies werden auch sehr viele bezeugen können."

2. Der Arginusenprozeß

Tatsachen will Sokrates anführen als Beweis dafür, daß, wer sich einer Volksmenge „tapfer widersetzt und viel Ungerechtes und Gesetzwidriges im Staate zu verhindern sucht, sich nicht lange am Leben erhalten kann". Diesem Anspruch genügt die erste Begebenheit, der Arginusenprozeß, im Jahre 406.

Dann aber will er auch aufzeigen, daß er niemals aus Angst vor dem Tod das Recht verraten hat und daß ihn seine Haltung zweimal in Lebensgefahr gebracht hat. Davon zeugt außer dem Arginusenprozeß das Ansinnen der dreißig Tyrannen. Um zwei Begebenheiten aus dem Leben des Sokrates geht es also. Sie untermauern durch die Praxis, was er als seine Maxime vorgetragen hat (vgl. Kap. 16, Kap. 17).

Worum ging es in dem sogenannten Arginusenprozeß? Nach der Niederlage in Sizilien (413) mußte Athen alles daran setzen, die kleinasiatischen Griechen bei der Stange zu halten. Zu diesem Zweck hielt sich eine Flotte von dreißig Trieren unter dem Befehl des Admirals Konon bei der Insel Lesbos auf. Den Spartanern gelang es, sie einzuschließen. Die Getreidezufuhr Athens aus der Gegend des Schwarzen Meeres war gefährdet. Mit großer Anstrengung rüstete Athen ein Hilfskontingent aus; es umfaßte schließlich 150 Trieren. In der Enge zwischen Lesbos und dem Festland, bei den Arginuseninseln, kam es zur Schlacht. 270 Trieren waren an ihr beteiligt. Die Athener siegten, mußten aber schwere Verluste hinnehmen: 25 Trieren mit je 200 Mann Besatzung sanken.

Was dann geschah, berichtet uns Xenophon in seinem Geschichtswerk, den „Hellenika". Dieser Autor gilt nicht gerade als demokratiefreundlich. Man muß deshalb damit rechnen, daß die Volksversammlung bei ihm schlechter wegkommt, als sie es verdient.

> „Die Strategen der Athener beschlossen, daß die Trierenkommandanten Theramenes und Thrasybulos sowie einige Unterfeldherrn mit 47 Schiffen zu den leckgeschlagenen Trieren und deren Besatzung fahren sollten, mit den übrigen gegen die, die unter dem Befehl des Eteonikos bei Mytilene vor Anker lagen. Ihr Vorhaben wurde jedoch vereitelt, weil ein mächtiges stürmisches Unwetter losbrach. So errichteten sie nur ein Siegeszeichen und gingen dort vor Anker.
> In Athen enthob man die Strategen außer Konon ihres Amtes. ... Von den an der Seeschlacht beteiligten Strategen kehrten Protomachos und Aristogenes nicht nach Athen zurück. Einem von den 6 Strategen, die zurückgefahren waren, dem Erasinides, erlegte Archedemos, der damals Führer des Volkes war ..., eine Geldstrafe auf und erhob Anklage

gegen ihn vor Gericht, weil er Gelder aus dem Hellespont, die Eigentum des Volkes seien, veruntreut habe. Er erhob außerdem Anklage gegen ihn wegen seiner Amtsführung als Stratege. Das Gericht beschloß, Erasinides zu verhaften. Anschließend erstatteten die Strategen vor dem Rat Bericht über die Seeschlacht und die Heftigkeit des Unwetters. Als Timokrates beantragte, daß auch die anderen verhaftet würden und so der Volksversammlung überantwortet werden müßten, ließ der Rat sie verhaften. Danach wurde eine Volksversammlung einberufen, in der außer anderen besonders Theramenes Anklage gegen die Strategen erhob: Sie seien verpflichtet, Rechenschaft darüber abzulegen, daß sie die Schiffbrüchigen nicht gerettet hätten. Als Beweis dafür, daß die Strategen niemandem anderen die Schuld daran gaben, zeigte er einen Brief, den diese an den Rat und an die Volksversammlung geschickt hatten und in dem sie lediglich das Unwetter als Grund benannten. Daraufhin verteidigten sich die Strategen, jeder nur mit wenigen Worten; denn die gesetzlich vorgeschriebene Redezeit wurde ihnen nicht gewährt. Sie berichteten, was vorgefallen war. Sie selbst hätten gegen die Feinde fahren wollen; deshalb hätten sie unter den Trierenkommandanten geeignete Männer ausgewählt, und zwar solche, die selbst schon einmal das Strategenamt bekleidet hätten, unter anderen Theramenes und Thrasybulos, und hätten ihnen die Rettung der Schiffbrüchigen aufgetragen. Und wenn die Athener denn gegen jemanden Anklage erheben müßten, so hätten sie die Schuld an der unterlassenen Hilfeleistung bei niemandem anderen zu suchen als bei denen, denen der Befehl zur Rettung erteilt worden sei. Und, so führten sie aus, weil diese uns anklagen, werden wir nicht lügen und behaupten, sie seien schuldig, vielmehr sagen wir, daß es das schlimme Unwetter gewesen sei, das die Rettung verhindert habe. Als Zeugen für ihre Aussagen ließen sie die Steuerleute auftreten und viele andere von denen, die dabei waren. Mit derartigen Reden suchten sie das Volk zu überzeugen. Viele Bürger erhoben sich und erklärten ihre Bereitschaft, Bürgschaft zu leisten. Man beschloß aber, die Entscheidung zu vertagen. Es war schon spät, und man hätte bei der Abstimmung die Hände nicht mehr sehen können. Der Rat sollte nochmals beraten und einen Antrag einbringen, wie mit den Männern verfahren werden solle. Danach wurde das Fest der Apaturien gefeiert (eine dreitägige Feier der Geschlechterverbände), an dem die Väter mit ihren Verwandten zusammenkommen. Theramenes und seine Leute veranlaßten nun, daß sich viele Menschen mit schwarzen Gewändern und kahl geschorenem Schädel bei diesem Fest einfänden. Sie sollten sich als Verwandte der Umgekommenen ausgeben und in der Volksversammlung erscheinen. Kallixenos überredeten sie, im Rat gegen die Strategen Anklage zu erheben. Daraufhin beriefen sie eine Volksversammlung ein. Der Rat brachte seinen Antrag in der Formulierung des Kallixenos ein: Nachdem die Athener in der vorangegangenen Volksversammlung gehört hätten, was die Ankläger gegen die Strategen, was jene zu ihrer Verteidigung vorgebracht hätten, sollten sie nun gleich, alle nach Phylen (Stadtbezirken) geordnet, die Abstimmung durchführen. Man solle jeder Phyle zwei Urnen zur Verfügung stellen, und in jeder Phyle solle ein Herold folgendes verkünden: Wer die Strategen für schuldig halte, die Sieger der Seeschlacht nicht gerettet zu haben, solle seinen Stimmstein in die vordere Urne werfen, wer nicht, in die hintere. Wenn sie für schuldig befunden würden, sollten sie mit dem Tode bestraft und der für den Vollzug der Todesstrafe zuständigen Behörde der Elfmänner übergeben werden; ihr Vermögen solle konfisziert, der Zehnte davon der Göttin Athene geweiht werden. Da trat ein Mann als Redner auf und berichtete, er habe sich auf einem Mehlfaß retten können. Die dem Tod geweihten Kameraden hätten ihm folgendes aufgetragen: Falls er sich retten könne, solle er dem Volk melden, die Strategen hätten es versäumt, sie zu retten, die sich doch als so tapfer im Dienst des Vaterlandes erwiesen hätten. Euryptolemos und Peisianaktos und einige andere erhoben Anklage gegen Kallixenos; sie beschuldigten ihn, einen gesetzwidrigen Antrag eingebracht zu haben. (Die Anklage wegen Gesetzeswidrigkeit hatte normalerweise aufschiebende Wirkung.) Einige aus dem Volk pflichteten ihnen bei, die Masse aber lärmte, es sei schlimm, wenn man das Volk nicht tun lasse, was es wolle. Und als daraufhin Lykiskos sagte, man solle auch Euryptolemos und die, die seiner Meinung sind, in derselben Abstimmung wie die Feldherrn gleich mitverurteilen, wenn sie ihre Anklage nicht fallen ließen, lärmte die Menge wiederum, diesmal zustimmend. So wurden sie gezwungen, die Anklage fallen zu lassen. Nun weigerten sich aber einige Prytanen (Vertreter des Stadtbezirks im Rat, die gerade die Geschäfte führten), die Abstimmung über die Schuld der Strategen gegen das Gesetz vornehmen zu lassen; da trat wiederum Kallixenos auf und erhob gegen sie dieselbe Anklage wie gegen Euryptolemos und alle, welche die gleiche Meinung wie er vertreten hatten. Das Volk lärmte, man solle die vor Gericht stellen, die sich weigerten, die Abstimmung durchführen zu lassen. Die Prytanen bekamen Angst und erklärten sich bereit, die Abstimmung durchzuführen, alle außer Sokrates, dem Sohn des Sophroniskos. Der erklärte, er werde in nichts anders handeln, als das Gesetz es vorschreibe."

Euryptolemos verteidigte die Feldherrn und riet vor allem zu einem gesetzeskonformen Verfahren: Über jeden müsse einzeln befunden werden. Er stellte einen entsprechenden Antrag.

„Der Rat aber vertrat die Meinung, über alle in einer Abstimmung zu urteilen. Als darüber in der Volksversammlung abgestimmt wurde, entschied sich die Mehrheit zuerst für den Antrag des Euryptolemos. Als aber Menekles unter Eid einen Aufschub verlangte, wurde die Abstimmung wiederholt. Jetzt siegte der Antrag des Rates. Und jetzt verurteilten sie alle acht Feldherrn, die an der Seeschlacht teilgenommen hatten. Sechs, die anwesend waren, wurden mit dem Tode bestraft.

Nicht viel später reute die Athener ihr Verhalten, und sie beschlossen, daß eine vorläufige Anklage gegen die erhoben werde, die das Volk getäuscht hätten. Sie sollten Bürgen stellen, bis über sie befunden werde. Einer von denen, gegen die vorgegangen werde, solle Kallixenos sein."

Er und vier weitere, gegen die ebenfalls vorläufige Anklage erhoben wurde, konnten sich dem Prozeß durch die Flucht entziehen. Nach dem Sieg der Demokraten über die 30 Tyrannen kehrte Kallixenos nach Athen zurück. „Von allen gehaßt, starb er hungers."

1, 6, 35-1, 7, 35

Einer der zum Tode Verurteilten war Perikles, der Sohn des Perikles und der Aspasia.

Soweit der Bericht. Rechtswidrig waren ihm zufolge vier Tatbestände:

1. Den Angeklagten wurde in der ersten Volksversammlung nicht die ihnen zustehende Zeit zur Verteidigung eingeräumt. In der zweiten wurde ihnen die Möglichkeit überhaupt versagt.
2. Der Antrag auf Feststellung der Gesetzwidrigkeit wurde übergangen.
3. Es wurde kollektiv über sie abgestimmt.
4. Eine getrennte Abstimmung über die Schuld und über die Strafe fand nicht statt.

Kollektive Verurteilungen scheinen allerdings möglich gewesen sein.
An dem Prozeß waren mehrere Verfassungsorgane beteiligt.

1. Die Volksversammlung: Ihr gehörten alle männlichen freien Bürger an, die das 18. Lebensjahr vollendet hatten. Sie hatten Rede-, Antrags- und Abstimmungsrecht. Die Volksversammlung war beschlußfähig, wenn mindestens 6000 Stimmberechtigte anwesend waren. Sie war Legislative und Judikative. Sie war zuständig, wenn der Verdacht auf Mängel in der Amtsführung bestand.
2. Der Rat der Fünfhundert. In ihm war jede der 10 Phylen (Stadtbezirke), in die Athen mit seinem Umland eingeteilt war, mit je 50 Abgeordneten vertreten. Er befaßte sich in der Regel im vorhinein mit den Anträgen, die in der Volksversammlung eingebracht werden sollten, und gab eine Empfehlung ab.
3. Die Prytanie: Sie wurde von den je 50 Ratsherren einer Phyle gebildet und führte für den 10. Teil eines Jahres die Geschäfte. Die amtierenden Ratsherren hießen Prytanen. Für jeden Tag wurde einer

von ihnen zum Vorsitzenden gewählt. Er war für den Ablauf der Ratssitzung und Volksversammlung zuständig. Zur Zeit des Prozesses war Sokrates Prytane.

Der Arginusenprozeß ist die erste der „unangenehmen und langweiligen Geschichten", die Sokrates erzählt. Daß er mit seinem Verhalten das Volk gegen sich aufbringen mußte, wird nicht eigens erwähnt, versteht sich aber wohl von selbst. Warum ist die Drohung, man solle mit denen, die die Abstimmung verhindern wollten, verfahren wie mit den Feldherren, nicht wahr gemacht worden? Wir erfahren darüber nichts. Vielleicht haben einflußreiche Freunde ihre schützende Hand über Sokrates gehalten. Oder war man zufrieden, als man sein Ziel, die Verurteilung der Feldherren erreicht hatte? Oder ist die Reue schneller gekommen, als daß Zeit gewesen wäre, einen neuen Prozeß in Gang zu setzen?

Ereignisse wie das geschilderte, waren – mindestens im peloponnesischen Krieg – keine Seltenheit. Thukydides berichtet, daß nach dem Abfall der Stadt Mytilene auf Lesbos (427) im Zorn ein Beschluß gefaßt wurde,

> „alle erwachsenen Mytilenäer zu töten, die Frauen und Kinder zu versklaven. ... Gleich am Tag darauf aber empfand man Reue und machte sich klar, wie grausam und schwerwiegend der Beschluß sei, den man gefaßt habe, nämlich eine ganze Stadt zu vernichten statt nur die Schuldigen."
>
> *3, 36*

413 war das Heer der Athener in Sizilien in aussichtsloser Lage. Einer der beiden Feldherren, Demosthenes, plädierte für Rückzug. Dem widersetzte sich der andere, Nikias, mit folgendem bezeichnenden Argument:

> „Er wisse genau, daß die Athener es ihnen nicht durchgehen lassen würden, wenn sie ohne Volksbeschluß den Rückzug anträten. Denn die, die über sie abstimmten, seien ja nicht Leute, die wie sie selbst die Lage als Augenzeugen beurteilen könnten. Sie würden sich aufgrund gehässiger Reden ihre Meinung bilden. Auf die Verleumdungen, die ihnen einer in geschickter Rede vortrüge, würden sie hören. Viele der Soldaten, die jetzt hier seien, ja, die meisten, sagte er, die sich jetzt über die schlimme Lage lauthals äußerten, würden sich, nach Hause zurückgekehrt, lauthals im entgegengesetzten Sinn äußern und behaupten, die Feldherren seien nur abgezogen, weil sie bestochen worden seien. Er jedenfalls kenne den Charakter der Athener. Statt von ihnen eine schimpfliche und ungerechte Anklage zu gewärtigen und umgebracht zu werden, wolle er lieber, wenn nötig, den Kampf auf sich nehmen und aufgrund eigenen Entschlusses vom Feind den Tod erleiden."
>
> *7, 48*

Hier wird das, was den Feldherren nach der Schlacht bei den Arginusen 7 Jahre später tatsächlich zugestoßen ist, in Gedanken vorweggenommen.

Als Zeichen einer negativen Entwicklung der Demokratie wertet Platon es, wenn die Menschen

„sich schließlich nicht einmal mehr um die Gesetze kümmern, seien es die geschriebenen oder die ungeschriebenen, damit sie auf gar keine Weise irgendeinen Herrn über sich haben."

Staat, 563d

Mit dieser Situation sieht sich Sokrates konfrontiert. Ist es nicht verständlich, daß er der Gesellschaft die Fähigkeit abspricht, der Jugend Werte zu vermitteln, daß er den fachkundigen Erzieher fordert (vgl. Kap. 12)?

Seine kritische Haltung gegenüber einer Demokratie, wie sie in Athen in den letzten Jahrzehnten des 5. Jahrhunderts praktiziert wurde, machte man ihm denn auch zum Vorwurf:

„Er brachte seine Dialogpartner dazu, die bestehenden Gesetze gering-zuschätzen. Er erklärte, es sei doch töricht, die den Staat Regierenden im Losverfahren zu bestellen. Kein Mensch wolle doch einen durch das Losverfahren bestellten Steuermann einstellen oder einen Baumeister oder einen Flötenspieler oder irgendeinen anderen derartigen Fachmann, obwohl diese doch, wenn sie versagen, einen viel geringeren Schaden anrichten als die, die in der Regierung des Staates versagen."

Xenophon, Memorabilien 1, 2, 9

Nun mag es in der Tat verwundern, daß man die Ämter der Ratsherren, Beamten (Archonten) und Richter im Losverfahren vergab. Der Vorteil liegt auf der Hand: Absprachen und Klüngelei wurden verhindert, dem Berechtigten wurde Chancengleichheit garantiert. Andererseits wurden dem Zufall Tür und Tor geöffnet. Ursache des Verfahrens mag die Vorstellung gewesen sein, daß durch das Los die Gottheit entschied. Platon formuliert in den „Gesetzen" in Bezug auf den Tempeldienst:

„Es ziemt sich, dem Gotte selbst anheimzustellen, daß das ihm Wohl-gefällige geschehe, und vermittels des Loses der göttlichen Fügung es zu überlassen."

659b-c (Übersetzung: F. Schleiermacher)

Sokrates erkennt: Je weniger die Regierenden selbst Fachleute sind, umso mehr bedürfen sie der Experten. Überspitzt formuliert: Gerade die Demokratie braucht Eliten.

Nun wird man gewiß dem Volk, das sich im Arginusenprozeß so sehr von Emotionen leiten ließ, nicht gerecht, wenn man ihm nur Versagen und Mangel an Urteilskraft vorwirft. Man muß bedenken: 25 Trieren mit je 200 Menschen waren gesunken, die meisten waren ertrunken. Viele Bürger hatten Angehörige verloren, Väter, Brüder, Söhne. Die Toten ruhten auf dem Meeresgrund, sie konnten nicht begraben werden, kein Grabstein hielt die Erinnerung an sie wach. In Homers Ilias fleht Hektor seinen Bezwinger Achill an, seinen Leichnam seinen Eltern zur Bestattung zu überlassen (22, VV. 338-344). Der tote Patroklos mahnt seinen Freund Achill in einem Traum, ihn zu bestatten, damit seine Seele Ruhe finde (23, VV. 69-75). Antigone ist bereit, den Tod auf sich nehmen, um den Bruder zu begraben. Der Feldherr Nikias verzichtet auf den Ruhm des Siegers, um zwei Gefallene von den Gegnern zurückzuerhalten, damit er sie bestatte (Thukydides, 4, 42-44; Plutarch, Nikias, Kap. 6). Das war im Jahre 425. Theramenes hat im Prozeß die Situation genutzt und noch verschärft. Sokrates tritt gegenüber dem Anspruch der Toten für das Recht der Lebenden ein, gegenüber den Emotionen für die Vernunft.

Es mag ihm vielleicht weniger schwer gefallen sein als manchem anderen, wenn man, was er sagt, als er im Gefängnis die Vollstreckung des Todesurteils erwartet, für den Sokrates des Jahres 406 in Anspruch nehmen darf:

„Kriton: Wie sollen wir dich begraben?
Sokrates: Wie ihr wollt, wenn ihr mich denn zu fassen bekommt und ich euch nicht entkomme.
Dabei lachte er still vor sich hin, sah uns an und sagte: Den Kriton überzeuge ich nicht davon, daß ich der Sokrates bin, der sich jetzt unterhält und seine Argumente geordnet darlegt. Er glaubt vielmehr, ich sei jener, den er in Kürze tot sehen wird, und deshalb fragt er, wie er mich bestatten soll."

Platon, Phaidon, 115c-d (Übersetzung: F. Schleiermacher)

Es gibt eine Geschichte, in der Jesus allein seinen Widersachern und der Menge entgegentritt. Im Evangelium des Johannes wird sie erzählt:

„Jesus aber ging an den Ölberg. Und frühmorgens kam er wieder an den Tempel, und alles Volk kam zu ihm; und er setzte sich und lehrte sie. Aber die Schriftgelehrten und Pharisäer brachten ein Weib zu ihm, im Ehebruch ergriffen, und stellten sie in die Mitte dar und sprachen zu ihm: Meister, dies Weib ist ergriffen auf frischer Tat im Ehebruch. Mose aber hat uns im Gesetz geboten, solche zu steinigen; was sagst du? Das sprachen sie aber, ihn zu versuchen, auf daß sie eine Sache wider ihn hätten. Aber Jesus bückte sich nieder und schrieb mit dem Finger auf die Erde. Als sie nun anhielten, ihn zu fragen, richtete er sich auf und sprach zu ihnen: Wer unter euch ohne Sünde ist, der werfe den ersten Stein auf sie, und bückte sich wieder nieder und schrieb auf die Erde.
Da sie aber das hörten, gingen sie hinaus (von ihrem Gewissen überführt), einer nach dem andern, von den Ältesten an bis zu den Geringsten; und Jesus ward gelassen allein und das Weib in der Mitte stehend."

Kapitel 8, VV. 1-9 (Übersetzung: M. Luther)

Jesus hatte mehr Erfolg als Sokrates, zu spät ergriff die Athener die Reue. Jesus stellt sich auf die Seite einer Frau, die auf frischer Tat ergriffen war, einer Sünderin. Er geht über Sokrates hinaus. Er will nicht der Vernunft zum Sieg verhelfen, sondern der Nächstenliebe. Was beide eint, ist der Mut. Wir können es auch Zivilcourage nennen. Durch sie bildet und bewährt sich Individualität.

3. Der Befehl der dreißig Tyrannen

In dem zweiten Vorfall, den Sokrates berichtet, verdankt er seine Rettung nur dem Umstand, daß die Regierung der 30 Tyrannen gestürzt wurde, bevor sie ihn töten konnte. Sie war in den Jahren 404/03 nur wenige Monate im Amt. Sie war nicht gut auf Sokrates zu sprechen. Einer Tyrannis ist ein kritischer Geist allemal unbequem.

In Xenophons Memorabilien lesen wir von einem Ereignis, das, wenn es auch nicht wahr sein sollte, so doch gut erfunden ist und uns einen Sokrates zeigt, der seine intellektuelle Überlegenheit gegenüber den Machthabern mit unnachahmlicher Ironie ausspielt:

> „Als die Dreißig viele Bürger töteten, und nicht die schlechtesten, und viele andere veranlaßten, Unrecht zu tun, da sagte Sokrates bei irgendeiner Gelegenheit, es erscheine ihm merkwürdig, wenn ein Rinderhirt, der die Rinder dezimiere und schlechter mache, nicht zugebe, ein schlechter Rinderhirt zu sein, noch merkwürdiger, wenn ein Staatslenker, der die Bürger dezimiert und schlechter macht, sich nicht schämt und nicht auch selbst der Meinung ist, ein schlechter Staatslenker zu sein. Dies wurde den Machthabern zugetragen. Kritias und Charikles ließen Sokrates kommen. Sie zeigten ihm das Gesetz (das die öffentliche Lehrtätigkeit untersagte) und verboten ihm, sich mit den jungen Leuten zu unterhalten.
> Sokrates fragte sie, ob er um eine Auskunft bitten dürfe, wenn er etwas von dem, was sie gesagt hätten, nicht verstehe. Sie gestatteten es. Ich bin bereit, den Gesetzen zu gehorchen, sagte er. Damit ich nun aber nicht aus Unwissenheit unvermerkt gesetzeswidrig handle, möchte ich gerne folgendes genauer von euch wissen: Befehlt ihr mir, die Kunst des Gesprächs aufzugeben, weil ihr meint, sie habe es mit richtig Gesagtem zu tun oder mit unrichtig Gesagtem? Wenn mit richtig Gesagtem, so würde das bedeuten, daß man aufhören solle, richtig zu reden. Wenn mit nicht richtig Gesagtem, so müßte es bedeuten, daß man sich bemühen muß, nicht zu reden.
> Charikles wurde zornig auf Sokrates und sagte: Da du nicht begreifst, ordnen wir an, was für dich leichter verständlich ist: Du darfst dich mit den jungen Leuten überhaupt nicht unterhalten.
> Da sagte Sokrates: Damit kein Zweifel besteht, gebt mir an, bis zu welchem Alter man Menschen für junge Leute halten muß.

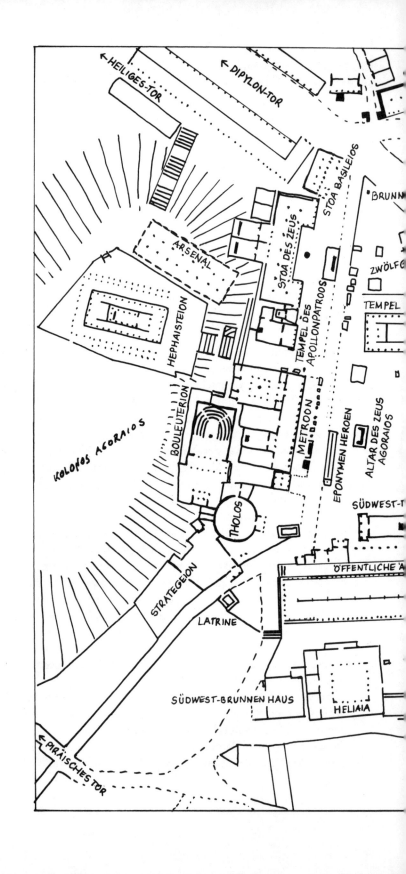

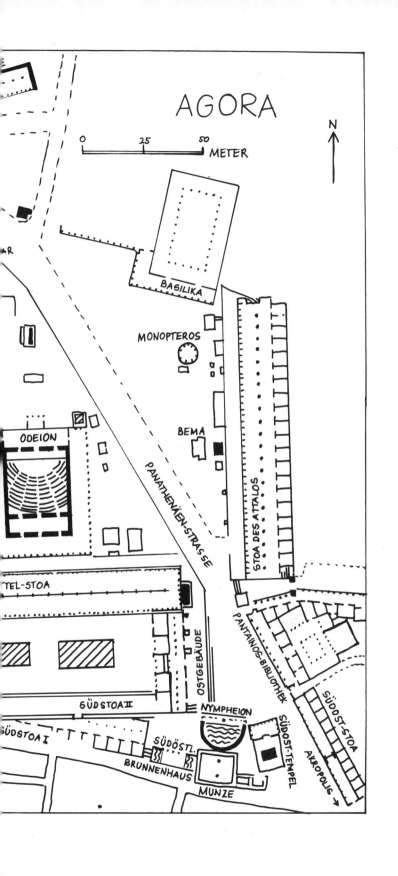

AGORA

0   25   50 METER

N

BASILIKA

MONOPTEROS

BEMA

ODEION

PANATHENÄEN-STRASSE

STOA DES ATTALOS

...TEL-STOA

OSTGEBÄUDE

PANTAINOS-BIBLIOTHEK

SÜDSTOA II

NYMPHEION

SÜDOST-STOA

SÜDSTOA I

SÜDÖSTL.
BRUNNENHAUS

SÜDOST-TEMPEL

AKROPOLIS

MÜNZE

Und Charikles antwortete: Solange sie nicht Ratsherren sein dürfen; solange hält man sie noch nicht für geistig reif. Führe keine Gespräche mit jungen Leuten, die nicht älter als 30 Jahre sind.

Wenn ich etwas einkaufe, fragte er, und der Verkäufer ist jünger als 30 Jahre, darf ich auch dann nicht fragen, wie teuer er es verkauft?

Ja, so etwas darfst du fragen, sagte Charikles. Aber du, Sokrates, pflegst ja meist Dinge zu fragen, die du genau kennst. Solche Fragen stelle von nun an nicht mehr.

Und darf ich auch nicht antworten, sagte er, wenn ein junger Mann mich fragt und ich weiß, wo zum Beispiel Charikles wohnt oder wo Kritias ist?

Ja, so etwas darfst du antworten, sagte Charikles.

Da warf Kritias ein: Aber das mußt du künftig lassen, das mit den Schustern, Baumeistern und Schmieden. Die sind nämlich, glaube ich, nun wirklich schon abgenutzt, sooft führst du sie im Munde.

Auch das, was darauf folgt, fragte Sokrates, das Gerechte, Fromme und anders derartiges?

Ja, beim Zeus, antwortete Charikles. Auch das mit den Rinderhirten. Andernfalls sieh dich ja vor, daß nicht auch du dazu beiträgst, die Rinder zu dezimieren.

Damit wurde es nun offensichtlich, daß man ihnen die Geschichte mit den Rindern hinterbracht hatte und sie deshalb zornig auf Sokrates waren."

1, 2, 32-38

Sokrates' Art, Gespräche zu führen, wurden als unbequem, ja, subversiv empfunden, sie wirkten als Bedrohung derer, die jeweils das Sagen im Staat hatten, und so mochte den Dreißig daran gelegen sein, ihn zu kompromittieren. Konnte man ihn der Diskrepanz zwischen seinem Anspruch und seinem Verhalten bezichtigen, war er diskreditiert und ungefährlich:

In die Tholos ließen die Machthaber Sokrates holen. In dieses Gebäude, einen Rundbau im Westen der Agora, in dem einst in der Demokratie die mit Leitungsaufgaben betrauten Prytanen tagten, hatten sie ihren Amtssitz gelegt, eine symbolische Geste. Mit vier anderen sollte Sokrates den Salaminier Leon von der Insel herbeischaffen. Über dessen Identität weiß man nichts Sicheres. Offenbar war er als Demokrat vor den Tyrannen in seine Heimat geflohen. Ein Grund für die Tötungsabsicht wird nicht genannt. An ein förmliches Gerichtsverfahren ist sicher nicht gedacht. Diese Mängel, daß politische Gesinnung über Leben und Tod entscheiden sollte und der Rechtsweg ausgeschlossen war, veranlaßten Sokrates offenbar zu seiner Weigerung. Und war es üblich, sich beliebiger Privatpersonen für staatliche Aufträge zu bedienen?

Die Vier fuhren nach Salamis, Sokrates ging nach Hause. Die Tötung Leons hat er ebenso wenig verhindern können wie die Hinrichtung der im Arginusenprozeß verurteilten Strategen. Sokrates wußte das. Wenn es um Recht und Unrecht geht, gibt es kein Abwägen von Erfolgsaussichten. Gehorsam wird nicht jedem Amtsträger geschuldet, und nicht jeder Befehl, der ergeht, darf ausgeführt werden.

Warum ist Sokrates nicht wie so viele Demokraten, unter anderen Chairephon (vgl. Kap. 5) und sein Ankläger Anytos, vor den Tyrannen geflohen? Sah er nun mehr noch als vorher seine Aufgabe darin, in Athen Recht anzumahnen? Hat er seine Gefährdung in Kauf genommen? In Kauf genommen hat er freilich auch, daß er sich den Demokraten, die die Tyrannen bekämpft und schließlich besiegt haben, verdächtig gemacht hat.

In das Jahr 62 n. Chr. fällt der Bruch zwischen Seneca, dem politisch engagierten stoischen Philosophen, und dem Kaiser Nero. In dieser Zeit entsteht Senecas Schrift „de tranquillitate animi" (über die Seelenruhe), in der er sich auch in die Zeit der Tyrannenherrschaft in Athen hineinversetzt und über die Rolle des Sokrates nachdenkt.

> „Sokrates blieb trotzdem in der Stadt und in der Öffentlichkeit: Er tröstete die trauernden Bürger, machte den am Staat Verzweifelten Mut, tadelte die um ihre Schätze bangenden Reichen wegen der zu späten Reue ihrer Habsucht, die ihnen nun gefährlich wurde, und erwies sich denen, die sich an ihm ein Beispiel nehmen wollten, als großes Vorbild, wie er sich da frei mitten unter den 30 Tyrannen bewegte."
>
> 5, 2

So könnte es in der Tat gewesen sein.

21./22. Kapitel
(32e-34b)

Der ungeliebte Warner und Mahner

„Eigentlich aber bin ich nie irgend jemandes Lehrer gewesen."

1. Text

(21) „Glaubt ihr wohl, daß ich so viele Jahre würde durchgekommen sein, wenn ich die öffentlichen Angelegenheiten verwaltet und, als ein redlicher Mann sie verwaltend, überall dem Recht geholfen und dies, wie es sich gebührt, über alles gesetzt hätte? Weit gefehlt, ihr Athener; und ebensowenig irgendein anderer Mensch. Ich werde also mein ganzes Leben hindurch, wo ich etwas öffentlich verrichtet, und ebenso auch für mich als ein solcher erscheinen, daß ich nie einem jemals irgend etwas eingeräumt habe wider das Recht, weder sonst jemand noch auch von diesen einem, die meine Verleumder meine Schüler nennen. Eigentlich aber bin ich nie irgend jemandes Lehrer gewesen; wenn aber jemand, wie ich rede und mein Geschäft verrichte, Lust hat zu hören, jung oder alt, das habe ich nie jemandem mißgönnt. Auch nicht etwa nur, wenn ich Geld bekomme, unterrede ich mich, wenn aber keines, dann nicht; sondern auf gleiche Weise stehe ich dem Armen wie dem Reichen bereit zu fragen, und wer da will, kann antworten und hören, was ich sage. Und ob nun jemand von diesen besser wird oder nicht, davon bin ich nicht schuldig, die Verantwortung zu tragen, da ich Unterweisung hierin weder jemals jemandem versprochen noch auch erteilt habe. Wenn aber einer behauptet, jemals von mir etwas ganz Besonderes gelernt oder gehört zu haben, was nicht auch alle andern, so wißt, daß er nicht die Wahrheit redet.

(22) Aber weshalb halten sich wohl einige so gern seit langer Zeit zu mir? Das habt ihr gehört, Athener, ich habe euch die ganze Wahrheit gesagt, daß sie nämlich diejenigen gern mögen ausforschen hören, welche sich dünken, weise zu sein, und es nicht sind. Denn es ist nicht unerfreulich. Mir aber ist dieses, wie ich behaupte, von dem Gotte auferlegt zu tun, durch Orakel und Träume und auf jede Weise, wie nur je göttliche Schickung einem Menschen etwas auferlegt hat zu tun.

Dies, ihr Athener, ist ebenso wahr als leicht zu erweisen. Denn wenn ich von unsern Jünglingen einige verderbe, andere verderbt habe: So würden doch, wenn einige unter ihnen bei reiferem Alter eingesehen hätten, daß ich ihnen je in ihrer Jugend zum Bösen geraten, diese selbst jetzt aufstehen, um mich zu verklagen und zur Strafe zu ziehen; wollten sie aber selbst nicht, so würden irgendwelche von ihren Verwandten, Eltern, Brüder oder andere Angehörige, wenn ich ihren Verwandten irgend Böses zugefügt, es mir jetzt gedenken. Auf jeden Fall sind ja viele von ihnen hier zugegen, die ich sehe, zuerst hier Kriton, mein Alters- und Demengenosse, der Vater dieses Kritobulos; dann Lysanias der Sphettier, dieses Aischines Vater; auch Antiphon der Kephesier, des Epigenes Vater. Und andere sind diese, deren Brüder meines Umgangs gepflogen, Nikostratos, des Theosdotides Sohn, der Bruder des Theodotos – und zwar ist Theodotos tot, der ihn also nicht kann beschwichtigt haben; und Paralos, des Demodokos Sohn, dessen Bruder Theages war; und Adeimantos, des Ariston Sohn, der Bruder dieses Platon; und Aiantodoros, dessen Bruder dieser Apollodoros ist. Und noch viele andere kann ich euch nennen, von denen doch vor allen Dingen Meletos in seiner Rede irgendeinen zum Zeugen sollte aufgerufen haben. Hat er es aber damals vergessen; so rufe er noch einen auf, ich gebe es nach, und er sage es, wenn er so etwas hat. Allein hiervon werdet ihr ganz das Gegenteil finden, ihr Männer, alle willig, mir beizustehen, mir, dem Verderber, dem Unheilstifter ihrer Verwandten, wie Meletos und Anytos sagen. Denn die Verführten selbst könnten vielleicht Grund haben, mir beizustehen; aber die unverderbten, schon reiferen Männer, die ihnen verwandt sind, welchen anderen Grund hätten diese, mir beizustehen, als den gerechten und billigen, daß sie wissen, Meletos lügt, ich aber rede die Wahrheit?"

2. Warner und Prophet

Jeder, der sich wie Sokrates kompromißlos für das Recht einsetzt, wäre als Politiker gescheitert. Sokrates sieht sich nicht als Einzelfall: Als Politiker darf man grundsätzlich kein radikaler Vertreter ethischer Grundsätze sein. Wie weit man andererseits in öffentlichen Ämtern von seinen Grundsätzen abweichen darf, ist eine andere Frage. Jedenfalls sollte man Sokrates' Äußerungen nicht als ein generelles Verdikt über Politik und Politiker mißverstehen, eher muß man sie als eine pragmatische Anerkennung der Realität interpretieren. Wichtig ist es, daß es die Mahner und Warner gibt, und wichtig wäre es, daß man ihnen Gehör schenkte, statt sie als lästige Unruhestifter zu empfinden und schließlich gar zu töten.

Die griechische Literatur ist reich an Beispielen, in denen Warner vergeblich ihre Stimme erheben; sie alle sind wie Kassandra damit gestraft, daß ihnen nicht geglaubt wird.

In Homers „Ilias" rät Polydamas in einer kritischen Situation Hektor und den Troern, hinter den Mauern der Stadt Schutz vor Achill zu suchen – vergeblich.

„Was du sagst, Polydamas, gefällt mir gar nicht, der du uns aufforderst,
in die Stadt zu gehen und uns dort zu versammeln."

18, VV. 285 und 286

So antwortet Hektor; und er wird sich seiner Verblendung erst bewußt, als es zu
spät ist.

Vergeblich warnt in der „Odyssee" Odysseus seine Gefährten, die Rinder
des Helios zu schlachten und zu essen, vergeblich warnen die Gefährten Odysseus, in der Höhle die Ankunft des Kyklopen zu erwarten (12, VV. 297-303; 9,
VV. 224-229).

In Sophokles' Tragödie „Antigone" hört der König Kreon nicht auf den Seher Teiresias, als dieser ihn warnt, dem toten Polyneikes das Begräbnis zu verweigern und ihn so noch einmal töten zu wollen. Teiresias schließt seine Rede
mit folgenden Worten:

„Gut für dich gesinnt,
Sag ich es gut. Zu lernen ist erfreulich,
Spricht einer gut, und nützet, was er sagt."

VV. 1032 u. 1033 (Übersetzung: Friedrich Hölderlin)

Spricht nicht so auch Sokrates zu den Menschen in Athen? In dem Kriegsrat, in
dem der Perserkönig Xerxes 485 sein Vorhaben verkündet, gegen Griechenland
zu Felde zu ziehen, ist es sein Onkel Artabanos, der ihn mit guten Argumenten
davon abzuhalten sucht, aber letztlich nichts bewirkt (Herodot, 7, 10). Ebenso
wenig haben die Athener, als sie sich im peloponnesischen Krieg in das sizilische
Abenteuer stürzten, auf den Rat des Perikles gehört, ihren Machtbereich zu verteidigen, nicht zu erweitern (Thukydides, 1, 144).

Die Seherin Kassandra ist zum Inbegriff der vergeblich warnenden Prophetin geworden.

Die Warner zeigen stets die richtige Alternative auf, die Gewarnten und
nicht Hörenden erweisen sich als verblendet. Sie erleiden Schaden. So auch in
dem vorliegenden Fall: Sokrates kann nichts Leidvolles zustoßen, die Polis hat
das Nachsehen, wenn sie ihn tötet (vgl. Kap.18).

Den Fall rechtzeitiger Umkehr kennen wir aus dem „Alten Testament": Der
Prophet Jona predigt den Untergang der Stadt Ninive:

„Da glaubten die Leute zu Ninive an Gott und ließen predigen, man
sollte fasten, und zogen Säcke an, beide, groß und klein."

Der Prophet Jona, 3, VV. 4 und 5 (Übersetzung: M. Luther)

Warum gelingt es hier? Weil die Menschen tätige Reue zeigen und weil es einen
Gott gibt, der „gnädig, barmherzig, langmütig und von großer Güte" ist (Jona, 4,
V. 2).

„Da aber Gott sah ihre Werke, daß sie sich bekehrten von ihrem bösen Wege, reute ihn des Übels, das er geredet hatte ihnen zu tun, und tat's nicht."

Jona, 3, V. 10

Dieser Gott ändert ein vorgezeichnetes Geschehen, er greift in die Geschichte ein. Er ist allmächtig. Einen Gott wie diesen kannten die alten Griechen nicht.

3. Mahnung zur Umkehr

Sokrates wußte, daß das Verhältnis zwischen dem Volk der Athener und ihm tödlich enden mußte. Er registrierte die wachsende Feindschaft. Zweimal war er knapp dem Tode entronnen, das dritte Mal würde es ihm nicht gelingen.

Platon deckt in seinem Dialog „Gorgias" die Tiefendimension des Konflikts auf:

„Kallikles: Wie scheinst du mir doch, Sokrates, zu glauben, dir könne nichts dergleichen begegnen, als ob du weit aus dem Wege wohntest und nicht etwa könntest von dem ersten besten elenden und ganz schlechten Menschen vor Gericht gezogen werden.
Sokrates: Dann wäre ich wohl ganz unvernünftig, Kallikles, wenn ich nicht glaubte, daß in dieser Stadt jedem jedes begegnen kann, wie es sich trifft. Aber das weiß ich auch, wenn ich vor Gericht erscheinen muß und in solche Gefahr komme wie du sagst, so wird das ein schlechter Mensch sein, der mich vorgeladen hat – denn kein Guter würde einen unschuldigen Menschen belangen –, und es sollte mich gar nicht wundern, wenn ich sterben müßte. Soll ich dir sagen, weshalb ich das erwarte?
Kallikles: O ja.
Sokrates: Ich glaube, daß ich, mit einigen wenigen anderen Athenern, damit ich nicht sage ganz allein, mich der wahren Staatskunst befleißige und die Staatssachen betreibe ganz allein heutzutage. Da ich nun nicht ihnen zum Wohlgefallen rede, was ich jedesmal rede, sondern für das Beste, gar nicht für das Angenehmste, und mich nicht befassen will mit den herrlichen Dingen, die du mir anmutest: So werde ich nichts vorzubringen wissen vor Gericht, und es wird mich dasselbe treffen, was ich zum Polos sagte. Ich werde nämlich gerichtet werden wie unter Kindern ein Arzt, den der Koch verklagte. Denn bedenke nur, wie sich ein solcher Mensch auf solchen Dingen ertappt verteidigen wollte, wenn ihn einer anklagte und spräche: Ihr Kinder, gar viel Übles hat dieser Mann euch zugefügt, und auch die jüngsten unter euch verdirbt er und ängstigt euch, daß ihr euch nicht zu helfen wißt, mit Schneiden und Brennen und Abmagern und Schwitzen und mit den bittersten Ge-

tränken und läßt euch hungern und dursten; gar nicht, wie ich euch immer mit so viel und vielerlei Süßigkeiten bewirtete. Was, glaubst du, wird ein Arzt, wenn er in solcher Not drinsteckt, wohl sagen können? Oder wenn er etwa die Wahrheit sagte: Ihr Kinder, das alles tat ich zu eurer Gesundheit, was, meinst du wohl, würden solche Richter für ein Geschrei erheben? Nicht ein großes?

Kallikles: Fast sollte man es denken.

Sokrates: Glaubst du also nicht, daß er in der größten Verlegenheit sein wird, was er wohl sagen soll?

Kallikles: Freilich.

Sokrates: Ebenso, weiß ich recht gut, würde es auch mir ergehen, wenn ich vor Gericht käme. Denn keine Lust, die ich ihnen bereitet, werde ich ihnen anführen können, was sie doch allein als Verdienst und Wohltat ansehn, ich aber beneide weder die, welche sie ihnen verschaffen, noch die, denen sie verschafft werden. Und wenn einer sagt, ich verderbe die Jugend, daß sie sich nicht zu helfen wisse, oder ich schmähe die Alten durch bittere Reden über ihr privates Leben und über ihr öffentliches: so werde ich weder die Wahrheit sagen können, nämlich: Mit Recht sage und tue ich das alles, nämlich als euer bestes, ihr Richter, noch sonst irgend etwas anderes; so daß ich wahrscheinlich, was sich eben trifft, werde leiden müssen.

Kallikles: Glaubst du nun wohl, daß es gut stehe um einen Menschen, der sich in solcher Lage befindet im Staate und unvermögend ist, sich selbst zu helfen?

Sokrates: Wenn es ihm nur daran nicht fehlt, was du oftmals zugegeben hast: wenn er sich nur dazu verholfen hat, nichts Unrechtes jemals gegen Menschen oder Götter zu reden und zu tun. Denn dies ist, wie wir oft einig geworden, die wichtigste Hilfe, die jeder sich selbst zu leisten hat. Wenn mich nun jemand überführen könnte, daß ich hierin unvermögend wäre, mir selbst und andern zu helfen, dann würde ich mich schämen, ich möchte dessen nun vor vielen oder vor wenigen überführt werden oder unter zweien; und wenn ich um dieses Unvermögens willen sterben müßte, das würde mich kränken. Wenn ich aber wegen Mangel an schmeichlerischer Redekunst sterben müßte: so würdest du sehn, das weiß ich gewiß, wie sehr leicht ich den Tod ertrüge. Denn das Sterben selbst fürchtet ja wohl niemand, wer nicht ganz und gar unverständig ist und unmännlich; das Unrechttun aber fürchtet man. Denn mit vielen Vergehungen die Seele angefüllt in die Unterwelt zu kommen ist unter allen Übeln das ärgste. Willst du, so will ich dir auseinandersetzen, daß sich dies wirklich so verhält.

Kallikles: Wohl, da du das andere beendigt hast: So füge auch noch dieses hinzu."

521c-522e (Übersetzung: F. Schleiermacher)

174

Sokrates wollte nicht als Lehrer gelten (vgl. Kap. 4, Kap. 15). Wer Sachwissen über die Technik des Redens lehrt, wer die Fähigkeit vermittelt, zu überreden, der kann die Ergebnisse seiner Lehrtätigkeit überprüfen. Anders, wer wie Sokrates Werte zu vermitteln versucht. Nicht in der jeder Zeit möglichen Rekapitulation von Gelerntem, sondern in der sich ständig im Handeln ausprägenden Führung des Lebens erweist sich der Erfolg. Jeder muß selbst die Verantwortung für Gelingen und Mißlingen tragen. Sokrates zielt auf das Wesen, auf die Existenz, auf Verwandlung, Umkehr, auf das, was im christlichen Verständnis mit Metanoia bezeichnet wird. Von der Wirkung der sokratischen Tätigkeit berichtet Alkibiades:

„Von uns wenigstens, wenn wir von einem andern auch noch so trefflichen Redner andre Reden hören, macht sich keiner, daß ich es geradeheraus sage, sonderlich etwas daraus. Hört aber einer diese ..., sei es nun Weib oder Mann, wer sie hört, oder Knabe, alle sind wir wie außer uns und ganz davon hingerissen. Ich wenigstens, ihr Männer, ... wollte es euch mit Schwüren bekräftigen, was mir selbst dieses Mannes Reden angetan haben und noch jetzt antun. Denn weit heftiger als den vom Korybantentanz (Korybanten waren ekstatische Tänzer im Gefolge der kleinasiatischen Göttin Kybele.) Ergriffenen pocht mir, wenn ich ihn höre, das Herz, und Tränen werden mir ausgepreßt von seinen Reden; auch sehe ich, daß es vielen anderen ebenso ergeht. Wenn ich dagegen den Perikles hörte oder andere gute Redner, dachte ich wohl, daß sie gut sprächen, dergleichen begegnete mir aber nicht, noch geriet meine Seele in Unruhe darüber und in Unwillen, daß ich mich in einen knechtischen Zustand befände. Von diesem Marsyas (Satyr, häßliches menschliches Wesen mit Pferdeschweif. Mit seinem Äußeren vergleicht Alkibiades Sokrates.) aber bin ich oft so bewegt worden, daß ich glaubte, es lohnte nicht zu leben, wenn ich so bliebe, wie ich wäre. ... Denn er nötigt mich einzugestehen, daß mir selbst noch gar vieles mangelt und ich doch, mich vernachlässigend, der Athener Angelegenheiten besorge. Mit Gewalt also, wie vor den Sirenen die Ohren verstopfend, fliehe ich aufs eiligste, um nur nicht immer sitzen zu bleiben und neben diesem alt zu werden."

Platon, Symposion, 215d-216b (Übersetzung: F. Schleiermacher)

Sokrates betrachtete das, was er tat, als eine ihm vom Gott auferlegte Verpflichtung. Der Gott sprach nicht nur durch das Orakel zu ihm, sondern auch auf andere Weise. Träume erwähnt Sokrates. Er will sich als einen gewöhnlichen Menschen darstellen. Ist er doch nicht der einzige, dem durch göttlichen Auftrag etwas zu tun auferlegt wird (vgl. Kap. 19). Wie das, was ihm im Arginusenprozeß und unter der Herrschaft der Dreißig begegnet ist, nur Beispiele für den Konflikt zwischen Philosophie und Politik sind, so sind das Orakel und das Daimonion nur Beispiele für die Beziehung zwischen Gott und Mensch. Sokrates versteht sich als ein Paradeigma (vgl. Kap. 9). In diesem Verständnis steckt zugleich die Mahnung an alle, darauf zu achten, wo der Gott sich dem Menschen vernehmbar macht.

Wenn Sokrates „dies" „als wahr und leicht zu erweisen" nennt, so meint er, daß er nichts Ungewöhnlich getan habe: Er ist dem göttlichen Auftrag gefolgt, wie viele andere Bürger das auch tun. Schüler hatte er nicht. Er hat nicht den Anspruch erhoben, jemanden besser zu machen.

Welchen Beweis tritt er an? Den, daß keiner von den jungen Leuten selbst noch einer von deren Vätern, Brüdern oder anderen Verwandten als Kläger oder Zeuge gegen ihn aufgetreten ist, daß sie im Gegenteil für ihn einstehen. Viele sind als Zuhörer zu dem Prozeß erschienen: 17 nennt Sokrates namentlich. Platon, Apollodoros, Kriton und Kritobulos werden später für eine Summe bürgen, die er als Geldstrafe beantragen kann (vgl. Kap. 28).

23./24. Kapitel
(34b-35d)

Der Angeklagte und die Richter:
das Angemessene und das Praktizierte

„Denn nicht daran ist der Richter gesetzt,
das Recht zu verschenken, sondern es zu beurteilen."

1. Text

(23) „Wohl, ihr Männer! Was ich zu meiner Verteidigung zu sagen wüßte, das ist etwa dieses, und vielleicht mehr dergleichen. Vielleicht aber wird mancher unter euch unwillig gegen mich, wenn er an sich selbst denkt, wenn er etwa bei Durchfechtung eines vielleicht weit leichteren Kampfes als dieser die Richter gebeten und gefleht hat unter vielen Tränen und seine Kinder mit sich heraufgebracht, um nur möglichst viel Erbarmen zu erregen, und viele andere von seinen Verwandten und Freunden, ich aber von dem allen nichts tun will, und das, da ich, wie es scheinen kann, in der äußersten Gefahr schwebe. Vielleicht wird mancher, dies bedenkend, seine Eitelkeit von mir gekränkt fühlen und, eben hierüber erzürnt, im Zorn seine Stimme abgeben. Wenn jemand unter euch so gesinnt ist, ich glaube es zwar nicht, aber wenn doch: so denke ich, meine Rede wird zu billigen sein, wenn ich ihm sage: Auch ich, o Bester, habe so einige Verwandte. Denn auch ich, wie Homeros sage, nicht der Eiche entstammte ich oder dem Felsen, sondern Menschen. Daher ich denn Verwandte habe und auch Söhne, ihr Athener, drei, einer schon herangewachsen, zwei noch Kinder. Dennoch aber werde ich keinen hierher bringen, um euch zu erbitten, daß ihr günstig abstimmen möget. Warum doch werde ich nichts dergleichen tun? Nicht aus Eigendünkel, ihr Athener, noch daß ich euch geringschätzte; sondern ob ich etwa besonders furchtlos bin gegen den Tod oder nicht, das ist eine andere Sache, aber in Beziehung auf das, was rühmlich ist für mich und euch und für die ganze Stadt, dünkt es mich anständig, daß ich nichts dergleichen tue, zumal in solchem Alter und im Besitz dieses Rufes, sei er nun gegründet oder nicht, angenommen ist doch einmal, daß Sokrates sich in etwas auszeichnet vor andern Menschen. Wenn nun, die unter euch dafür gelten, sich auszuzeichnen durch Weisheit oder Tapferkeit oder welche andere Tugend es sei, sich so betragen wollten, das wäre schändlich, wie ich doch öfters gesehen habe, daß manche, die sich etwas dünken, doch, wenn sie vor Gericht standen, ganz wunderliche Dinge anstellten,

meinend, was ihnen Arges begegnete, wenn sie etwa sterben müßten, gleich als würden sie unsterblich sein, wenn ihr sie nur nicht hinrichtetet. Solche, dünkt mich, machen der Stadt Schande; so daß wohl mancher Fremde denken mag, diese ausgezeichneten Männer unter den Athenern, denen sie selbst unter sich bei der Wahl der Obrigkeiten und allem, was sonst ehrenvoll ist, den Vorzug einräumen, betragen sich ja nicht besser als die Weiber. Dergleichen also, ihr Athener, dürfen weder wir tun, die wir dafür gelten, auch nur irgend etwas zu sein, noch auch, wenn wir es täten, dürft ihr es dulden, sondern müßtet eben dies zeigen, daß ihr weit eher den verurteilt, der euch solche Trauerspiele vorführt und die Stadt lächerlich macht, als den, der sich ruhig verhält.

(24) Abgesehen aber von dem Rühmlichen dünkt es mich auch nicht einmal recht, den Richter zu bitten und sich durch Bitten loszuhelfen, sondern belehren muß man ihn und überzeugen. Denn nicht dazu ist der Richter gesetzt, das Recht zu verschenken, sondern es zu beurteilen; und er hat geschworen, nicht sich gefällig zu erweisen gegen wen es ihm beliebt, sondern Recht zu sprechen nach den Gesetzen. Also dürfen weder wir euch gewöhnen an den Meineid noch ihr euch gewöhnen lassen, sonst würden wir von keiner Seite fromm handeln. Mutet mir also nicht zu, ihr Athener, dergleichen gegen euch zu tun, was ich weder für anständig halte noch für recht, noch für fromm, zumal ich ja, beim Zeus, eben auch der Gottlosigkeit angeklagt bin von diesem Meletos. Denn offenbar, wenn ich euch durch Bitten zu etwas überredete oder nötigte gegen euren Schwur, dann lehrte ich euch, nicht zu glauben, daß es Götter gebe, und recht durch die Verteidigung klagte ich mich selbst an, daß ich keine Götter glaubte. Aber weit gefehlt, daß es so wäre! Denn ich glaube an sie, ihr Athener, wie keiner von meinen Anklägern, und überlasse es euch und dem Gott, über mich zu entscheiden, wie es für mich das beste sein wird und für euch."

2. Belehrung über Recht und Frömmigkeit

Hatte Sokrates zu Beginn damit kokettiert, daß er ein Fremdling vor Gericht sei (vgl. Kap. 1), so zeigt er hier, wie genau er sich in dem, was in Prozessen üblich ist, auskennt. Er wußte, daß man gut daran tat, die Richter unter Tränen anzuflehen, seine Kinder auftreten zu lassen, seine Verwandten aufzubieten. Wie man in einer Volksversammlung Emotionen schürte, zeigt der Auftritt der angeblich Trauernden im Arginusenprozeß (vgl. Kap. 20: Xenophons Bericht). Vor Gericht handelte es sich nicht nur um Tricks; man machte so die Verantwortung geltend, die man für die Familie hatte, und suchte sie vor Elend zu bewahren. War doch der Mann in der Regel der Alleinverdienende, und staatliche Hilfen oder Rentenzahlungen wie heutzutage standen damals nicht in Aussicht. Wenn Kriton Sokrates mit dem Hinweis auf seine Verantwortung der Familie gegenüber zur Flucht aus dem Gefängnis veranlassen will, so ist das ein gewichtiges Argument.

Sokrates will von all dem nichts wissen. Todesfurcht hatte er nicht (vgl. Kap. 17), „zumal in solchem Alter" (vgl. Kap. 1):

> „Ich würde mir lächerlich vorkommen", sagt er in Platons „Phaidon", „wenn ich am Leben klebte und sparte, wo doch schon keines mehr in mir ist."
>
> *117a*

Was seine Kinder betrifft, so vertraute er darauf, daß seine Freunde sich ihrer annehmen würden.

> „Wenn sie anders etwas wert sind, die deine Freunde zu sein behaupten, so muß man es ja wohl glauben."
>
> *Platon, Kriton, 54a-b*

Von seiner Frau Xanthippe spricht er nicht. Sie war wohl erheblich jünger als er. Er wird damit gerechnet haben, daß sie sich, wie es bei Witwen üblich war, in das Haus ihrer Eltern oder eines Verwandten zurückziehen würde. Alles Persönliche hält er fern. Er tut es nicht „aus Eigendünkel", wie er betont. Gewiß würde er den Vorwurf nicht ausdrücklich von sich weisen, wenn er nicht gegen ihn erhoben worden wäre. Warum verzichtet Sokrates darauf, um Mitleid zu bitten?

Es ist nicht „rühmlich", sagt er, für das Ansehen, und zwar zunächst für das eigene: Er steht in dem Ruf, sich vor den anderen Menschen in etwas auszuzeichnen. Er bildet sich nämlich nicht ein, wissend zu sein, wo er es nicht ist. Da er über den Tod kein Wissen hat und sich auch nicht einbildet, eines zu haben, würde er unglaubwürdig, würde er nun mit allen Mitteln darum kämpfen, sein Leben zu verlängern.

Sokrates spricht von dem Ruf, den er genießt, und von der Verpflichtung, die er ihm auferlegt. Gerät er da nicht in Widerspruch zu sich selbst? Hatte nicht gerade er sich von der Einschätzung der Mit- und Nachwelt gelöst (vgl. Kap. 16)? Nein, er widerspricht sich nicht. Er macht sich nicht abhängig von anderen. Er will sich selbst treu bleiben. Er will sich des Rufes der „Besonderheit" würdig erweisen. Er leitet aus dem Ruf einen Anspruch ab, dem er genügen möchte.

Sokrates versteht sich als ein „Paradeigma" (vgl. Kap. 9) in einem doppelten Sinn. Auf der einen Seite ist er nur einer von vielen: Die Gottheit spricht zu ihm nicht anders als zu anderen auch (vgl. Kap. 22). Auf der anderen Seite ist er durch seine Weisheit, Gerechtigkeit, Wahrhaftigkeit (vgl. Kap. 1) etwas Besonderes, ein Vorbild. Sein Ziel ist es, durch sein Wirken möglichst viele Menschen zu dem zu machen, was er ist, damit er ganz und gar zu einem Beispiel im Sinne eines beliebig herausgegriffenen Exemplars wird.

Es ist aber auch nicht „rühmlich" für das Ansehen der Polis, wenn Männer, die sich durch Weisheit und Tapferkeit auszeichnen und sich darauf etwas einbilden – und Sokrates wird zu diesen Männern gezählt –, sich so verhalten, daß sie um Gnade flehen. Hier wie schon einmal (vgl. Kap. 17) hebt Sokrates die Bedeutung Athens hervor. Den Bürgern dieser Stadt darf man ein derart unwürdiges Verhalten am wenigsten durchgehen lassen, zumal denen nicht, denen „bei der Wahl der Obrigkeiten" ein Vorzug eingeräumt wird. Zum wiederholten Mal (vgl. Kap. 19 und 20) äußert Sokrates hier seine negative Meinung über die Politiker.

Von Sokrates' enger Bindung an Athen sprechen im „Kriton" die Gesetze und das Gemeinwesen der Polis:

> „Denn, würden sie sagen, hiervon haben wir große Beweise, daß wir sowohl als auch die Stadt dir wohl gefallen haben. Sonst würdest du ja wohl nicht so vorzüglich vor allen Athenern immer einheimisch darin geblieben sein, wenn sie dir nicht vorzüglich gefiele. Denn weder bist du je zur Schau der großen Feste aus der Stadt herausgegangen, außer einmal auf den Isthmos (von Korinth) noch sonst irgendwohin anders als nur mit dem Heere ziehend (vgl. Kap. 17), oder hast sonst eine Reise gemacht, wie andere Menschen, noch auch hat dich jemals Lust angewandelt, andere Städte und andere Gesetze zu sehen, sondern wir genügten dir und unsere Stadt: so sehr zogst du uns vor und gelobtest, uns gemäß ein Bürgerleben zu führen, hast auch überdies Kinder in der Stadt erzeugt, weil sie dir gefiel."
>
> *52a-c (Übersetzung: F. Schleiermacher)*

Solche, die vor Gericht „ganz wunderliche Dinge anstellten, ... betragen sich ja nicht besser als die Weiber". Die Frauen sind es vornehmlich, die sich von Emotionen überwältigen lassen und sie ungehemmt äußern. Als Sokrates im Gefängnis den Schierlingsbecher trinkt und seine Freunde und Schüler in Tränen ausbrechen, werden sie ermahnt:

> „Was tut ihr doch, ihr wunderlichen Leute! Ich habe eben deshalb die Frauen weggeschickt, damit sie nicht dergleichen begehen möchten."
>
> *Platon, Phaidon, 117d (Übersetzung: F. Schleiermacher)*

Wir wissen heute, wie wichtig es ist, in Freud und Leid den Emotionen Raum zu geben, und wir sind davon überzeugt, daß – wenn es denn stimmt, daß Frauen emotionaler, Männer rationaler reagieren – gerade in der Ergänzung der beiden Geschlechter das Positive bewirkt wird.

Antike Philosophen sahen das anders. Nicht nur Sokrates mahnt immer wieder rationales Verhalten an (vgl. Kap. 1); Aristoteles hat den Frauen gegenüber den Männern die dienende Rolle zugewiesen, weil ja auch im Individuum, der Natur entsprechend, der vernünftige Seelenteil über den affektiven herrschen müsse (Politik, 1254b). Und nun gar die Stoiker: Sie wollten sich nicht damit zufrieden geben, daß die Affekte beherrscht würden, nein, sie wollten sie ganz eliminieren (Seneca, ep. 116, 1).

Und schließlich ist ein um Mitleid flehendes Verhalten nicht „rühmlich" für die Richter: Unterstellt es doch, die Richter würden sich davon beeinflussen und sich vom Weg des Rechts abbringen lassen.

„Rühmlich" übersetzt Schleiermacher; „kalon" würde man besser mit „gut"
wiedergeben. Das Wort bezeichnet eine sittliche Norm, aus der eine Verpflichtung erwächst.

Sokrates schließt mit dem Appell an die Richter, um des Ansehens der Stadt
und ihrer selbst willen mit dem, der solche Trauerspiele und Rührstücke auf-
führt, besonders streng zu verfahren.

Aristoteles führt in der „Rhetorik" an, daß das geschriebene Gesetz notwendig unzureichend ist, einmal, weil der Gesetzgeber nicht unfehlbar ist, zum
andern, weil Bestimmungen allgemein formuliert sein müssen und folglich nicht
alle möglichen Sonderfälle umfassen können. Es bedarf folglich der Ergänzung
durch das Prinzip der Billigkeit (epieikeia):

> „Die Fälle, bei denen man Nachsicht üben muß, gehören in den Be-
> reich der Billigkeit."

1374b

Es war eine durchaus gebilligte Praxis, persönliche Umstände bei der Urteilsfin-
dung strafverschärfend oder strafmildernd zu berücksichtigen. Sokrates ist das
suspekt, weil es Mißbrauch Tür und Tor öffnet. Allein das Gesetz darf maßgeb-
lich sein. Das Besondere darf gegenüber dem Allgemeinen keinen Anspruch geltend machen.

Deshalb ist es nicht nur nicht „rühmlich", Mitleid erregen zu wollen, sondern auch nicht recht. Sokrates knüpft damit an den Beginn seiner Verteidigung
an. Dort (vgl. Kap. 2) hatte er die Richter aufgefordert, nur darauf zu achten,

> „ob das recht ist oder nicht, was ich sage. Denn dies ist des Richters
> Tüchtigkeit."

Die Redner dürfen nicht die Emotionen wecken, sondern sie müssen durch Belehrung überzeugen. Hier darf, hier muß Sokrates „Lehrer" sein. Neu gegenüber
der Einleitung ist die Verknüpfung des Rechts mit dem Eid, und das heißt, mit
der Religion. Ein Angeklagter, der sich auf das Flehen verlegt, handelt ebenso
ungerecht und unfromm wie ein Richter, der sich darauf einläßt. Sokrates betont
hier das ihn und die Richter Verbindende. Gerade in der Ablehnung all des Tuns,
das nichts zur Rechtsfindung beiträgt, sondern im Gegenteil davon ablenkt, erweist sich nicht als „Eigensinn", sondern als wahre Frömmigkeit. Wer, wie so
viele und wie gerade die, denen die Athener „bei der Wahl der Obrigkeiten und
allem, was sonst ehrenvoll ist, den Vorzug einräumen", wer, wie das Establishment also das tut, was bei Gericht üblich ist, der ist in Wahrheit ungerecht und
unfromm und erkennt die Götter nicht an. Im Gegensatz zu ihnen ist Sokrates
der wahrhaft Fromme: Er erkennt die Götter an wie keiner von seinen Anklägern. Wie meint er das? In höherem Maße als sie? In anderer Weise? In der einzig angemessenen Art? Letzteres: Die Ankläger sind unfromm. Sie haben in ihren Anklagereden alles getan, um die Leidenschaften der Richter zu erregen, sie

selbst vergessen zu machen, statt sie zu belehren und zu überzeugen (vgl. Kap. 1).

Wie Sokrates damit begonnen hat, sich dem Gott zu unterwerfen, und wie er seine Verteidigung unter den Vorbehalt gestellt hat, „wenn es besser ist für euch sowohl als für mich" (vgl. Kap. 2), so schließt er jetzt mit den Worten:

> „Ich ... überlasse es euch und dem Gott, über mich zu entscheiden, wie es für mich das beste sein wird und für euch."

Begann die Verhandlung, wie es bei Volksversammlungen üblich war, mit einem Opfer, so daß der Bezug zur Religion hergestellt wurde? Aristophanes karikiert in der schon einmal zitierten Komödie „Die Wespen" eine Gerichtsverhandlung. Bevor sie beginnt, ergeht folgende Aufforderung:

> „Nun aber bringe man schnell ein Feuer aus dem Haus
> Und Myrtenzweige, ingleichen etwas Weihrauch her.
> Damit zuvörderst wir zu den Göttern opfernd flehn."
>
> VV. 860-862 (Übersetzung: Johann Gustav Droysen)

Man möchte annehmen, daß die Karikatur Realität widerspiegelt.

Mit Gott hatte Sokrates seine Verteidigung begonnen, mit Gott schließt er sie. In seiner Rede hat er sich selbst als einen Inbegriff von Wahrheit und Gerechtigkeit in Erscheinung gebracht. Gerechtigkeit widerfährt ihm nun, wenn seine Darstellung als zutreffend anerkannt wird (vgl. Kap. 1).

25. Kapitel

Bewertung des Schuldspruchs

„Nicht unverhofft ist mir das Geschehene geschehen."

1. Text

„Daß ich nicht unwillig bin, ihr Athener, über dieses Ereignis, daß ihr mich verurteilt habt, dazu trägt noch sonst vieles bei, aber auch nicht unverhofft ist mir
das Geschehene geschehen; sondern vielmehr wundere ich mich über die sich er-
gebende Zahl der beiderseitigen Stimmen. Denn ich glaubte nicht, daß es nur auf
so weniges ankommen würde, sondern auf sehr viel. Nun aber, wie man sieht,
wenn nur dreißig Stimmen anders gefallen wären, so wäre ich entkommen. Dem
Meletos zwar bin ich auch jetzt entkommen, wie mich dünkt; und nicht nur entkommen, sondern es liegt auch jedem vor Augen, daß, wenn nicht Anytos und
Lykon aufgetreten wären, mich anzuklagen, er tausend Drachmen erlegen müßte, weil er den fünften Teil der Stimmen nicht erlangt hätte."

2. Sieg trotz Schuldspruch

Je nach dem, ob man die Zahl der Richter mit 500 oder 501 ansetzt, ergibt sich
als Ergebnis 280 : 230 oder 280 : 231. Damit war Sokrates schuldig gesprochen.
Hätten nur 30 Richter anders abgestimmt, wäre Sokrates freigesprochen worden.
Stimmengleichheit hätte genügt.
  Solon hatte 594 die Möglichkeit geschaffen, daß jeder Bürger Anklage erheben konnte, auch wenn er selbst nicht ein Geschädigter war. Der Gefahr, daß
zumal bei der notorischen Prozeßsucht der Athener, durch Anklagen persönliche und politische Feindschaften ausgetragen würden, hatte man durch die Fest-
legung zu begegnen versucht, daß der Ankläger, wenn nicht ein Fünftel der
Richter seine Anklage für berechtigt hielte, eine Summe von 1000 Drachmen als
Strafe zu bezahlen habe, das sind 1000 Tageslöhne eines Facharbeiters. Außerdem verlor er das Recht, als Kläger jemals wieder aufzutreten. Sokrates macht
nun die etwas zweifelhafte Rechnung auf, daß jedem seiner 3 Ankläger ein Drittel der gegen ihn abgegebenen Stimmen gutzuschreiben seien, also jeweils 93

bzw. 94, also jeweils weniger als das vorgeschriebene Fünftel. So hat keiner gegen ihn gewonnen, er ist so schnell gelaufen, daß keiner der Verfolger ihn hat einholen können. Er ist der Sieger – ganz unerwartet, wie er sagt. Und in der Tat hat er ja während seiner Rede immer wieder deutlich gemacht, daß er diesmal nicht damit rechne, ungeschoren davonzukommen.

Schon in der Klageschrift war die Todesstrafe beantragt worden. Nach dem Schuldspruch hatte Meletos den Antrag begründet.

Dem Angeklagten stand es nun zu, einen Gegenantrag zu stellen. Er mußte gut bedacht sein, denn die Richter konnten am Schluß nur zwischen den beiden vorliegenden Anträgen entscheiden.

So, wie die Dinge standen, hatte Sokrates gute Aussichten, mit einem akzeptablen Antrag noch Richter auf seine Seite zu ziehen, die ihn für schuldig erklärt hatten.

Aber so, wie Sokrates sich gleich zu Beginn als Sieger deklariert, war nicht zu erwarten, daß er sich ernsthaft auf dieses Spiel würde einlassen wollen. Voraussetzung dafür wäre denn doch, den Schuldspruch zu akzeptieren. Konnte er das? So wissen wir denn auch nicht, ob er tatsächlich einen Antrag gestellt hat. Xenophon berichtet in seiner „Apologie des Sokrates":

> „Als er aufgefordert wurde, einen Gegenantrag zu stellen, hat er es weder selbst getan noch zugelassen, daß seine Freunde es tun, sondern er sagte, wer einen Gegenantrag stelle, gebe damit zu, Unrecht getan zu haben."

23

26. Kapitel
(36b-37a)

Der wahre Wohltäter

„Soll ich mir also, was ich mit Recht verdiene, zuerkennen,
so erkenne ich mir dieses zu, Speisung im Prytaneion."

1. Text

„Zuerkennen also will mir der Mann den Tod. Wohl! Was soll ich mir nun dagegen zuerkennen, ihr Athener? Doch gewiß, was ich verdiene! Wie also? Was verdiene ich zu erleiden oder zu bezahlen dafür, daß ich in meinem Leben nie Ruhe
gehalten habe, sondern unbekümmert war um das, was den meisten wichtig ist,
um das Reichwerden und den Hausstand, um Kriegswesen und Volksrednerei
und sonst um Ämter, um Verschwörungen und Parteien, die sich in der Stadt
hervorgetan, weil ich mich in der Tat für zu gut hielt, um mich durch Teilnahme
an solchen Dingen zu erhalten, was verdiene ich also dafür, daß ich mich mit
nichts eingelassen habe, wo ich weder euch noch mir etwas nutz gewesen wäre,
daß ich vielmehr nur darauf bedacht war, wie ich jedem einzelnen die meines Da-
fürhaltens größte Wohltat erweisen könnte; allein darum habe ich mich, wie ich
behaupte, bemüht, jeden von euch zu bewegen, daß er weder für irgend etwas
von dem seinigen eher sorge, bis er für sich selbst gesorgt habe, wie er immer
besser und vernünftiger, wo möglich, werden könnte, noch auch für die Angelegenheiten des Staates eher als für den Staat selbst und nach derselben Weise auch
nur für alles andere sorgen möchte. Was also verdiene ich dafür zu leiden, daß
ich ein solcher bin? Etwas Gutes, ihr Athener, wenn ich der Wahrheit gemäß
nach Verdienst mir etwas zuerkennen soll, und zwar etwas Gutes von der Art,
wie es mir angemessen ist. Was ist also einem unvermögenden Wohltäter angemessen, welcher der freien Muße bedarf, um euch zu ermahnen? Es gibt nichts,
was so angemessen ist, ihr Athener, als daß ein solcher Mann im Prytaneion gespeist werde, weit mehr, als wenn einer von euch mit dem Rosse oder dem Zwei-
gespann oder dem Viergespann in den olympischen Spielen gesiegt hat. Denn ein
solcher bewirkt nur, daß ihr glückselig scheint, ich aber, daß ihr es seid; und jener bedarf der Speisung nicht, ich aber bedarf ihrer. Soll ich mir also, was ich mit
Recht verdiene, zuerkennen: so erkenne ich mir dieses zu, Speisung im Prytaneion."

185

2. Absage an die zeitgenössische Politik und ihre Vertreter

Ein Begriff strukturiert das Kapitel; er wird dreimal genannt: Das Angemessene, das heißt das, was der Leistung, dem Verdienst, entspricht (axia).

„Was soll ich mir nun dagegen zuerkennen, ihr Athener? Doch gewiß, was ich verdiene. Was verdiene ich zu erleiden oder zu bezahlen?"

So fragt Sokrates am Anfang.

„Was also verdiene ich dafür zu leiden, daß ich ein solcher bin?"

So spricht er in der Mitte.

„Soll ich mir also, was ich mit Recht verdiene, zuerkennen: So erkenne ich mir dieses zu: Speisung im Prytaneion."

So schließt er.

Zwischen der ersten und zweiten Frage entfaltet er noch einmal zusammenfassend, was er zu seiner Verteidigung ausgeführt hat. Er hat sich nicht um Geld und nicht um die Familie gekümmert. Er hat sich nicht in die Politik eingemischt, die durch die Worte „Verschwörungen und Parteien (besser: Parteiungen), die sich in der hervorgetan" negativ charakterisiert wird; das ist Sache der großen Masse. Er hat sich vielmehr an jeden einzelnen persönlich gewandt, um ihm die größte Wohltat zu erweisen (vgl. Kap. 18). Dabei ging es ihm um die richtige Rangordnung der Werte:

Die Sorge um sich selbst, die Seele, daß sie gut und vernünftig werde, muß der Sorge um alles Äußere vorangehen, und die Sorge um den Staat selbst der Sorge um das, was sonst mit der Politik zu tun hat. „Was ist die Tugend (Arete)? „Was ist der Staat?" So lauteten die Fragen, die als Antwort zuerst eine genaue Definition und dann Folgerungen für das Handeln erfordern. Die Fragen umkreisen die Bereiche der Ethik und der Staatslehre. Es ging Sokrates um den Menschen als Menschen und als Bürger, um „die menschliche und bürgerliche Tugend" (vgl. Kap. 4).

Man spürt zum wiederholten Mal (vgl. Kap. 19, 20, 24) die Bitterkeit in dem negativen Urteil über die Politiker. Sokrates war noch nicht 40 Jahre alt, als der peloponnesische Krieg begann (431), und über 65, als er endete (404). Die beste Zeit seines Lebens war von Krieg und Bürgerzwist überschattet. Da waren nicht nur die sich wiederholenden Einfälle der Feinde in das attische Land, die Seuche, die in der übervölkerten Stadt wütete, die Verpflichtungen zum Kriegsdienst (vgl. Kap. 17), da waren vor allem innenpolitisch die ewigen Auseinandersetzungen zwischen rücksichtslosen Demagogen, die die Leidenschaften des Volkes aufpeitschten, und verantwortungsvollen Politikern, die zur Mäßigung rieten, der ständige Streit um Kriegsziele, um Expansion und Eroberung oder Beschränkung und Verteidigung, die sich steigernde Brutalität und Unberechenbarkeit (vgl. Kap. 20), schließlich Niederlage, Kapitulation und die unselige Herrschaft der 30 Tyrannen. Ein anschauliches Bild vermittelt Thukydides:

„Viel Schweres brach durch Aufruhr über die Stadtstaaten herein. Das geschieht zwar immer und wird immer geschehen, solange die Menschen sich in ihrem Wesen gleich bleiben, manchmal mehr, manchmal weniger turbulent und in unterschiedlicher Ausprägung, wie es jeweils die wechselvollen Umstände mit sich bringen. Solange nämlich Frieden herrscht und die Verhältnisse stabil sind, ist auch die Einstellung der Menschen und Stadtstaaten besser, weil sie nicht gegen ihren Willen in Zwangssituationen geraten. Der Krieg aber ist ein gewaltsamer Lehrer, indem er die Annehmlichkeiten des normalen Lebens raubt. Durch ihn werden die Menschen zu einer von der gleichen Leidenschaft beherrschten Menge, derart, daß sie sich nur nach dem richten, was der Augenblick ihnen jeweils eingibt.

So waren also die Stadtstaaten in Bürgerkriege verstrickt, und die, bei denen sie später ausbrachen, lernten von denen, die schon Erfahrung gesammelt hatten, und überschlugen sich darin, neue Pläne für Anschläge auszuhecken oder auf grausame Rache zu sinnen. Die üblichen Bezeichnungen für Handlungen änderten sie willkürlich. Unüberlegtes Drauflosgehen galt als mannhaftes Eintreten für den Gesinnungsgenossen, bedachtes Zaudern als verbrämte Feigheit, Maßhalten als Vorwand für Unverschämtheit, Klugheit bei allem als Untätigkeit in allem. Heftiges Ungestüm wurde als gute Eigenschaft des Mannes gewertet, vorsichtige Überlegung als wohlklingender Vorwand für Verweigerung. Wer sich ereiferte, galt als jeder Zeit zuverlässig, wer ihm widersprach, als verdächtig, wer Anschläge plante, als klug, wer sie rechtzeitig durchschaute, als noch raffinierter. Wer Vorkehrungen traf, sich aus allem herauszuhalten, galt als Zerstörer des politischen Bündnisses und als vom Feind Eingeschüchterter. Kurz: Wer dem zuvorkam, der einen Anschlag im Schilde führte, wurde gelobt, ebenso wer einen anderen anstiftete, der keinerlei böse Absichten hegte. Die Bande der Verwandtschaft waren schwächer als die des politischen Bündnisses, weil dies eher bereit war, bedenkenlos etwas zu wagen. Denn derartige Verbindungen bestanden nicht zur Sicherung der geltenden Gesetze, sondern zur Bereicherung unter Mißachtung der bestehenden Ordnung. Gegenseitige Treue wurde nicht so sehr durch ein göttliches Gesetz verbürgt als durch gemeinsam verübte Gesetzesbrüche. Vernünftige Vorschläge der Gegner akzeptierte man, wenn man im Vorteil war, um sich vor Taten zu schützen, nicht aus ehrlicher Gesinnung. Rache zu üben galt mehr, als gar nichts erlitten zu haben. Wenn denn irgendwo ein Vertrag geschlossen und beschworen wurde, so leisteten beide Seiten die Eide nur angesichts der Ausweglosigkeit einer augenblicklichen Lage, und sie hielten sie auch nur so lange, als ihnen nicht von irgendwoher wieder Macht zuwuchs. Wer aber bei der ersten besten Gelegenheit zuerst wieder Mut faßte, der fügte dem Gegner, wenn er ihn ungeschützt sah, lieber unter dem Schutz des Vertrages Schaden zu, als indem er ihn offen angriff; dabei wurde die eigene Sicherheit in Rechnung gestellt sowie die Tatsache, daß man, wenn man durch Trug die Oberhand gewann, auch noch den Siegespreis der Klugheit gewann. Die meisten Menschen wollen ja lieber schlecht sein und klug als gut sein und dumm genannt werden; für dies schämen sie sich, auf jenes sind sie stolz. Ursache von all dem war die aus Habsucht und Ehrgeiz erwachsene Herrschsucht. Daraus und aus dem Willen zu siegen entstand die rücksichtslose Kampfeswut. Denn die politischen Führer in den Stadtstaaten schmückten sich – das gilt für beide Seiten (Demokraten und Aristokraten) – mit wohlklingenden Parolen: Sie träten für die Gleichheit aller Bürger vor dem Gesetz bzw. für eine maßvolle Herrschaft der Besten ein; sie gaben vor, dem Gemeinwohl zu dienen, betrachteten es aber in Wirklichkeit als einen Preis, den es zu gewinnen gelte; mit allen Mitteln strengten sie sich an, jeweils jeder über die anderen die Oberhand zu gewinnen; sie schreckten dabei vor dem Schlimmsten nicht zurück und verstiegen sich zu immer grausamerer Rache ohne Rücksicht auf das Recht und den Nutzen der Polis. Die Grenze setzten sich beide Seiten in dem, was ihnen gerade Spaß machte. Es kam ihnen darauf an, die sie jeweils im Augenblick beherrschende Streitsucht zu befriedigen, gleichgültig, ob sie die Macht an sich rissen mit Hilfe einer Verurteilung durch ungerechte Abstimmung oder mit Gewalt. Frömmigkeit galt keiner Seite etwas; Ansehen genossen die, denen es gelang, in ihrem Haß den anderen einen Schlag zu versetzen und dabei der Tat mit Worten einen schönen Schein zu verleihen. Die Bürger, die unparteiisch waren, wurden von beiden Seiten dahingemordet, sei es einfach nur, weil sie sich vom Kampf fernhielten, oder sei es, weil man es ihnen neidete zu überleben."

3, 82

Zu den zuletzt Genannten gehörte Sokrates. Er stand über dem Streit der Gruppierungen: Er machte das Recht geltend gegenüber den Demokraten ebenso wie gegenüber den 30 Tyrannen. Er verkörperte gleichsam das Wesen der Polis und ihrer auf Recht und Gesetz basierenden Ordnung gegenüber den wechselnden Obrigkeiten und Machthabern.

Ein wichtiges Charakteristikum der allgemeinen Verrohung war die Verwilderung der Sprache: Wer falsch spricht, zeigt, daß er falsch denkt, und wer falsch denkt, kann nicht richtig handeln.

Ebenso gilt: Mit falschem Sprechen kann man das Denken und Handeln beeinflussen. Dem sucht Sokrates entgegenzusteuern, indem er nach dem fragt, was ein Begriff eigentlich bedeutet.

Wie durch Sprache verschleiert und verfälscht werden kann, hat Victor Klemperer in seinem Buch „LTI", Lingua Tertii Imperii, Die Sprache des dritten Reiches, eindrucksvoll gezeigt.

„In der Sprache der Konzentrationslager hieß es, eine Gruppe >wurde der Endlösung zugeführt<, wenn sie erschossen oder in den Gastod geschickt wurde. >Adressat abgewandert< war die Formulierung, wenn ein Jude verschleppt worden war. Jemand mußte >sich melden<, wenn er bei der Gestapo einbestellt war. Eine solche Meldung war bestimmt mit Mißhandlungen und immer häufiger mit Nimmerwiederkehr verbunden. >Charakterlich gut<, das heißt also einwandfrei nazistisch. Zentrum und Ziel dieses Systems war das Rechtsempfinden; vom Rechtsdenken ist niemals die Rede gewesen, auch nie vom Rechtsempfinden allein, sondern nur vom >gesunden Rechtsempfinden<. Und gesund war, was dem Willen und Nutzen der Partei entsprach (a.a.O., S. 160, 180, 197, 205/06, 252)."

Ein Blick auf unsere Gegenwartssprache zeigt, daß sie den gleichen Tendenzen unterliegt: Hinter >Castor-Transporten< und >Endlager< verbergen sich Transport und Lagerung hochradioaktiver Stoffe, >Kollateralschäden< (zu lateinisch „latus = Seite") verschleiert die Tatsache, daß bei einem kriegerischen Einsatz unbeteiligte Menschen gleichsam nebenbei mitgetötet worden sind. Achtet auf eine präzise Verwendung der Sprache, ruft Sokrates über alle Zeiten hinweg auch uns noch zu.

Nun darf man nicht verkennen, daß man nach dem Sturz der 30 Tyrannen gerade daranging, die Schäden zu beseitigen und eine neue Ordnung aufzubauen. In Sokrates' kritisch fragendem, in Frage stellendem Wirken sah man eine Gefährdung. Die neuen Machthaber, die Demokraten, wollten restaurieren, sich an der Vorkriegszeit orientieren. Bezeichnenderweise ließ man es seit 386 zu, daß Stücke der drei großen Tragödiendichter des 5. Jahrhunderts, Aischylos, Sophokles und Euripides, wieder aufgeführt werden durften. Darin kommt die Rückwendung zum Ausdruck. Zugleich wird deutlich, daß man den Sinn der Beschränkung auf eine Vorstellung, den Gedanken, daß das Stück dem Gott gleichsam als ein einmaliges Opfer dargebracht wurde, nicht mehr verstand. Sokrates' Philosophie zielte darauf, der Religion, dem Glauben, der Frömmigkeit ein neues Fundament zu geben, neue Forderungen an die Menschen, zumal die Politiker, zu richten, dem Leben eine neue sittliche Ausrichtung zu geben. Verstand man, worum es Sokrates ging? Wollte man es verstehen? Bot die Person in der Art, wie sie auftrat, in dem Umgang, den sie pflegte, in dem politischen Verhalten, wie es sich im Arginusenprozeß zeigte und darin, daß er während der Herrschaft der 30 Tyrannen Athen nicht verlassen hatte, nicht schon genug Anstoß?

3. Der Gegenantrag

Hatte Sokrates in seiner Verteidigung seine philosophische Tätigkeit als Folge des göttlichen Auftrags dargestellt, so ist sie hier die selbstgewählte Art, seine Aufgabe als Bürger zu erfüllen. In ihr hat er sich als Wohltäter der Stadt erwiesen. Nicht nur, daß er niemandem Schaden zugefügt hat, nein, er hat jedermann nach Kräften genutzt.

Aus drei Argumenten ergibt sich sein Gegenantrag. Zwei weisen in die Vergangenheit, eines bezieht sich auf die Zukunft:

1. Er ist ein Wohltäter.
2. Als solcher ist er unvermögend.
3. Um sich künftig noch intensiver seiner Tätigkeit (deretwegen er schuldig gesprochen worden ist!) nachgehen zu können, bedarf er der Muße und der Freistellung von allen materiellen Sorgen.

Was ergibt sich daraus? Die lebenslange Speisung im Prytaneion auf Staatskosten. Die Tholos, ein Rundbau im Westen der Agora, war nach der Herrschaft der 30 Tyrannen wieder der Amtssitz der Prytanen geworden, der mit der Abwicklung der täglich anfallenden Geschäfte betrauten Volksvertreter (vgl. Kap. 20). Sokrates erwähnt, wem diese Ehrung sonst noch zuteil wurde: Es sind die reichen Bürger, die es sich leisten konnten, mit Pferdegespannen an den olympischen Spielen teilzunehmen, und die dort einen Sieg errungen hatten, Aristokraten, denen es an nichts mangelte. Schon Xenokrates hatte daran Kritik geübt, daß man Siege im Sport höher achtete als selbstlosen Einsatz für die Polis und die Mitbürger (vgl. Kap. 5). Fast 20 Jahre nach dem Sokrates-Prozeß nimmt der Redner Isokrates den Gedanken auf:

> „Schon oft habe ich mich über diejenigen, die die Festspiele gestiftet und die gymnastischen Wettkämpfe eingerichtet haben, gewundert, wie sie die körperlichen Vorzüge so großer Belohnungen für wert geachtet haben, denen aber, die sich in Stille für das Gemeinwohl abgemüht und ihren Geist so gebildet haben, daß er den anderen nutzen könne, keine Ehre zuerkannt haben; es wäre recht und billig gewesen, daß sie gerade diesen mehr Aufmerksamkeit schenkten. Wenn nämlich die Athleten zweimal soviel Kraft erlangten, hätten doch die anderen keinen Gewinn davon, von einem einzigen vernünftigen Mann könnten aber alle einen Vorteil haben, die an seiner Einsicht teilhaben wollen."
>
> *Panegyrikos, 1, 2*

Platon fordert in seinem „Staat" in konsequenter Weiterentwicklung des sokratischen Antrags, daß die Philosophen, d.h. die Wohltäter, für ihre Tätigkeit vom Staat angemessen entlohnt werden und zu Tischgemeinschaften zusammenkommen (416d-e). Persönlicher Besitz ist ihnen allerdings verwehrt.

Am Schluß nennt Sokrates das Ziel seines Wirkens: die Glückseligkeit, die Eudaimonia. In ihren Besitz gelangt, wer weiß, was das wahrhaft Wertvolle ist, wer alles Äußere der Gesundheit der Seele unterordnet, wer sich im Bewußtsein menschlicher Begrenzung unermüdlich um rechte Erkenntnis bemüht und entsprechend handelt, das heißt, eher bereit ist, Unrecht zu leiden, als es zu tun. Kurz: Es ist zu jedermanns eigenem Vorteil und zum Nutzen der ganzen Polis, auf Sokrates zu hören, ihn zu ehren und die bestmöglichen Voraussetzungen zu schaffen, daß er seine Tätigkeit fortsetzen kann.

Der Antrag war, was die Person des Sokrates betrifft, konsequent, im Hinblick auf die rechtliche Seite ungültig, in Bezug auf die Richter eine Provokation.

Die Sätze: „Zuerkennen also will mir der Mann den Tod." und „So erkenne ich mir dieses zu, Speisung im Prytaneion." rahmen das Kapitel ein.

27. Kapitel
(37a-e)

Die tödliche Konfrontation von Wahrheit und politischer Praxis

„Überzeugt also, wie ich bin, daß ich niemand Unrecht zufüge,
werde ich doch wahrlich nicht mir selbst Unrecht tun und selbst
gegen mich reden, als ob ich etwas Übles verdiente."

1. Text

„Vielleicht wird euch nun, daß ich dieses sage, ebenso erscheinen, als was ich von dem Flehen und der Mitleidserregung sagte, als hartnäckiger Eigendünkel. Das ist aber nicht so, ihr Athener, sondern so vielmehr: Ich bin überzeugt, daß ich nie jemanden vorsätzlich beleidige. Euch freilich überzeuge ich davon nicht, weil wir gar zu kurze Zeit miteinander geredet haben. Denn ich glaube, wenn ihr ein Gesetz hättet, wie man es anderwärts hat, über Leben und Tod nicht an einem Tage zu entscheiden, sondern nach mehreren: so wäret ihr wohl überzeugt worden; nun aber ist es nicht leicht, in kurzer Zeit sich von so schweren Verleumdungen zu reinigen. Überzeugt also, wie ich bin, daß ich niemand Unrecht zufüge, werde ich doch wahrlich nicht mir selbst Unrecht tun und selbst gegen mich reden, als ob ich etwas Übles verdiente, und mir etwas dergleichen zuerkennen. Was doch befürchtend? Daß ich das erleiden müßte, was Meletos mir zuerkennt und wovon ich nicht zu wissen gestehe, ob es ein Gut oder ein Übel ist? Anstatt dessen also sollte ich von den Dingen eines wählen und mir zuerkennen, von welchen ich gar wohl weiß, daß sie Übel sind? Etwa Gefängnisstrafe? Und wozu sollte ich doch leben im Kerker, unter dem Befehl der jedesmaligen Obrigkeit? Oder Geldstrafe und gefangen zu sein, bis ich sie entrichtet habe? Das wäre aber für mich ganz dasselbe wie das vorige. Denn ich habe kein Geld, wovon ich sie entrichten könnte. Aber die Verweisung soll ich mir wohl zuerkennen? Die möchtet ihr mir vielleicht wohl zugestehen. Aber von großer Lebenslust müßte ich wohl besessen sein, ihr Athener, wenn ich so unvernünftig wäre, daß ich nicht berechnen könnte: Da ihr, meine Mitbürger, nicht imstande gewesen seid, meine Lebensweise und meine Reden zu ertragen, sondern sie euch zu beschwerlich und verhaßt geworden sind, so daß ihr euch nun davon loszumachen sucht, ob also wohl andere sie leichter ertragen werden? Weit gefehlt, ihr Athener! Ein schönes Leben wäre mir das also, in solchem Alter auszuwandern und, immer umhergetrieben, eine Stadt mit der andern zu vertauschen. Denn das weiß ich wohl, wohin ich auch komme, werden die Jünglinge meinen Reden zuhören, eben wie hier. Und wenn ich diese von mir weise, so werden sie selbst bei den Alten meine Verweisung bewirken; weise ich sie nicht von mir, so werden dasselbe doch ihre Väter und Verwandten um jener willen tun."

2. Unmögliche Alternativen

Natürlich weiß Sokrates, daß sein Antrag ihm erneut den Vorwurf der Arroganz einbringt (vgl. Kap. 23). Zu Unrecht, wie er meint. Wie er am Schluß der Verteidigung begründet, warum er nicht um Mitleid fleht, so hier, warum es sich aus der Sache selbst ergibt, daß er nicht auf eine Strafe gegen sich erkennt: Würde er das tun, wäre das ein Eingeständnis einer Schuld. Jemanden schuldig sprechen, der es nicht ist, heißt aber, ihm ein Unrecht zufügen. Daraus wiederum ergibt sich, daß Sokrates schuldig werden würde. Er würde gemeinsame Sache mit Meletos und seinen Komplizen machen, würde wie diese Unrecht tun. Wenn er sie schon nicht vor dem Unrecht hat bewahren können (vgl. Kap. 18), so will er doch wenigstens sich selbst davor bewahren.

Wozu sollte er sich schuldig bekennen? Doch nur, um die Todesstrafe zu vermeiden. Damit würde er zugeben, daß er den Tod für ein Übel hält, und würde ein Wissen vorgeben, das er nicht hat, das niemand hat (vgl. Kap. 16). So gibt es eine zweifache Begründung dafür, daß er nicht ernsthaft einen Gegenantrag stellt: seine Philosophie des Nichtwissens und seine Maxime, daß man niemandem Unrecht zufügen dürfe.

Sokrates nimmt hier einen dritten Anlauf, seine Haltung zu rechtfertigen. Er will sich seinen Richtern verständlich machen. Er ist davon überzeugt, daß es ihm gelänge, wenn mehr Zeit zur Verfügung stünde und wenn er sich so verteidigen könnte, wie er es gewohnt ist, „auf dem Markt zu reden bei den Wechslertischen" (vgl. Kap. 1, Kap. 2), im Dialog. Platon bestimmt denn auch in seinem Alterswerk, den „Gesetzen", daß über die Todesstrafe erst am dritten Tag abgestimmt werden dürfe (855e-856a).

Sokrates kommt auf die Alternativen zur Todesstrafe zu sprechen, deren einige er schon früher aufgezählt hat (vgl. Kap. 18). Er nennt sie Übel im Hinblick auf die Konsequenzen, zu denen sie führen würden. Er spielt die Perspektiven, die sich ihm eröffnen würden, realistisch durch. Gefängnis, und das offenbar lebenslänglich (gab es das in Athen?), käme nicht in Frage; eine Geldstrafe liefe für ihn bei seiner Armut auf dasselbe hinaus. Aber Verbannung? Die würde man ihm wohl auch tatsächlich zugestehen. Im „Kriton" beteuern das die personifizierten Gesetze ihm gegenüber ausdrücklich:

> „Ja auch noch während des Rechtshandels konntest du dir ja die Verweisung zuerkannt haben, wenn du gewollt hättest."
>
> *52c (Übersetzung: F. Schleiermacher)*

193

Zeitweise oder für immer in der Verbannung zu leben, war das Schicksal vieler Griechen, die in den Stadtstaaten mit den jeweils Regierenden in Konflikt gerieten. Unter Sokrates' Richtern werden etliche gewesen sein, die während der Herrschaft der Dreißig aus Athen fortgegangen waren (vgl. auch Chairephon, Kap. 5, und Anytos, Kap. 10).

Sokrates will nicht: Hatte er sich nicht gerade von den umherziehenden Sophisten distanziert, von Gorgias aus Leontini, Prodikos aus Keos, Hippias aus Elis, Euenos aus Paros (vgl. Kap. 4), die nirgendwo heimisch waren? War er nicht stolz darauf, Athen nur selten verlassen zu haben? Hat er sich nicht gerade als Bürger Athens seinen Mitbürgern gegenüber als deren „Vater oder älterer Bruder" verpflichtet gefühlt? Ist er nicht ein Geschenk des Gottes an Athen (vgl. Kap. 18, Kap. 26)? Er ist ein seiner Polis verhafteter Mensch, ein „zoon politikon", kein Weltbürger im Sinn der Stoiker. So erwächst die Ablehnung aus seiner Lebenswahl, die ihn an den Auftrag des Gottes bindet.

Ein zweiter Aspekt kommt hinzu. Kurz zuvor (vgl. Kap. 19) hatte er festgestellt:

> „Kein Mensch kann sich erhalten, der sich, sei es nun euch oder einer anderen Volksmenge tapfer widersetzt und viel Ungerechtes und Gesetzwidriges im Staate zu verhindern sucht."

Dann (vgl. Kap. 21) hatte er gefragt, ob die Athener wohl glaubten, daß er so viele Jahre durchgekommen wäre, wenn er die öffentlichen Angelegenheiten verwaltet hätte. Er antwortet sich selbst:

> „Weit gefehlt, ihr Athener, und ebenso wenig irgendein anderer Mensch."

Was Sokrates erfährt, hat allgemeingültigen Charakter, ist nicht an Athen und nicht an seine Lebenszeit gebunden. Von dem „Schweren", das durch Aufruhr im peloponnesischen Krieg über die Stadtstaaten hereinbrach, hatte Thukydides gesagt:

> „Das geschieht ... immer und wird immer geschehen, solange die Menschen sich in ihrem Wesen gleich bleiben, manchmal mehr, manchmal weniger turbulent und in unterschiedlicher Ausprägung, wie es jeweils die wechselvollen Umstände mit sich bringen."
>
> *3, 82 (vgl. Kap. 26)*

So erwartet Sokrates denn, wenn er verbannt würde, daß ihm, wo immer er hinkäme, das gleiche Schicksal zuteil würde wie in Athen.

28. Kapitel
(37e-38b)

Ein neuer Gegenantrag und viele Fragen

„Platon aber hier und Kriton und Kritobulos und Apollodoros reden mir
zu, mir dreißig Minen zuzuerkennen. ... Soviel also erkenne ich mir zu."

1. Text

„Vielleicht aber wird einer sagen: Also still und ruhig, Sokrates, wirst du nicht
imstande sein, nach deiner Verweisung zu leben? Das nun ist wohl am allerschwersten manchem von euch begreiflich zu machen. Denn wenn ich sage,
das hieße dem Gotte ungehorsam sein, und deshalb wäre es mir unmöglich, mich
ruhig zu verhalten: So werdet ihr mir nicht glauben, als meinte ich etwas anderes
als ich sage. Und wenn ich wiederum sage, daß ja eben dies das größte Gut für
den Menschen ist, täglich über die Tugend sich zu unterhalten und über die andern Gegenstände, über welche ihr mich reden und mich selbst und andere prüfen hört, ein Leben ohne Selbsterforschung aber gar nicht verdient, gelebt zu
werden, das werdet ihr mir noch weniger glauben, wenn ich es sage. Aber gewiß
verhält sich dies so, wie ich es vortrage, ihr Männer, nur euch davon zu überzeugen ist nicht leicht. Auch bin ich nicht gewohnt, mich selbst etwas Üblen wert
zu achten. Hätte ich nun Geld, so würde ich mir soviel Geldstrafe zuerkennen,
als ich entrichten könnte: denn davon hätte ich weiter keinen Schaden. Nun
aber, ich habe eben keins; wenn ihr nicht etwa soviel, als ich zu entrichten vermag, mir zuerkennen wolltet. Ich vermöchte euch aber vielleicht etwa eine Mine
zu entrichten. Die will ich mir also zuerkennen. Platon aber hier und Kriton und
Kritobulos und Apollodoros reden mir zu, mir dreißig Minen zuzuerkennen,
und sie wollten Bürgschaft leisten. Soviel also erkenne ich mir zu, und diese werden euch für dies Geld zuverlässige Bürgen sein."

2. Die Prüfung als unverzichtbarer Lebensinhalt

„Vielleicht aber wird einer sagen ...": Wie schon sooft fingiert Sokrates einen Gesprächspartner (vgl. Kap. 18). Er wiederholt mit anderen Worten die Frage, die
er sich schon einmal (vgl. Kap. 16) hat stellen lassen: Ob er sich nicht schäme,

sich mit solchen Dingen zu befassen, die ihn in Gefahr brächten zu sterben. Muß sich das an anderen Orten wiederholen? Könnte er nicht aus dem, was ihm in Athen widerfährt, lernen und froh sein, wenn er dem Tod noch einmal entkommt? Seine Antwort ist resignativ. Wer so fragt, beweist, daß er nichts von der Verteidigung verstanden hat, nichts von der Bedeutung, die das delphische Orakel für ihn hat, nichts von seinem Daimonion, nichts von dem Sinn seiner Gespräche und Prüfungen. Und wenn er jetzt wiederholt, daß der Wert des Lebens gerade darin besteht, sich über die Tugend zu verständigen und sich an ihrem Maßstab zu messen, so wird es ihm wiederum niemand glauben. Dies ist der Tenor:

„Das ist am allerschwersten manchem von euch begreiflich zu machen."; „So werdet ihr mir nicht glauben."; „So werdet ihr mir noch weniger glauben."; „Euch davon zu überzeugen ist nicht leicht."

Man muß sich die Resignation bewußt machen, die aus diesen Sätzen spricht, um zu verstehen, aus welcher Einstellung der nun folgende Antrag erwächst. Es ist, als gäbe ein Erwachsener nach und erfüllte einem Kind seinen Wunsch, als wollte er sagen: Geld bedeutet mir nichts, ich brauche es nicht, mit einer Geldstrafe tue ich mir kein Unrecht an, mit einer Geldstrafe verbindet sich kein Schuldeingeständnis. Ich gebe es euch, wenn es euch beruhigt.

Oder nimmt er, wie Thomas Meyer (a.a.O., S. 43) meint, das Schuldbekenntnis in Kauf, um zu beweisen, wie sehr ihm die Athener am Herzen liegen? Nimmt er ein Unrecht sich selbst gegenüber in Kauf, um die Richter vor dem Unrecht eines Todesurteils zu bewahren? Denn dies ist ja offensichtlich: Nehmen sie den Antrag an, könnten sie ihm nicht verbieten, weiter seiner Tätigkeit nachzugehen und als Sporn auf das große und (trotz allem) edle Roß einzuwirken (vgl. Kap. 18). Will er beweisen, daß er sich wahrhaft im Interesse der Polis verteidigt? So gesehen, würde der Antrag die Richter nochmals vor eine Entscheidung für oder gegen Sokrates stellen. Vielleicht wollte er ihnen das nicht ersparen.

Oder will er sich dem Gesetz fügen (Paul Friedländer, a.a.O., S. 155)? Oder will er einfach seine Person zurücknehmen und zeigen, daß es ihm nicht auf die heroische Geste, nicht auf das Prinzip um des Prinzips willen ankommt (Friedländer)? Vielleicht schließen sich die Möglichkeiten einander gar nicht aus, sondern fließen in seinen Antrag ein.

Eine Mine, das sind 100 Drachmen und ebenso viele Tageslöhne eines Facharbeiters. Das ist nicht viel und könnte leicht als Verhöhnung der Richter aufgefaßt werden. Sollte es doch ein Äquivalent für die Todesstrafe sein. Da kommen ihm die Freunde gerade zur rechten Zeit zu Hilfe und erhöhen den Betrag auf eine ansehnliche Summe. Weit davon entfernt, ihn als Verderber zu betrachten (vgl. Kap. 22), beweisen sie durch die Tat, wie sehr sie ihn schätzen. Und indem Sokrates darauf eingeht, beweist er, wie wenig ihm an Geld liegt, wie wenig es ihm ausmacht, so reich beschenkt zu werden. Geld tangiert sein Selbstwertgefühl nicht.

Das Kapitel enthält im ersten Drittel eine lange Periode. Sie beginnt mit: „Denn wenn ich sage ..." und kulminiert in der Aussage, daß

> „ein Leben ohne Selbsterforschung gar nicht verdient, gelebt zu werden."

Schleiermacher ist hier ungenau: Nicht Selbsterforschung ist gemeint, sondern: sich und andere prüfen. Prüfung ist ein kommunikativer Prozeß, der sich nicht im stillen Kämmerlein abspielt: ich bedarf des anderen, der andere bedarf meiner. Ein Ergebnis darf erst Geltung beanspruchen, wenn es intersubjektiv akzeptiert ist.

In Platons Dialog „Laches" erläutert Nikias diese Eigenart des sokratischen Gesprächs: In jeder Wissensfrage geht es letztlich um eine Wertfrage, genauer um eine Frage nach dem Wert, der das eigene Leben bestimmt:

> „Du scheinst mir nicht zu wissen, daß jeder, der sich ganz nahe an die Rede des Sokrates heranbegibt und sich auf ein Gespräch mit ihm einläßt, notwendig – mag er auch zuerst das Gespräch über ein ganz anderes Thema begonnen haben – von ihm unaufhörlich so lange in der Rede herumgeführt wird, bis er zu dem Punkt gelangt, daß er über sich selbst Rechenschaft ablegt darüber, wie er jetzt lebt und wie er bis jetzt gelebt hat. Und daß Sokrates ihn, wenn er an den Punkt gelangt ist, nicht eher loslassen wird, als bis er das alles gut und gründlich geprüft hat."
>
> *187e-188a*

Der Satz, daß ein Leben ohne Prüfung nicht lebenswert für den Menschen sei, ist Sokrates' schärfste Absage an seine Ankläger: Er verwirft ihr Leben als nichtig. Ohne Prüfung ist das Leben ohne Inhalt, ist der Mensch eine wesenlose Hülle, jeder Mensch, nicht etwa nur der Philosoph.

Die Richter sind nun aufgerufen, sich zwischen der Todes- und der Geldstrafe zu entscheiden.

29. Kapitel
(38c–39b)

Das Todesurteil und die angeklagten Richter

„Jetzt aber gehe ich hin und bin von euch der Strafe des Todes
schuldig erklärt; diese aber sind von der Wahrheit schuldig
erklärt der Unwürdigkeit und Ungerechtigkeit.."

1. Text

„Nur um einer gar kurzen Zeit willen, ihr Athener, werdet ihr nun den Namen
behalten und den Vorwurf von denen, welche die Stadt gern lästern mögen, daß
ihr den Sokrates hingerichtet habt, diesen weisen Mann. Denn behaupten werden
die nun freilich, daß ich weise bin, wenn ich es auch nicht bin, die euch lästern
wollen. Hättet ihr nun eine kleine Weile gewartet: so wäre auch ja dies von selbst
erfolgt. Denn ihr seht ja mein Alter, daß es schon weit fortgerückt ist im Leben
und nahe am Tode. Ich sage dies aber nicht zu euch allen, sondern nur zu denen,
die für meinen Tod gestimmt haben. Und zu eben diesen sage ich auch noch
dies: Vielleicht glaubt ihr, Athener, ich unterläge jetzt aus Unvermögen in solchen Reden, durch welche ich euch wohl möchte überredet haben, wenn ich geglaubt hätte, alles reden und tun zu dürfen, um nur dieser Klage zu entkommen.
Weit gefehlt! Sondern aus Unvermögen unterliege ich freilich, aber nicht an
Worten, sondern an Frechheit und Schamlosigkeit und an dem Willen, dergleichen zu euch zu reden, was ihr freilich am liebsten gehört hättet. Wenn ich ge-
jammert hätte und gewehklagt und viel anderes getan und geredet meiner Unwürdiges, wie ich behaupte, dergleichen ihr freilich gewohnt seid von den andern
zu hören. Allein weder vorher glaubte ich der Gefahr wegen irgend etwas Uned-
les tun zu dürfen noch auch gereut es mich jetzt, mich so verteidigt zu haben;
sondern weit lieber will ich auf diese Art mich verteidigt haben und sterben, als
auf jene und leben. Denn weder vor Gericht noch im Kriege ziemt es weder mir
noch irgend jemandem, darauf zu sinnen, wie man nur auf jede Art dem Tode
entgehen möge. Auch ist ja das bei Gefechten oft sehr offenbar, daß dem Tode
einer wohl entfliehen könnte, würfe er nur die Waffen weg und wendete sich fle-
hend an die Verfolgenden; und viele andere Rettungsmittel gibt es in jeglicher
Gefahr, um dem Tode zu entgehen, wenn einer sich nicht scheut, alles zu tun
und zu reden. Allein, daß nur nicht dies gar nicht schwer ist, ihr Athener, dem
Tode zu entgehen, aber weit schwerer, der Schlechtigkeit; denn sie läuft schnel-

ler als der Tod. Auch jetzt bin ich daher als ein langsamer Greis von dem langsameren gefangen worden; meine Ankläger aber, gewaltig und heftig, wie sie sind, von dem schnelleren, der Bosheit. Jetzt also gehe ich hin und bin von euch der Strafe des Todes schuldig erklärt; diese aber sind von der Wahrheit schuldig erklärt der Unwürdigkeit und Ungerechtigkeit. Und sowohl ich beruhige mich bei der Zuerkenntnis als auch diese.

Dieses nun mußte vielleicht so kommen, und ich glaube, daß es ganz gut so ist.“

2. Abrechnung mit den Gegnern unter den Richtern

360 Richter stimmten für den Tod, 141 für die Geldstrafe. War es der erste provokative Antrag des Sokrates, im Prytaneion gespeist zu werden, der einen Teil der Richter, die bei der ersten Abstimmung für unschuldig plädiert hatten, nun gegen ihn eingenommen hat? Aber wie irrational war die Entscheidung, wenn ein Unschuldiger so plötzlich zu einem Schuldigen mutieren konnte?

Der Vorgang ist unverständlich, und er wird auch nicht verständlicher, wenn man wie Heitsch die Möglichkeit erwägt, daß nur 320 für die Todesstrafe gestimmt hätten (a.a.O., S. 154).

Vielleicht liegt die Erklärung in der Feststellung der modernen Sozialforschung, daß ein Trend die Tendenz habe, sich zu verstärken. Niemand ist gern auf der Seite der Verlierer.

Nach dem Urteil ergreift Sokrates noch einmal das Wort, so jedenfalls will es Platon. Tatsächlich ist es eher unwahrscheinlich nach allem, was wir von der Praxis der Gerichtsverfahren wissen. Sokrates wendet sich zunächst an die, die für die Todesstrafe gestimmt haben. Er wirft ihnen vor, töricht und zum Schaden der Polis gehandelt zu haben, töricht, weil seine Lebenszeit doch ohnehin begrenzt sei (vgl. Kap. 1, Kap. 23), zum Schaden der Polis, weil sie mit ihm einen weit über die Grenzen der Stadt hinaus bekannten „Weisen“ töteten. Nicht die Folgen, die das Urteil für ihn haben, bedenkt er, sondern die Folgen, die es für Athen hat, das er sein Leben lang vor Schaden hat bewahren wollen, als Bürger (vgl. Kap. 18), als Soldat und Prytane (vgl. Kap. 20). Überall außerhalb Athens wird man das Urteil als ungerecht und töricht ansehen. Denn wer tötet einen Weisen, wenn nicht ein Tor? So haben es diese Richter an Weitblick und Verantwortung für die Stadt fehlen lassen. Falsch handeln ist immer ein Zeichen von Dummheit. Wer falsch handelt, schädigt sich selbst (vgl. Kap. 12).

Sokrates meint, er hätte das Abstimmungsergebnis vermeiden können, wenn er es nicht abgelehnt hätte, zu jammern und zu wehklagen (vgl. Kap. 23, Kap. 24). Er gibt sich optimistischer, als er es am Anfang war (vgl. Kap. 2). Hat ihn die verhältnismäßig große Zahl derer, die für „nicht schuldig“ gestimmt haben, positiv überrascht?

Er geht hart ins Gericht mit den Richtern, die ihn verurteilt haben: Sie haben auf seine Mahnung, nur dies zu erwägen und darauf zu achten, ob das recht ist oder nicht, was er sagt (vgl. Kap. 1), nicht gehört, sie sind eidbrüchig geworden und haben sich als unfromm erwiesen (vgl. Kap. 24), sie haben vor der Gerechtigkeit versagt. Sie sind mit dem Makel der Schlechtigkeit, Bosheit, Unwürdigkeit behaftet. Sie haben ihre Amtspflicht verletzt, weil sie als Menschen verderbt sind.

Es ist jetzt Sokrates, der die Rolle des Anklägers übernimmt. Angeklagt sind nicht die Ankläger (vgl. Kap. 11ff.) sondern die Richter, und zwar diejenigen, die ihm die Todesstrafe zuerkannt haben. Genauer müßte man sagen: Es ist die Wahrheit, der Sokrates seine Stimme leiht, die Wahrheit, die die Richter verfehlt haben wie zuvor die Ankläger. Gewiß: Auch Sokrates hätte sich auf ihr Niveau begeben können, wenn er es für richtig erachtet hätte, „alles zu tun und zu reden". „Alles tun und sagen" ist Kennzeichen der Skrupellosigkeit. Ihrer wollte sich Sokrates nicht schuldig machen.

Es ist nicht schwer, dem Tod zu entgehen, wenn man zu allem bereit ist. Weit schwerer ist es, der Schlechtigkeit zu entkommen: Sie holt einen leicht ein, denn sie ist eine schnelle Läuferin. Um sich gegen sie zu behaupten, muß man sich anstrengen, darf man nicht müde werden. Es erfordert viel mehr Kraft, sich dem Feind, der Würdelosigkeit, zu stellen, als die Waffen zu strecken und sich zu ergeben. Mit den Bildern des Sportlers und des Soldaten beschreibt Sokrates das Verhältnis des Menschen zur Schlechtigkeit.

Wenn er anschließend davon spricht, daß der Tod ihn eingeholt hat, weil er nicht vor ihm davongelaufen ist, so bleibt die Bildvorstellung erhalten. Wenn es dann aber heißt, daß die schnelle Bosheit die schnellen Ankläger eingeholt hat, tritt ein Wechsel ein: Bei Homer lesen wir:

„Da schleppt ein Übler einen Üblen heran,
So gesellt Gott immer einen Gleichen zu einen Gleichen."

Odyssee, 17, VV. 217 und 218

Derselbe Gedanke taucht in Platons „Symposion" als ein altes Sprichwort auf:

„Recht hat jenes alte Wort, daß sich das Ähnliche immer zum Ähnlichen gesellt."

195b

An dieses auch uns geläufige Sprichwort denkt Sokrates.

3. Die Entscheidung der Richter als Urteil des Gottes

Sokrates schließt mit den Worten:

> „Dieses nun mußte vielleicht so kommen, und ich glaube, daß es ganz gut so ist."

Begonnen hatte er mit dem Wunsch, daß seiner Verteidigung Erfolg beschieden sein möge,

> „wenn es so besser ist für euch sowohl als für mich. ... Doch dieses gehe nun, wie es dem Gott genehm ist." (Kap. 1).

Darauf nimmt er Bezug, wenn er am Ende der Verteidigung sagt:

> „Ich ... überlasse es euch und dem Gott, über mich zu entscheiden, wie es für mich das beste ist und für euch." (Kap. 24).

Nun ist es so gekommen, „wie es dem Gott genehm ist", und der Gott hat gemeinsam mit den Richtern entschieden.

Inwiefern könnte es so am besten sein für die Richter ebenso wie für Sokrates? Hätte Sokrates so gehandelt, wie es vor Gericht üblich ist, und hätte sich eine Mehrheit für ein „nicht schuldig" entschieden, was wäre gewonnen? Die wahre Denkungsart der Richter wäre, von Emotionen überdeckt, nicht offenbar geworden. Der Gott wollte, daß die ganze Schlechtigkeit offenbar wird. Könnte nicht aus den Folgen Reue, und könnten nicht aus Reue Einsicht und Besserung erwachsen? Wenn überhaupt, dann nur so. Und daß das für die Richter das Beste wäre, daran kann für Sokrates kein Zweifel bestehen (vgl. Kap. 13).

Von nun an gibt es eine Trennung: Da sind die, die für, und jene, die gegen Sokrates gestimmt haben. An Sokrates, an der Wahrheit, scheiden sich die Geister (vgl. Jäkel/Erasmus, a.a.O., S. 100).

Eine Entscheidungssituation vergleichbarer und doch auch wieder anderer Art schildert Xenophon in seinen „Memorabilien" (2, 1, 21-34). Er referiert dort den Sophisten Prodikos (vgl. Kap. 4): Herakles wird vor die Wahl zwischen einem angenehmen und mühelosen Leben auf der einen Seite und einem anstrengenden und erfolgreichen Leben auf der anderen Seite gestellt. Da werden in beiden Fällen, ob Anerkennung hier, Freude dort Werte in Aussicht gestellt, die dem Menschen nur äußerlich zugehören. Sokrates geht es um die Wendung nach innen, um ein gerechtes, frommes, wahres Leben ohne Rücksicht darauf, ob es etwas einbringt und wie die Welt es beurteilt. Prodikos erweist sich als Sophist, als es ihm um die Bewältigung des Alltags geht und darum, den Menschen für diese Aufgabe so gut wie möglich auszustatten.

Sokrates selbst hat sich in seiner Lebenswahl bewährt, als er nach der Prüfung seiner Mitbürger vor der Frage stand,

„welches ich wohl lieber möchte, so sein wie ich war, gar nichts verstehend von ihrer Weisheit und auch nicht behaftet mit ihrem Unverstand, oder aber in beiden Stücken so sein wie sie. Da antwortete ich denn mir selbst und dem Orakel, es wäre mir besser, so zu sein, wie ich bin." (vgl. Kap. 8).

30. Kapitel

Das Testament

„Diese Entledigung (durch Tötung) ist weder recht ausführbar noch ist sie
edel. Sondern jene ist die edelste und leichteste, nicht anderen zu wehren,
sondern sich selbst so einzurichten, daß man möglichst gut sei..“

1. Text

„Was aber nun hierauf folgen wird, gelüstet mich euch zu weissagen, ihr, meine
Verurteiler! Denn ich stehe ja auch schon da, wo vorzüglich die Menschen weis-
sagen, wenn sie nämlich im Begriff sind zu sterben. Ich behaupte also, ihr Männer, die ihr mich hinrichtet, es wird sogleich nach meinem Tode eine weit
schwerere Strafe über euch kommen als die, mit welcher ihr mich getötet habt.
Denn jetzt habt ihr dies getan in der Meinung, nun entledigt zu sein von der Rechenschaft über euer Leben. Es wird aber ganz entgegengesetzt für euch ablau-
fen, wie ich behaupte. Mehr werden es sein, die euch zur Untersuchung ziehen,
welche ich nur bisher zurückgehalten, ihr aber gar nicht bemerkt habt. Und um
desto beschwerlicher werden sie euch werden, je jünger sie sind, und ihr um desto unwilliger. Denn wenn ihr meint, durch Hinrichtungen dem Einhalt zu tun,
daß euch jemand schilt, wenn ihr nicht recht lebt, so bedenkt ihr das sehr
schlecht. Denn diese Entledigung ist weder recht ausführbar noch ist sie edel.
Sondern jene ist die edelste und leichteste, nicht anderen wehren, sondern sich
selbst so einrichten, daß man möglichst gut sei. Dieses will ich euch, die ihr gegen mich gestimmt habt, geweissagt haben und nun von euch scheiden.“

2. Die Prophetie

Als Sokrates den Richtern, die ihn verurteilt hatten, vorausgesagt hatte, daß sie
„den Namen behalten und den Vorwurf“, Sokrates hingerichtet zu haben (vgl.
Kap. 29), hatte er seinen Blick bereits in die Zukunft gerichtet.

Nun schickt er sich an, ein Prophet zu werden. Die Gabe der Prophetie bezieht er aus der Nähe zum Tod.

In Platons „Phaidon" spricht er von den sterbenden Schwänen, die freudig singen, weil sie wissen, daß sie im Tod etwas Gutes erwartet. Er fährt fort:

> „Ich glaube, daß die Sehergabe, die mir von dem Herrn (Apollon) ver-
> liehen ist, nicht schlechter ist als die von jenen."
>
> *85e (vgl. Kap. 16)*

Die Seele löst sich vom Körper und vermag klarer zu sehen. Daß Sterbende weis-sagen, kennt schon Homer: Hektor sagt seinem Bezwinger Achill den baldigen Tod voraus (Ilias, 16, VV. 851-857). Kenner der Literatur der deutschen Klassik erinnern sich an Friedrich Schillers „Wilhelm Tell": Bevor der Freiherr von At-tinghausen seine Vision von der Freiheit seines Vaterlandes verkündet, heißt es:

> „Seht, welcher Glanz sich um sein Aug ergießt!
> Das ist nicht das Erlöschen der Natur,
> Das ist der Strahl schon eines neuen Lebens."
>
> *4, 2*

Sokrates' Prophezeiung erwächst nicht aus einer Ekstase. Sie basiert auf dem Wissen, daß alles Geschehen durch göttliche Lenkung nicht anders als sinnvoll sein kann. Hatte er in seiner Verteidigung geäußert, daß die Athener, wenn sie ihn hinrichteten, „nicht leicht einen anderen solchen finden (würden), der von dem Gott der Stadt beigegeben ist", so ist er nun sicher, daß neue Mahner erste-hen, die nicht nachlassen werden in dem Bestreben, die Menschen zu bessern, ja, die die Anstrengung noch verstärken werden. Nun ist es sicher, daß der Gott „Erbarmen" mit den Athenern haben wird (vgl. Kap. 18). Mit den Jüngeren, die er bisher zurückgehalten hat, spielt er wohl auf Platon an. Man hat aus dieser Passage den Schluß gezogen, daß sich Platon, als er die „Apologie" veröffentlich-te, schon einen Namen als kritischer Mahner in der Nachfolge des Sokrates ge-macht haben muß. Man hat u.a. an seinen Dialog „Gorgias" gedacht, in dem der mit den Politikern Athens hart ins Gericht geht (vgl. E. Heitsch, a.a.O. 2003, S. 161f.).

Besteht ein Widerspruch zwischen der Warnung, die Athener würden, falls sie ihn töteten, „nicht leicht einen anderen solchen finden, der von dem Gott der Stadt beigegeben ist (vgl. Kap. 18)", und seinem jetzigen Verweis, daß es viele jüngere Nachfolger geben werde, die den Athenern noch beschwerlicher sein würden? Die Redezeit ist Ereigniszeit: Dort der Versuch, das Äußerste abzu-wenden, hier die Interpretation des Unabwendbaren. Oder soll die Differenz be-tont werden? Gilt doch nur für Sokrates, daß er „von dem Gott der Stadt beige-geben ist"; die Nachfolgenden sind von ihm der Stadt beigegeben, nur mittelbar von dem Gott. Und schließlich sind sie, wenn sie auch wie er die Athener „zur Untersuchung ziehen", eben doch auch anders. Platon schließt zwar an Sokrates an, setzt ihn aber nicht einfach fort.

Die Nachfolger sind eine Strafe, insofern wird Gerechtigkeit hergestellt. Strafe dient dem Nutzen dessen, der sie erleidet (vgl. Kap.13). So werden sich die Nachfolger als ein Gut erweisen, wie er selbst es bis jetzt war.

Daß man durch Entledigung, durch Tötung, Liquidierung nichts ausrichtet – „so ist es nicht möglich", sagt Sokrates – hat sich in der Geschichte immer wieder bewahrheitet. Nicht dadurch gewinnt man, daß man lästige Kritiker mundtot macht und ihre Warnungen mißachtet (vgl. Kap. 21), sondern dadurch, daß man sie ernst nimmt.

> „Nicht andern wehren, sondern sich selbst so einrichten, daß man möglichst gut sei."

Sich dessen nicht bewußt gewesen zu sein, ist der Fehler derer, die ihn verurteilt haben. Noch einmal trifft sie der Vorwurf der Torheit.

31. Kapitel

Die Deutung aus dem Glauben oder
die Erörterung des Theodizeeproblems

„Unmöglich würde mir das gewohnte Zeichen nicht widerstanden haben, wenn ich nicht im Begriff wäre, etwas Gutes auszurichten."

1. Text

„Mit denen aber, welche für mich gestimmt, möchte ich gern noch reden über dies Ereignis, welches sich zugetragen, solange die Beamten noch zu tun haben und ich noch nicht dahin gehen muß, wo ich sterben soll. Also, ihr Männer, so lange haltet mir noch aus. Nichts hindert ja, uns vertraulich zu unterhalten miteinander, solange es noch vergönnt ist. Denn euch als meinen Freunden will ich gern das erklären, was mir soeben begegnet ist, was es eigentlich bedeutet. Mir ist nämlich, ihr Richter – denn euch benenne ich recht, wenn ich euch Richter nenne –, etwas Wunderbares vorgekommen. Mein gewohntes Vorzeichen nämlich war in der vorigen Zeit wohl gar sehr häufig, und oft in großen Kleinigkeiten widerstand es mir, wenn ich im Begriff war, etwas nicht auf die rechte Art zu tun. Jetzt aber ist mir doch, wie ihr ja selbst seht, dieses begegnet, was wohl mancher für das größte Übel halten könnte und was auch dafür angesehen wird; dennoch aber hat mir weder, als ich des Morgens von Hause ging, das Zeichen des Gottes widerstanden, noch auch als ich hier die Gerichtsstätte betrat, noch auch irgendwo in der Rede, wenn ich etwas sagen wollte. Wiewohl bei anderen Reden es mich oft mitten im Reden aufhielt. Jetzt aber hat es mir nirgends bei dieser Verhandlung, wenn ich etwas tat oder sprach, im mindesten widerstanden. Was für eine Ursache nun soll ich mir hiervon denken? Das will ich euch sagen. Es mag wohl, was mir begegnet ist, etwas Gutes sein, und unmöglich können wir recht haben, die wir annehmen, der Tod sei ein Übel. Davon ist mir dies ein großer Beweis. Denn unmöglich würde mir das gewohnte Zeichen nicht widerstanden haben, wenn ich nicht im Begriff gewesen wäre, etwas Gutes auszurichten."

2. Die innere Stimme und der gute Gott

Es herrscht Aufbruchsstimmung. Die Richter, die Sokrates schuldig gesprochen haben, verlassen die Gerichtsstätte, gewiß verärgert über die Anklagen und Weissagungen, die sie sich noch haben anhören müssen. Die anderen, die ihn für unschuldig halten und die er einzig als seine Richter anerkennt, bittet er, zu bleiben, „solange es noch vergönnt ist", das heißt, bis er ins Gefängnis abgeführt werden wird. Mit ihnen möchte er sich noch vertraulich unterhalten wie mit Freunden. Er ist seiner Verpflichtung der Verteidigung nachgekommen, er hat ordnungsgemäß einen Antrag zur Strafzumessung gestellt, hat mit denen abgerechnet, die ihn verurteilt haben, jetzt will er einen anderen Ton anschlagen. Seinen Freunden möchte er deuten, was geschehen ist. Er nennt es „etwas Wunderbares". Damit meint er nicht etwas, das über den Verstehenhorizont hinausgeht, sondern etwas, das erstaunt und gerade dadurch dazu zwingt, es zu erklären.

„Das Wunderbare" besteht darin, daß sich seine innere Stimme, die sich sonst häufig und auch bei Kleinigkeiten warnend eingestellt hat, diesmal nicht gemeldet hat. Noch als er am Morgen das Haus verließ, sogar noch, als er das Gericht betrat, hätte sie ihn veranlassen können, den Prozeß zu vermeiden und außer Landes zu gehen. Noch in der Rede selbst hätte sie – und das ist früher ja nicht selten vorgekommen – eingreifen und ihn davor bewahren können, sich dem Vorwurf der Arroganz auszusetzen und allen Mitteln abzuschwören, mit denen er Mitleid hätte erregen können.

Dies ist die Beschreibung des Tatbestandes. „Was für eine Ursache nun soll ich mir hiervon denken?"

Es ist etwas Gutes, das ihm begegnet ist: Der Prozeß und die Art, wie er ihn geführt hat.

Es war kein Zufall, daß sich die seit vielen Jahren wirksamen diffusen Verleumdungen jetzt in Sokrates' 71. Lebensjahr zu einer konkreten Anklage verdichtet haben. Es war der Zeitpunkt für ihn gekommen, öffentlich Rechenschaft über sein Leben, seine Tätigkeit, seinen Gottesglauben, sein Verhältnis zur Polis Athen abzulegen und mit seinen Widersachern abzurechnen.

Es war richtig, daß er in der Art seiner Verteidigung keine Zugeständnisse gemacht und das Todesurteil in Kauf genommen hat.

Folglich kann nun auch der Tod nicht ein Übel sein; im Gegenteil: er muß etwas Gutes sein. Davon ist Sokrates nun überzeugt. Ging er bisher davon aus, daß „niemand weiß, was der Tod ist, nicht einmal, ob er nicht für den Menschen das größte unter allen Gütern ist (vgl. Kap. 17)", so ist ihm nun kein Zweifel mehr erlaubt. Das Ausbleiben seiner inneren Stimme hat für ihn die Geltung eines Beweises.

Es ist dies der Ausdruck einer tiefen Frömmigkeit, die sich dessen sicher ist, daß alles verlaufen ist, „wie es dem Gott genehm" war (vgl. Kap. 1), daß der Gott entschieden hat, wie es für ihn, Sokrates, und für die Richter das Beste ist (vgl. Kap. 24). Der Gott lügt nicht (vgl. Kap. 6), und wenn schon kein Mensch einem anderen wissentlich schadet (vgl. Kap. 13), so darf am wenigsten dem Gott etwas derartiges zugedacht werden; und wenn schon „dem besseren Manne von dem schlechteren" kein Schaden geschehen kann (vgl. Kap. 18), so noch weniger von einem guten Menschen, geschweige denn von einem Gott.

Das Problem der Theodizee läßt für Sokrates nur die eine Lösung zu: Der Gott ist das absolut Gute:

> „Gott ist niemals und auf keine Weise ungerecht, sondern im höchsten Maß vollkommen gerecht."
>
> *Platon, Theaitet, 176b-c*

Dieses Gute wird in der Biographie des einzelnen wie in Geschehenzusammenhängen und in der Geschichte wirksam. Das Gute ist zugleich das Nützliche für alle, die am Geschehen beteiligt sind. Worin es besteht, mag nicht gleich sichtbar werden und nicht leicht einsichtig sein, es wird sich aber dem Nachdenkenden als solches enthüllen. Dabei ist der Mensch durchaus nicht als ein passives Wesen gedacht.

Von ihm wird gefordert, daß er ein Leben führt, das sich in Kommunikation mit anderen der ständigen Prüfung unterzieht und sich den Fragen nach dem Sinn seiner Existenz und nach dem Wesen der Polis stellt und aus den Fragen die Entscheidung ableitet, sein Leben an den erkannten Werten zu orientieren. Von ihm hängt es ab, ob er das Gute als Lohn oder Strafe, als Beglückung oder Beschwernis erfährt (vgl. Kap. 33).

3. Das Theodizeeproblem in griechischer und jüdisch-christlicher Sicht

Das Theodizeeproblem ist so alt wie die europäische Literatur. In Homers „Odyssee" beklagt sich der Göttervater Zeus:

> „Ach, da geben doch die Sterblichen den Göttern die Schuld.
> Von uns, sagen sie, stamme alles Übel. Dabei erleiden
> Sie durch ihre eigenen Freveltaten Schmerzen über das ihnen zugeteilte
>   Los hinaus."
>
> *1, VV. 32-34*

Da ist nicht alles, was sich ereignet, von den Göttern bestimmt. Der Mensch kann sich frei gegen sie entscheiden. Wenn er es tut, geschieht es zu seinem Schaden.

So auch bei Platon. „Da aber der Gott gut ist", muß sich eben auch der Schaden letztlich als Nutzen erweisen. So heißt es denn:

> „Daß die, die Strafe leiden, unglücklich sind und daß der Gott dies veranlaßt hat, das dürfen wir einen Dichter nicht sagen lassen. Wenn sie aber sagten, daß die Schlechten, weil sie unglücklich waren, der Strafe bedurften und, indem sie bestraft wurden, Nutzen von dem Gott er-

fuhren, so muß man es zulassen. Mit allen Mitteln muß man dagegen kämpfen, daß jemand behauptet, der Gott, der ja gut ist, sei für jemanden die Ursache der Übel."

Staat, 379e, 380b

Woher aber das Schlechte kommt, durch das die Schlechten schlecht sind, und woher das verkehrte Denken (vgl. Kap. 13), bleibt unbeantwortet. Der Mythos am Schluß der Staatsschrift macht den Menschen verantwortlich. Er wählt, bevor er wieder ins Leben tritt, seinen Daimon, sein Wesen.

„Die Tugend aber ist herrenlos; je nach dem, ob einer sie mehr oder weniger ehrt, wird er mehr oder weniger von ihr haben. Schuld hat der Wählende, Gott ist schuldlos."

617e

Einsichtig und gut zu werden, ist Aufgabe des Menschen in dieser Welt; indem er sie erfüllt, erringt er sein Glück. Ihm dabei zu helfen, darin sah Sokrates die ihm vom Gott auferlegte Pflicht.

Es war die Botschaft der Tragödie, daß der Mensch durch Leid lerne:
„Wenn einer Zeus' Sieg verständig preist,
Gewinnt er Einsicht in vollem Maß;
Zeus wies den Sterblichen den Weg
Des rechten Denkens, er gab das Gesetz:
Durch Leid lernen."

Aischylos, Agamemnon, VV. 174-178

Es ist die Botschaft des Sokrates, daß der Mensch auch ohne Leid, dadurch, daß er sein Leben ernsthaft und immer erneut der Prüfung unterzieht, zur Einsicht fähig ist.

Alle Antworten auf die Frage der Theodizee, die wir bisher referiert haben, sind unzureichend. Woher das Schlechte kommt, warum Unschuldige leiden, wird mit der Theorie des sinnvoll geordneten Kosmos nicht oder unbefriedigend erklärt. Göttliche Güte und menschliche Freiheit stehen in einem Spannungsverhältnis zueinander. Die Philosophiegeschichte ist reich an Versuchen, das Problem zu lösen.

Einen anderen Zugang gewinnt die jüdisch-christliche Religion, und zwar in zweifacher Hinsicht: 1. Die Herkunft der Übel wird mit dem Abfall des Menschen von Gott begründet. 2. Der Sinnfrage wird die Antwort erteilt, daß sich Gott prinzipiell der Berechenbarkeit durch die menschliche Vernunft entzieht.

„Denn meine Gedanken sind nicht eure Gedanken, und eure Wege sind nicht meine Wege, spricht der Herr, sondern soviel der Himmel höher ist denn die Erde, so sind auch meine Wege höher denn eure Wege und meine Gedanken denn eure Gedanken."

Jesaja, 55, VV. 8 und 9 (Übersetzung: M. Luther)

Augustinus rechtfertigt das Leiden durch den Schicksalszusammenhang der Erbsünde. Sie ist freilich nicht das letzte Wort: Jesu Leiden und Kreuzestod versöhnen den sündigen Menschen mit Gott. Wie die Sünde in der Geschichte entstanden ist, wird sie in der Geschichte überwunden. Sie ist die Voraussetzung von Gottes Gnadenakt, durch den sie aufgehoben wird. Sie ist notwendig und nichtig zugleich. Das Leid dieser Welt wird damit nicht beseitigt, es bleibt hier und jetzt oft eine für uns Menschen unerklärbare Realität.

Bescheiden müssen wir Christen gut sokratisch, wenn auch in einem anderen Sinn, mit dem Apostel Paulus bekennen:

„Unser Wissen ist Stückwerk.“

1. Korinther, Kap. 13, V. 11
(vgl. Herders Theologisches Lexikon, Freiburg 1973, s.u. Theodizee)

Die nachparadiesische Welt ist nicht mehr der Kosmos, den Gott einst geschaffen hatte. Aber gerade deshalb sind wir Menschen dazu aufgerufen, alles zu tun, um sie besser zu machen, als sie ist.

Die Epikureer haben die Götter von der Verantwortung für die irdische Welt befreit, Marx, Nietzsche und Sartre haben Gott für tot erklärt; die Perspektive eines sinnvoll geordneten Kosmos oder eines rettenden Gottes fehlt. Manch einer mag das als befreiend empfinden, manch einer aber auch als bedrückend. Denn es entlastet, wenn man an einen Gott glaubt, der im Grunde und letztlich verantwortlich ist.

Man hat Sokrates' Daimonion, seine innere Stimme, mit dem christlichen Gewissen verglichen (vgl. Kap. 19), zu Unrecht. Das 2. vatikanische Konzil hat in der Pastoral-Konstitution „Gaudium et spes" vom 07.05.1965 folgendermaßen formuliert:

„Im Innern seines Gewissens entdeckt der Mensch ein Gesetz, das er sich nicht selbst gibt, sondern dem er gehorchen muß und dessen Stimme ihn immer zur Liebe und zum Tun des Guten und zur Unterlassung des Bösen aufruft und, wo nötig, in den Ohren des Herzens tönt: Tu dies, meide jenes.“

Das Gewissen ist Ausdruck eines allgemeinen, jedermann verpflichtenden Gesetzes. Es geht um das Gute und das Böse, um Liebe und Lieblosigkeit, um Kategorien, die Sokrates fremd sind. Schließlich wird nicht nur dazu aufgerufen, etwas zu unterlassen, sondern auch dazu, etwas zu tun. Und es geht um den Menschen allgemein, nicht nur um einen einzelnen.

Das Daimonion ist eine Instanz der Vermittlung zwischen dem Göttlichen und Sokrates, nicht mehr, aber auch nicht weniger.

32. Kapitel

Der Tod – ein Gut

„Eines von beiden ist das Totsein, entweder soviel als nichts
sein ..., oder ... es ist eine Versetzung und ein Umzug der
Seele von hinnen an einen anderen Ort."

1. Text

„Laßt uns aber auch so erwägen, wieviel Ursache wir haben, zu hoffen, es sei etwas Gutes. Denn eins von beiden ist das Totsein, entweder soviel als nichts sein
noch irgendeine Empfindung von irgend etwas haben, wenn man tot ist; oder,
wie auch gesagt wird, es ist eine Versetzung und ein Umzug der Seele von hinnen an einen anderen Ort. Und ist es nun gar keine Empfindung, sondern wie
ein Schlaf, in welchem der Schlafende auch nicht einmal einen Traum hat, so wäre der Tod ein wunderbarer Gewinn. Denn ich glaube, wenn jemand einer solchen Nacht, in welcher er so fest geschlafen, daß er nicht einmal einen Traum
gehabt, alle übrigen Tage und Nächte seines Lebens gegenüberstellen und nach
reiflicher Überlegung sagen sollte, wieviel angenehmere und bessere Tage und
Nächte als jene Nacht er wohl in seinem Leben gelebt hat: so, glaube ich, würde
nicht nur ein gewöhnlicher Mensch, sondern der Großkönig selbst finden, daß
diese sehr leicht zu zählen sind gegen die übrigen Tage und Nächte. Wenn also
der Tod etwas solches ist, so nenne ich ihn einen Gewinn, denn die ganze Zeit
scheint ja auch nicht länger auf diese Art als eine Nacht. Ist aber der Tod wiederum wie eine Auswanderung von hinnen an einen anderen Ort und ist das
wahr, was gesagt wird, daß dort alle Verstorbenen sind, was für ein größeres Gut
könnte es wohl geben als dieses, ihr Richter? Denn wenn einer, in der Unterwelt
angelangt, nun dieser sich so nennenden Richter entledigt, dort die wahren Richter antrifft, von denen auch gesagt wird, daß sie dort Recht sprechen, den Minos
und Rhadamanthys und Aiakos und Triptolemos, und welche Halbgötter sonst
gerecht gewesen sind in ihrem Leben, wäre das wohl eine schlechte Auswanderung? Oder auch mit dem Orpheus umzugehen und Musaios und Hesiodos und
Homeros, wie teuer möchtet ihr das wohl erkaufen? Ich wenigstens will gern
oftmals sterben, wenn dies wahr ist. Ja, mir zumal wäre es ein herrliches Leben,
wenn ich dort den Palamedes und Aias, des Telamon Sohn, anträfe und wer
sonst noch unter den Alten eines ungerechten Gerichtes wegen gestorben ist,

und mit dessen Geschick das meinige zu vergleichen, das müßte, glaube ich, gar nicht unerfreulich sein. Ja was das Größte ist, die dort ebenso ausfragend und ausforschend zu leben, wer unter ihnen weise ist und wer es zwar glaubt, es aber nicht ist. Für wieviel, ihr Richter, möchte das einer wohl annehmen, den, welcher das große Heer nach Troja führte, auszufragen, oder den Odysseus oder Sisyphos, und viele andere könnte einer nennen, Männer und Frauen: mit welchen dort zu sprechen und umzugehen und sie auszuforschen auf alle Weise eine unbeschreibliche Glückseligkeit wäre. Gewiß werden sie einen dort um deswillen doch wohl nicht hinrichten. Denn nicht nur sonst ist man dort glückseliger als hier, sondern auch die übrige Zeit unsterblich, wenn das wahr ist, was gesagt wird."

2. Empfindungsloser Schlaf oder Umzug der Seele

Hatte Sokrates soeben (vgl. Kap. 31) der Gewißheit Ausdruck verliehen, daß wir unmöglich recht haben können, „die wir annehmen, der Tod sei ein Übel", und daß ihm „dies ein großer Beweis" sei, so schwächt er diese Aussage nun gleich wieder ab. Es gilt zu „erwägen, wieviel Ursache wir haben, zu hoffen, es (das Totsein) sei etwas Gutes." Und von „guter Hoffnung" spricht er am Schluß noch einmal (vgl. Kap. 33).

Von seiner subjektiven Überzeugung, die er gewonnen hat, weil ihm die gewohnte innere Stimme ausgeblieben ist, weicht er in dem Moment, da er die Richter in seine Überlegungen einbezieht, ins Unbestimmte, Nicht-Gewußte aus. Es ist ein Unterschied, ob er nur von sich oder ob er allgemein spricht.

Im Folgenden betont er mehrfach, daß er sich auf Bekanntes bezieht: „Wie auch gesagt wird", „ist das wahr was gesagt wird", „von denen auch gesagt wird", „wenn das wahr ist, was gesagt wird".

Was könnte Tod als guter Zustand bedeuten? Ein empfindungsloser Schlaf. Selbst der persische Großkönig würde finden, daß es nur wenig angenehmere und bessere Tage und Nächte in seinem Leben gegeben habe gegenüber einer empfindungslosen Nacht. Der Großkönig wird hier im herkömmlichen Sinn als der glücklichste Mensch betrachtet, nicht im sokratischen Verständnis (vgl. Platon, Gorgias, 524e).

Sokrates neigt einer anderen Vorstellung zu: Tod sei „eine Versetzung und ein Umzug der Seele von hinnen an einen anderen Ort", in den Hades, in dem sich alle Verstorbenen einfinden. Dort trifft er die „Halbgötter", die in ihrem Leben gerecht gewesen sind, dort kommt er mit den alten Dichtern zusammen, und dort begegnet er schließlich den Helden des trojanischen Krieges, die wie er „eines ungerechten Gerichts wegen gestorben" sind. Mit ihnen könnte er sein Geschick vergleichen. Die ganze Zeit über würde er wie hier auf Erden die Toten – unter ihnen nicht nur Männer, sondern auch Frauen – prüfen und ausfragen,

um herauszufinden, „wer unter ihnen weise ist und wer es glaubt, aber nicht ist."
Der Tod hebt die Rollen auf, die den Geschlechtern im Leben zugeteilt sind. Platon wollte Männern und Frauen dann auch im Leben gleiche Aufgaben zutrauen und zuteilen (Staat, 451c ff.).

Orpheus, Musaios, Hesiod und Homer werden als Dichter namentlich genannt. Sokrates bezeugt ihnen ungeachtet aller Kritik (vgl. Kap. 7) seine Wertschätzung (vgl. Kap. 16).

Als bemerkenswert heben wir hervor:

Die Toten bewahren ihre Identität. Das Richteramt übt aus, wer auf Erden gerecht war. Sokrates bleibt der Fragende und Prüfende. Daß es dort wie hier eingebildete Weisheit geben muß, ist die logische Konsequenz der Identitätsbewahrung. Ob es freilich dort nun gelingt, die Toten zur Einsicht bringen und zu bessern, darf man Sokrates nicht fragen. Platon wird später mit der Lehre von der Seelenwanderung eine Antwort finden.

Die Tätigkeit im Leben erfährt im Tod eine Steigerung: bei den Richtern, die nun „die wahren Richter" sind im Gegensatz zu denen, die sich hier nur so nennen, bei Sokrates, der eine unbeschreibliche und ewig währende Glückseligkeit erwartet. Liefe er doch nicht mehr Gefahr, getötet zu werden. Sokrates' Lebenswerk, dessentwegen er sterben muß, wird überzeitliche Gültigkeit verliehen: In dem sokratischen Tun liegt das Glück beschlossen. Darauf kommt es an, nicht auf die Details der Schilderung. Sowohl bei der Äußerung über die Prüfung als auch bei der Bemerkung, daß man ihn dort wohl nicht hinrichten werde, spürt man die Ironie.

Sokrates zählt nur Tote einer längst vergangenen heroischen Zeit auf. Er nennt nicht den Sieger von Salamis, Themistokles, nicht Aristeides, den man wegen seiner Ehrenhaftigkeit rühmte, nicht Perikles, auch keinen der Dichter, die im 5. Jahrhundert die Bühne beherrschten: Aischylos, Sophokles oder Euripides. Wird durch Verschweigen ein vernichtendes Urteil über die „Großen" dieser Zeit gesprochen (vgl. Kap. 30)?

Es ist ein alter, auch uns allzu geläufiger Topos, die „gute, alte Zeit" zu verklären und ihr gegenüber die Gegenwart als minderwertig geringzuschätzen. Er findet seine erste Ausprägung bei Hesiod. In seinen „Werken und Tagen" schildert er eine Folge von Menschengeschlechtern. Das in der Reihenfolge vierte ist jenes der Helden des trojanischen Krieges, ein „göttliches Geschlecht von Heroen, die Halbgötter genannt werden (VV. 159 und 160)". Dann fährt er fort:

„Wenn ich doch nicht im fünften Menschengeschlecht
Lebte, sondern vorher gestorben oder später geboren werden wäre.
Jetzt nämlich lebt das eiserne Geschlecht. ..."

Es folgt eine Schilderung, die der des Thukydides über die Verwahrlosung der Sitten im peloponnesischen Krieg in nichts nachsteht (VV. 174-176; 190-201; vgl. Kap. 26). Von da aus wird noch einmal verständlich, warum Sokrates sich an Achill als Vorbild orientiert (vgl. Kap. 16). Zeigt er dort, wie er sich der Tradition verpflichtet fühlt, so geht er hier weit darüber hinaus. Er ordnet sich in den Kreis der mythischen Helden ein, wird selbst ein Heros.

Auf den Dialog „Gorgias", in dem Platon sein negatives Urteil über die Politiker des 5. Jahrhunderts fällt und begründet, haben wir hingewiesen (vgl. Kap. 30). Die Dichter verbannt er aus seinem Staat (Staat, 376e ff., 595a ff.).

Es wird ein weiteres Mal der Unterschied zwischen Sokrates und den Sophisten deutlich. An die Aszendenz der Entwicklung der menschlichen Kultur, die die Sophisten als Aufklärer vertraten, wollte Sokrates nicht glauben.

3. Der Wert des Todes gegenüber dem Leben

Den beiden genannten Vorstellungen vom Tod – empfindungsloser Schlaf und Umzug der Seele – ist eines gemeinsam: Sie sind höherwertig als das Leben. Das mag mit den Erfahrungen zusammenhängen, die Sokrates mit dem „eisernen Geschlecht" seiner Zeit gemacht hat, mag aber auch in einer tiefer verwurzelten Anschauung begründet sein. Der Lyriker Theognis schreibt in der 2. Hälfte des 6. Jahrhunderts:

> „Das allerbeste ist es für die Erdenbewohner, nicht geboren zu werden
> Und die Strahlen der hellen Sonne nicht zu erblicken,
> Wenn er aber geboren ist, so schnell wie möglich zum Tor des Hades
>   zu gelangen
> Und dazuliegen, von viel Erde bedeckt."

VV. 425-429

In diesen Zusammenhang gehört auch die Geschichte von den Brüdern Kleobis und Biton, deren Standbilder wir im Museum von Delphi bewundern. Auf die Bitte ihrer Mutter hin, einer Priesterin der Hera, schenkte die Göttin ihnen als Lohn für eine ruhmreiche Tat den Tod als das höchste Gut, das Menschen erhalten könnten (Herodot, ca. 484-430, 1, 31, 2-5).

Daß der Tod nichts Schreckliches sei, wurde auch denen verheißen, die in die eleusinischen Mysterien eingeweiht waren. Bei Isokrates (436-338) lesen wir:

> „Demeter schenkte unseren Vorfahren zwei bedeutende Gaben: Die Früchte, die uns über das tierische Leben hinausgehoben haben, und die Mysterien. Wer an letzteren teilhat, darf angenehme Erwartungen haben im Hinblick auf das Lebensende und die ganze Ewigkeit danach."

Panegyrikos, 28

Und schließlich lehrten die Pythagoreer die Seelenwanderung, deren letztes Ziel die Insel der Seligen ist.

„Dort wehen die Frühlingslüfte des Okeanos, Goldblüten leuchten, die einen auf der Erde herab von herrlichen Bäumen, andere nährt das Wasser."

Pindar, ca. 520-nach 446, 2. olympische Ode, VV. 71-73

Von den Pythagoreern ist Platon beeinflußt worden.

Der Aufenthalt auf Erden dient der Bewährung, hat keinen Wert an sich. So konnte sich Sokrates in der Tat auf eine Überlieferung stützen, wenn er dem Totsein ein besseres Dasein zuschreibt als dem Leben. Daneben waren gewiß auch die Vorstellungen Homers noch lebendig (vgl. Kap. 17). Soweit allerdings, dem Begräbnis keine Bedeutung zuzumessen, dürfte außer ihm kaum einer gegangen sein (vgl. Kap.20).

Zu einer Lebensverachtung hat diese Auffassung bei Sokrates nicht geführt. Im „Phaidon" läßt Platon ihn in dem Gespräch, das er kurz vor seinem Tod im Gefängnis führt, auf die Frage, warum es nicht recht sei, sich selbst zu töten (61e), folgendermaßen antworten:

„Was in den Geheimschriften (der Pythagoreer) darüber gesagt ist, nämlich daß wir Menschen auf einen Wachtposten gestellt sind und daß wir uns von ihm nicht selbst lösen und davonlaufen dürfen, erscheint mir ein gewichtiges Wort und nicht leicht zu durchschauen. Jedoch auch das scheint mir gut gesagt zu werden, Kebes, daß die Götter sich um uns sorgen und wir eine Herde von den Herden der Götter sind. ... Wenn nun ein Tier aus deiner Herde sich selbst tötete, ohne daß du zu erkennen gegeben hättest, daß du seinen Tod willst, würdest du ihm dann zürnen und, wenn du eine Strafe wüßtest, es bestrafen? Gewiß, sagte er. So ist es vielleicht auch sehr gut begründet, daß wir uns nicht selbst töten dürfen, bevor nicht der Gott eine Notwendigkeit verhängt wie die, der wir jetzt unterliegen."

62b-c

„Auf einen Wachtposten gestellt sein", das heißt, mit einer Aufgabe betraut sein. „Wachtposten" hat im Griechischen auch die Bedeutung eines bewachten Ortes, von dem man nicht einfach weglaufen darf: Der Mensch wird von den Göttern oder von der Gottheit an seinen Platz gestellt, und dort muß er seine Pflicht erfüllen. Darüber wachen die Götter, die sich aber gleichzeitig fürsorglich um ihn kümmern wie Hirten um ihre Schafe.

So wird noch einmal deutlich, warum Sokrates meinte, sich nicht leichtsinnig Gefahren aussetzen zu dürfen, sondern sich für seine Aufgabe bewahren zu müssen (vgl. Kap. 19).

Die beiden sokratischen alternativen Vorstellungen vom Tod begegnen uns wieder bei Seneca, dem stoischen Philosophen des 1. Jahrhunderts n.Chr.:

„Wir wollen tapfer sein gegenüber dem, was uns zufällig widerfährt; wir wollen nicht zittern vor Ungerechtigkeiten, Verwundungen, Kerker und Armut. Der Tod ist ein Ende oder ein Übergang. Ich habe keine

Angst, aufzuhören: Es ist, als wenn man nicht begonnen hätte. Und ich habe keine Angst, hinüberzugehen, da ich nirgendwo so eingeengt sein werde."

epistula, 65, 24

4. Sokrates und Paulus

Der Apostel Paulus war ein Zeitgenosse Senecas. Ca. 350 Jahre nach Sokrates' Tod, etwa im Jahre 50, war er in Athen. Nicht anders als Sokrates sprach er dort „auf dem Markt jeden Tag mit denen, die gerade zugegen waren." In einer Rede, die Lukas – historisch eher unwahrscheinlich – auf dem Areopag ansiedelt, verkündete er Gott und Christi Auferweckung von den Toten. Er hatte wenig Erfolg, erntete im Gegenteil viel Spott. Wie Sokrates sich den Vorwurf gefallen lassen mußte, er führe „neue Gottheiten" ein, so jener, er verkünde „fremde Gottheiten".

Beide wollten eingebildete Weisheit entlarven. Sokrates setzt seine menschliche der „übermenschlichen" Weisheit seiner Mitbürger entgegen. Paulus spricht von der Vergangenheit als von den Zeiten der Unwissenheit. Beide konnten sich nicht verständlich machen, Sokrates nicht mit dem Entwurf einer auf rationale Vergewisserung begründeten Ethik, Paulus nicht mit der Verkündigung des von den Toten auferstandenen Gottessohnes (Lukas, Apostelgeschichte, 17, VV. 16-34).

Sokrates berief sich auf das Orakel, das Daimonion, Paulus verwies auf das Osterereignis. So hat er seine Verkündigung durch ein, wie er glaubte, geschichtliches Faktum beglaubigt. Wo Sokrates von Hoffnung sprach, vermittelte Paulus Gewißheit. Sokrates hatte konkrete Vorstellungen von dem, was Totsein bedeuten könnte, Paulus schweigt darüber.

Das tut auch die Theologie der Gegenwart. Franz Kamphaus, der Bischof von Limburg, ist gewiß ein kompetenter Gewährsmann. Er schreibt:

> „Danach (gemeint sind die Überlegungen Kants) gehört es zu den vornehmsten Fähigkeiten der Vernunft, die eigenen Grenzen zu erkennen und anzuerkennen. Dem entspricht die jüdisch-christliche Einsicht, der Mensch komme zu sich selbst, indem er seine Endlichkeit in Freiheit als Bedingung seiner selbst annimmt – und nicht sein will wie Gott. Diese geschöpfliche Grenze hat nichts mit Geboten oder Verboten zu tun, die Gott dem Menschen gleichsam im nachhinein als Einschränkung seiner Freiheit auferlegt und die zu ihr im Widerspruch stehen. Sie wurzelt in seiner Kreatürlichkeit, zu der sich der Mensch frei verhalten, die er aber nur um den Preis der Selbstverkennung und Selbstüberforderung leugnen kann.

216

Über Jahrhunderte wurde die Sterblichkeit des Menschen im Anschluß an die biblischen Erzählungen vom Sündenfall der beiden Stammeltern einseitig als Strafe gedeutet. Kontrapunktisch dazu erschien die Unsterblichkeit oder das „ewige Leben" als Frucht der Erlösung durch Jesus Christus. Darüber wurde vergessen, daß der Mensch als Geschöpf nicht nur sterben muß, sondern auch sterben darf. Unsterblichkeit im Sinne der unbegrenzten Fortsetzung des gegenwärtigen Lebens käme einem Fluch gleich. Die menschliche Sterblichkeit hat also neben ihrer ängstigenden auch eine wohltuende Seite, die durch die Angst vor dem Tode leicht verdeckt wird. Selbstverständlich hoffen Christen auf ein Leben über den Tod hinaus, aber diese Hoffnung bezieht sich auf die Vollendung des jetzigen Lebens. „Ewiges Leben" meint weder unbegrenzte Dauer noch Unsterblichkeit, sondern von Gott verheißene und gewährte Unzerstörbarkeit des gelebten Lebens.

Deshalb kommt in einem gewissen Sinne alles auf dieses Leben an. Und so fällt denn die Kunst des Sterbens, die Ars moriendi, letztlich zusammen mit der Kunst des Lebens, der Ars vivendi. Zu ihr gehört unabdingbar, die eigene Sterblichkeit und das damit verbundene Leid annehmen zu können. Wer nicht sterben kann, kann auch nicht leben."

FAZ vom 30.09.2003, Seite 8

33. Kapitel

Die Richter als Testamentsvollstrecker

„Es ist nun Zeit, daß wir gehen, ich, um zu sterben, und ihr,
um zu leben. Wer aber von uns beiden zu dem besseren
Geschäft hingehe, das ist allen verborgen außer Gott."

1. Text

„Also müßt auch ihr, Richter, gute Hoffnung haben in Absicht des Todes und
dies eine Richtige im Gemüt halten, daß es für den guten Mann kein Übel gibt
weder im Leben noch im Tode, noch daß je von den Göttern seine Angelegenheiten vernachlässigt werden. Auch die meinigen haben jetzt nicht von ungefähr
diesen Ausgang genommen: sondern mir ist deutlich, daß Sterben und aller Mühen entledigt werden nun das beste für mich war. Daher auch hat weder mich irgendwo das Zeichen gewarnt, noch auch bin ich gegen meine Verurteiler und gegen meine Ankläger irgend aufgebracht. Obgleich nicht in dieser Absicht sie
mich verurteilt und angeklagt haben, sondern in der Meinung, mir Übles zuzufügen. Das verdient an ihnen getadelt zu werden. Soviel jedoch erbitte ich von
ihnen: An meinen Söhnen, wenn sie erwachsen sind, nehmt eure Rache, ihr
Männer, und quält sie ebenso, wie ich euch gequält habe, wenn euch dünkt, daß
sie sich um Reichtum oder um sonst irgend etwas eher bemühen als um die Tugend; und wenn sie sich dünken, etwas zu sein, sind aber nichts: So verweist es
ihnen wie ich euch, daß sie nicht sorgen, wofür sie sollten, und sich einbilden,
etwas zu sein, da sie doch nichts wert sind. Und wenn ihr das tut, werde ich Billiges von euch erfahren haben, ich selbst und meine Söhne. Jedoch, es ist nun
Zeit, daß wir gehen, ich, um zu sterben, und ihr, um zu leben. Wer aber von uns
beiden zu dem besseren Geschäft hingehe, das ist allen verborgen außer nur
Gott."

2. Sokrates' Resümee und sein Auftrag an die Richter

Der Gedanke an den Tod umrahmt das Kapitel: Hoffnung am Anfang, Bekenntnis der Ungewißheit am Schluß:

„Das ist alles verborgen außer nur Gott."

Das ist das letzte Wort der Rede. In dem Zwischenteil resümiert Sokrates noch einmal, was ihm als wahr, „als das eine Richtige", als unbezweifelbar sicher gilt:

1. Ein guter Mensch darf sich in Übereinstimmung mit der göttlichen Weltordnung fühlen (vgl. Kap. 6, Kap. 18, Kap. 31). Für ihn gibt es kein Übel. Letztlich wirkt sich freilich, was immer auch einem schlechten Menschen widerfährt, zum Guten aus. Er wird es selbst nur nicht so sehen und folglich leiden an den Strafen, die in dieser Welt oder nach dem Tod verhängt werden, und, wenn er gar unheilbar schlecht ist und weder durch Belehrung noch durch Strafen gebessert werden kann, nur noch anderen als nützliches Paradigma dienen,

> „damit andere, welche ihn leiden sehen, was er leidet, aus Furcht besser werden. ... Sie selbst haben davon keinen Nutzen mehr, da sie unheilbar sind."
>
> *Platon, Gorgias, 525b-c*

   Keiner wird von den Göttern vernachlässigt. Als mild und freundlich begegnen sie den Guten, als hart und strafend den Schlechten.

2. Sokrates' Leben und Sterben fügen sich zu einer sinnvollen Einheit; Beweis dafür ist die Tatsache, daß die innere Stimme geschwiegen hat.

Sokrates differenziert in seinem Urteil über die Ankläger und die Richter, die ihn verurteilt haben. Insofern, was geschehen ist, gottgewollt war, waren sie Werkzeuge. Schaut man auf ihre Absicht, darf und muß man sie schuldig sprechen. Göttliche Fürsorge schließt die menschliche Freiheit nicht aus, hier nicht, im homerischen Epos nicht und im Christentum nicht. Die Schuld liegt in ihrer falschen Meinung begründet (vgl. Kap. 10, Kap. 13).

Sein letzter Gedanke gilt seinen Söhnen. Dabei richtet sich seine Sorge nicht auf ihr leibliches Wohlergehen; es ist ihm selbstverständlich, daß das gesichert ist (vgl. Kap. 23). Es geht ihm vielmehr um ihre geistig-seelische Entwicklung. Die Verantwortung dafür erlegt er den Richtern auf, die ihn verurteilt haben. Indem er ihnen so scheinbar noch über seinen Tod hinaus Genugtuung verschafft – dürfen sie doch sogar seine Söhne bestrafen –, fordert er sie zugleich auf, seine Nachfolge anzutreten. Dafür müßten sie tun, wozu er sie vergeblich ermahnt hat: umdenken und gut werden. Die Strafe, die sie verhängen und die seine Söhne erleiden, hat zum Ziel, sokratisches Wirken auch in Zukunft zu sichern, jenes

Wirken, für das er nun den Tod erleidet. Auf diese Weise, sagte er, werde er Billiges, genauer: Gerechtes, von ihnen erfahren. Damit nimmt er Bezug auf den Anfang seiner Verteidigung:

„Was ihr von meinen Anklägern erfahren habt, weiß ich nicht."

Sie sind zur Selbstvergessenheit verleitet worden, in Zukunft sollen sie sich des der Rationalität verpflichteten sokratischen Verfahrens bedienen.

Hartmut von Hentig hat das, was Sokrates wesentlich war und was auch ihm, von Hentig, „als Lehrer der Aufklärung" wichtig ist, in den folgenden fünf Sätzen zusammengefaßt (a.a.O., S. 82):

> ➤ „Man muß den anderen überzeugen oder sich überzeugen lassen.
> ➤ Das nicht geprüfte Leben ist nicht lebenswert.
> ➤ Es ist mir bewußt, daß ich die Wahrheit der Dinge nicht weiß.
> ➤ Niemand tut das Schlechte, wenn er das Gute wirklich kennt.
> ➤ Unrecht tun ist schlimmer als Unrecht erleiden."

Ich füge hinzu:

> ➤ Frömmigkeit besteht in der tatkräftigen Unterstützung der Gottheit in ihrem Anliegen, die Menschen besser zu machen. Sie besteht in dem philosophischen Fragen und Mahnen. Sie ist eine das ganze Leben bestimmende Haltung, ist die Treue zu dem in Verantwortung gewählten Leben. Der Fromme weiß sich, die Menschen, den Kosmos unter dem Schutz der Gottheit, die das Gute ist und bewirkt. Er vertraut darauf, daß seine Identität über den Tod hinaus bewahrt wird.
> War die Frömmigkeit im Sinn des delphischen Apollon Selbsterkenntnis als Anerkennung der dem Menschen gesetzten vielfältigen Grenzen (vgl. Kap. 9), war sie also eher negativ bestimmt, so erhält sie bei Sokrates den positiven Aspekt der Aufforderung zu forschen – ohne dabei allerdings je das Bewußtsein der Defizienz zu verlieren.
> ➤ Glück besteht darin, recht zu handeln. Wer Unrecht tut, bringt sich um das Glück und schadet sich selbst.

„Es ist nun Zeit, daß wir gehen." Die Beamten haben die notwendigen Formalitäten erledigt; sie kommen, um Sokrates abzuführen. Während die zurückgebliebenen Richter und Zuhörer die Gerichtsstätte verlassen, hören sie die letzten Worte, die Sokrates an sie richtet:

„Wer aber von uns beiden zu dem besseren Geschäft hingehe, das ist allen verborgen außer dem Gott."

Platon, Phaidon
(116a-118a)

Der Tod des Sokrates

„Das Bild des sterbenden Sokrates als des durch Wissen und
Gründe der Todesfurcht enthobenen Menschen (ist) das Wappen-
schild, das über dem Eingangstor der Wissenschaft einen jeden
an deren Bestimmung erinnert."

Friedrich Nietzsche

1. Im Gefängnis

Für Platon waren die letzten Worte der Apologie noch nicht die letzten Worte
des Sokrates. Im Gespräch mit seinem alten Freund Kriton, das im Gefängnis geführt wird, setzt sich Sokrates mit der Frage auseinander, ob er das ungerechte
Urteil akzeptieren solle, ob er nicht eher die ihm gebotene Möglichkeit zur
Flucht nutzen dürfe oder sogar nutzen müsse. Die Antwort gibt Bernd Rüthers,
ein moderner Rechtsphilosoph, ganz im Sinne des Sokrates, ohne Sokrates oder
seinen Prozeß zu erwähnen:

> „Das falsche Urteil muß unter Umständen von der unterlegenen Partei
> im Interesse des Rechtsfriedens und der prozeßrechtlich formalisierten
> Rechtssicherheit endgültig hingenommen werden, obwohl es im Ein-
> zelfall extrem ungerecht sein kann. ... Geltendes Recht ist in justiz-
> staatlich organisierten Systemen das, was die letzten Instanzen sagen. ...
> Tatsächlich ist es so, daß der allgemeine Rechtsgehorsam gegenüber
> letztinstanzlichen Entscheidungen eine Grundbedingung des Rechts-
> staates und der Demokratie ist. Das bedeutet nicht, daß die höchstrich-
> terliche Rechtsprechung der Rechtskritik entzogen wäre. Im Gegenteil.
> Sie darf es nicht sein. Aber das ändert nichts an der Rechtskraft der
> Entscheidungen."

a.a.O., S 74, 75

Im Gespräch mit Kriton und vielen Schülern erörtert Sokrates, kurz bevor er den
Schierlingsbecher trinken muß, die Frage der "Unsterblichkeit der Seele". Nach
Phaidon ist der platonische Dialog benannt. Phaidon war anwesend, und er be-
richtet davon einem gewissen Echekrates, einem Pythagoreer aus Phleius nahe
Korinth.

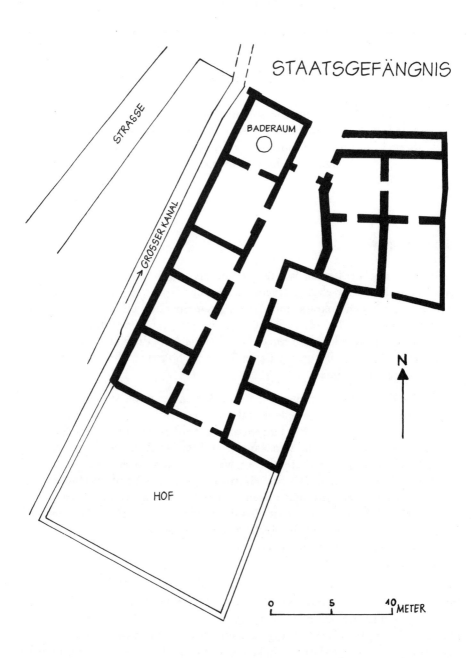

STAATSGEFÄNGNIS

STRASSE

BADERAUM

GROSSER KANAL

N

HOF

0   5   10 METER

2. Text

Als der Tag sich neigte und damit die Stunde des Todes nahte, fragte Kriton Sokrates, wie er bestattet werden wolle. Sokrates erklärt ihm, daß sie seiner nicht habhaft werden könnten, der tote Leib nichts als eine Hülle sei (vgl. Kap. 20).

„Nach diesen Worten, fährt Phaidon fort, stand Sokrates auf und ging in ein Gemach, um zu baden, und Kriton folgte ihm, uns aber hieß er warten. Wir warteten also und unterhielten uns über das Gesagte und überdachten es noch einmal; dann aber klagten wir auch wieder über das Unglück, das uns betroffen, ganz darüber einig, daß wir nun, gleichsam des Vaters beraubt, fortan als Waisen leben müßten.

Nachdem er nun gebadet hatte, brachte man seine Kinder zu ihm – er hatte nämlich zwei kleine Söhne und einen großen –, und auch die Frauen seiner Verwandtschaft fanden sich ein. Mit ihnen sprach er in Kritons Beisein und trug ihnen seine letzten Wünsche auf; dann hieß er die Frauen und Kinder wieder gehen und kam zu uns zurück. Und es war schon nahe am Untergang der Sonne; denn er war eine geraume Zeit drinnen geblieben. Als er nun gekommen war, setzte er sich nieder nach dem Bade und sprach dann nicht mehr viel. Da kam der Diener der Elfmänner (ein Gremium, das u.a. die Aufsicht über die Gefängnisse führte), trat zu ihm und fragte: Über dich, Sokrates, werde ich mich nicht zu beklagen haben wie über andere, daß sie mir böse werden und mir fluchen, wenn ich ihnen auf Geheiß der Obrigkeit befehle, das Gift zu trinken. Dich aber habe ich auch sonst schon in dieser Zeit als den edelsten, gelassensten und trefflichsten von allen kennengelernt, die sich jemals hier befunden haben, und auch jetzt weiß ich sicher, daß du mir nicht böse sein wirst, denn du kennst ja die Schuldigen, sondern eben ihnen. Nun also – weißt du doch, weshalb ich gekommen bin – lebe wohl und suche so leicht wie möglich zu ertragen, was nicht zu ändern ist. Und zugleich begann er zu weinen, wandte sich um und ging weg. Sokrates aber sah ihm nach und sprach: Auch du lebe wohl; ich will es tun. Und zu uns sagte er: Wie feinfühlend der Mensch ist! Die ganze Zeit über suchte er mich auf, unterhielt sich zuweilen mit mir und zeigte sich als den besten der Menschen; und nun, wie aufrichtig beweint er mich! Aber wohlan, mein Kriton, wir wollen ihm gehorchen! Es bringe mir einer das Gift, wenn es gerieben ist; wo nicht, so reibe es der Mann!

Aber ich glaube, mein Sokrates, die Sonne steht noch über den Bergen und ist noch nicht untergegangen. Ich weiß auch, daß andere erst ganz spät getrunken haben, nachdem es ihnen angekündigt worden war; und sie haben auch vorher noch gut gegessen und getrunken, ja einige haben sogar noch Schöne zu sich kommen lassen, nach denen sie Verlangen hatten. Dränge also nicht; denn es hat noch Zeit!

Ganz natürlich ist es, mein Kriton, daß die, von denen du sprichst, so tun; denn sie meinen, dabei etwas zu gewinnen, wenn sie es tun, und ganz natürlich werde ich das nicht tun. Denn wenn ich ein wenig später trinke, so glaube ich nichts weiter zu gewinnen, als daß ich mir selbst lächerlich vorkommen würde, wenn ich so am Leben hinge und sparen wollte, wo nichts mehr ist. Wohlan denn, folge mir und handle nicht anders!

Und als Kriton das hörte, winkte er dem Sklaven, der in der Nähe stand. Dieser ging hinaus, und nachdem er eine Weile weggeblieben war, kam er wieder und brachte den mit, der das Gift reichen sollte; er hatte es aber schon zubereitet im Becher bei sich.

Als aber Sokrates den Mann sah, fragte er: Gut, mein Bester, du verstehst dich ja auf diese Dinge; was habe ich zu tun?

Nichts weiter, antwortete er, als, wenn du getrunken hast, herumzugehen, bis dir die Schenkel schwer werden, und dich dann niederzulegen, so wird es schon wirken. Damit reichte er dem Sokrates den Becher. Dieser nahm ihn, und ganz getrost, mein Echekrates, ohne im mindesten zu zittern oder die Farbe oder Miene zu verändern, sondern, wie es seine Art war, den Mann fest anblickend, fragte er ihn: Was meinst du zu dem Trank wegen einer Spende? Darf man eine weihen oder nicht? Wir reiben nur so viel, Sokrates, sagte er, wie nach unserer Ansicht gerade genug ist.

Ich verstehe. Beten aber darf man doch zu den Göttern und muß es sogar, daß die Wanderung von hier dorthin glücklich vonstatten gehe. Darum bitte ich denn auch jetzt, und so möge es geschehen.

Und sowie er dies gesagt hatte, setzte er den Becher an und trank ihn ganz frisch und unverdrossen aus. Von uns aber waren die meisten bis dahin ziemlich imstande gewesen, an sich zu halten, daß sie nicht weinten; als wir aber sahen, daß er trank und mit Trinken fertig war, konnten wir uns nicht mehr halten, sondern auch mir selbst brachen die Tränen gewaltsam und in Strömen hervor, so daß ich mein Gesicht verhüllte und weinte, nicht um ihn, sondern über mein eigenes Geschick, daß ich eines solchen Freundes beraubt sein sollte. Kriton war noch eher als ich aufgestanden, weil er nicht vermochte, die Tränen zurückzuhalten. Apollodoros aber, der schon vorher unaufhörlich geweint hatte, schrie jetzt laut auf, weinte und gebärdete sich unwillig, und es gab niemand unter allen Anwesenden, den er nicht durch sein Weinen erschüttert hätte, außer Sokrates selbst. Der aber fragte: Was tut ihr doch, ihr wunderlichen Leute! Ich habe eben deshalb die Frauen weggeschickt, damit sie nicht dergleichen begehen möchten. Ich habe nämlich immer gehört, man müsse bei andächtigem Schweigen verscheiden. Also schweiget und haltet euch standhaft!

Als wir das hörten, schämten wir uns und hielten inne mit Weinen. Er aber ging auf und ab, und als er merkte, daß ihm die Schenkel schwer wurden, legte er sich auf den Rücken; denn so hatte es ihm der Mann geraten. Und zugleich befühlte ihn eben der, der ihm das Gift gereicht hatte, und untersuchte nach einiger Zeit seine Füße und Schenkel. Dann drückte er kräftig seinen Fuß und fragte, ob er es fühle. Sokrates sagte nein. Darauf machte es jener mit den Unterschenkeln genauso, und so ging er immer weiter hinauf am Körper und zeigte uns, wie er kalt und starr wurde. Er befühlte ihn noch wiederholt und sagte, wenn es ihm ans Herz komme, dann werde er tot sein. Als ihm nun schon der Unterleib fast ganz kalt war, da schlug er die Kopfhülle zurück – er hatte sich nämlich verhüllt – und sprach die letzten Worte: Mein Kriton, wir sind dem Asklepios einen Hahn schuldig. Spendet ihn und versäumt es nicht! – Das soll geschehen, sagte Kriton; sieh aber zu, ob du noch sonst etwas zu sagen hast.

Als Kriton dies fragte, gab Sokrates keine Antwort mehr, sondern bald darauf zuckte er, und der Mann deckte ihn auf; da waren seine Augen gebrochen. Als Kriton das sah, drückte er ihm den Mund und die Augen zu.

Dies, mein Echekrates, war das Ende unseres Freundes, des Mannes, der, wie wir wohl sagen dürfen, von seinen Zeitgenossen, die wir kennengelernt haben, der beste und der einsichtigste und gerechteste überhaupt war."

Platon, Phaidon, 116 a–118 a
(Übersetzung nach Friedrich Schleiermacher)

Asklepios ist der Gott der Heilkunst. So mag Sokrates meinen, er sei von der Krankheit des Lebens genesen. Aber gilt das auch für seine zum Teil noch jungen Gesprächspartner, die er in die Bitte einbezieht? Eher dürfte der Sinn sein, daß sie – nicht zuletzt durch die Erörterungen der letzten Stunden – von der Todesfurcht als einer Krankheit des Geistes befreit worden sind.

Fachleute sagen, es sei kein leichter, schmerzfreier Tod, durch Schierlingsgift zu sterben. Platon schafft einen neuen Mythos, den Mythos des Sokrates.

„Die Verteidigungsrede und der Tod des Sokrates haben die Idee des freien Menschen zu einer lebendigen Wirklichkeit gemacht. Sokrates war frei, weil sein Geist nicht unterjocht werden konnte; er war frei, weil er wußte, daß man ihm nichts anhaben konnte. Er zeigte, daß ein Mensch nicht nur für Schicksal, Ruhm und ähnliche grandiose Dinge sterben kann, sondern auch für die Freiheit des kritischen Denkens und für eine Selbstachtung, die weder mit Wichtigtuerei noch mit Sentimentalität verwandt ist."

Das schreibt Karl Popper im englischen Exil in seinem Werk „Die offene Gesellschaft und ihre Feinde", das 1844 in erster Auflage in London erschienen ist (S. 19 und S. 260).

3. Der Tod des Gerechten

Der Tod des Gerechten hat Platon umgetrieben. In seiner Autobiographie, dem 7. Brief, führt er ihn als einen wesentlichen Grund dafür an, daß er sich aus der aktiven Politik zurückgezogen hat (325b-326b).

Im „Staat" vertritt Sokrates' Gesprächspartner, Glaukon, Platons Bruder, als ein advocatus diaboli die Position, daß der vollkommen Gerechte nicht nur ein elendes Leben führen, sondern schließlich auch einen schändlichen Tod erleiden müsse.

> „Der Gerechte wird gegeißelt und gefoltert werden, ihm werden die Augen ausgebrannt werden, und am Ende wird er, wenn er alle erdenklichen Übel erlitten hat, gekreuzigt werden, und er wird erkennen, daß man nicht gerecht sein darf, sondern es nur darauf absehen muß, es zu scheinen."
>
> *361e-362a*

Wenn auch Folter und Todesart nicht auf Sokrates zutreffen, so wird Platon doch gewiß in dem ungerecht Leidenden Sokrates vor Augen gehabt haben.

Im Buch Jesaja des Alten Testaments, der Partie, die in das 6. Jahrhundert datiert und dem sogenannten Deuterojesaja zugeschrieben wird, ist vom Leiden und Sterben des „Gottesknechts" die Rede (Kap. 53). Er erduldet Marter und Strafe stellvertretend für die Sünden anderer. Wir wissen nicht, an wen der Prophet konkret gedacht hat, und wir wissen auch nichts von den Menschen, die sich ihres Fehlurteils bewußt geworden und zur Einsicht gekommen sind. Wir hören, daß Gott seinen Knecht rehabilitieren wird. Hier wird nicht nur wie in der Apologie das Vertrauen in die Gerechtigkeit der Weltordnung formuliert, sondern darüber hinaus der Glaube, daß Gott den ungerecht Leidenden erhöhen wird.

Viel später, im 1. Jahrhundert, entsteht in Alexandrien die „Sapientia Salomonis", die „Weisheit Salomons". Es ist die jüngste Schrift des Alten Testaments, und sie stammt gewiß von einem sehr gebildeten Juden. Es ist nicht ausgeschlossen, daß er Platon gekannt hat.

Es sprechen die Gottlosen:
„So laßt uns dem Gerechten auflauern, denn er ist uns lästig und widersetzt sich unserem Tun und schilt uns, weil wir gegen das Gesetz sündigen, und hält uns vor, daß wir gegen die Zucht verstoßen.

Er behauptet, Erkenntnis Gottes zu haben, und rühmt sich, Gottes Kind zu sein.

Er wird uns zum Vorwurf bei allem, was wir denken; er ist uns unleidlich, wenn er sich nur sehen läßt. Denn sein Leben unterscheidet sich von dem der anderen, und ganz anders sind seine Wege.

Als falsche Münze gelten wir ihm, und er meidet unsre Wege wie Schmutz; er rühmt, wie es die Gerechten zuletzt gut haben werden, und prahlt damit, daß Gott sein Vater sei.

So laßt doch sehen, ob sein Wort wahr ist, und prüfen, was bei seinem Tod geschehen wird. Ist der Gerechte Gottes Sohn, so wird er ihm helfen und ihn erretten aus der Hand der Widersacher. Durch Schmach und Qual wollen wir ihn auf die Probe stellen, damit wir erfahren, wieviel er ertragen kann, und prüfen, wie geduldig er ist. Wir wollen ihn zu schimpflichem Tod verurteilen, denn dann wird ihm gnädige Heimsuchung widerfahren, wie er sagt."

Kapitel 2, VV. 12-20
(Übersetzung: M. Luther)

Christen haben sich immer wieder auf diese Texte bezogen und den Tod Jesu zu ihnen in Beziehung gesetzt (vgl. Lukas, Kap. 18, VV. 31-33). Des Pontius Pilatus Frau nennt Jesus den Gerechten und warnt ihren Mann, ihn zu verurteilen (Matthäus, Kap. 27, V. 19). Im 2. Petrusbrief, der aus dem 2. Jahrhundert n.Chr. stammen dürfte, wird Christus explizit zu dem Gottesknecht des Deuterojesaja in Beziehung gesetzt (Kap. 3, V. 18).

Beide, Sokrates und Jesus, erleiden den Tod des Gerechten, beider Tod beglaubigt die Wahrhaftigkeit ihres Lebens. Jesus Christus ist lebendig und gegenwärtig, Sokrates müssen wir uns immer wieder ins Gedächtnis rufen. Es lohnt sich.

Verzeichnis der aus antiken Autoren zitierten Stellen

Platon, Staat, 337a
Aristoteles, Rhetorik, 1415a

Kapitel 2
Herodot, 1, 1
Thukydides, 1, 23
Hippokrates, epidemiarum, 1, 11
Platon, Staat, 336b-c
Aristophanes, Wolken, VV. 94-99, 112-118
Aristophanes, Frösche, VV. 1491-99
Ameipsias, Komos, fr. 9 (Th. Kock)
Platon, Menon, 90b-91e
Platon, Kriton, 51a-b

Kapitel 3
Diogenes Laertios, 2, 40
Platon, Symposion, 220d
Homer, Odyssee, 12, VV. 345-347
Xenophon, Memorabilien, 4, 7, 6
Cicero, Tusculanae disputationes, 5, 10
Platon, Phaidros, 230d
Platon, Phaidon, 97c
Aristoteles, de caelo, 271a
Genesis, 1, 28
Lukas, 20, 25
Platon, Euthyphron, 2b

Kapitel 4
Xenophon, Oikonomikos, 2, 3
Platon, Alkibiades I, 119a
Platon, Protagoras, 312b-314b
Platon, Hippias maior, 268b
Demokrit, B 34 (Diels-Kranz)

Kapitel 5
Aristoteles, Nikomachische Ethik, 1141a
Xenophanes, fr. 2 (Diehl), VV. 11-22
Herodot, 7, 140-143
Herodot, 1, 91
Xenophon, Anabasis, 3, 1, 4-9

Kapitel 6
Homer, Ilias, 22, V. 299
Xenophanes, fr. 10 (Diehl)
Platon, Staat, 382e
Platon, Euthyphron, 10d
Aristoteles, Metaphysik, 995a
Platon, Menon, 79e-80d
Platon, Phaidon, 84e-85b

Kapitel 7

Xenophon, Memorabilien, 2, 1, 23 und 28
Platon, Euthyphron, 14c, 14a
Aristophanes, Frösche, VV. 1007-1010
Platon, Staat, 379a
Platon, Staat, 365d-e
Pindar, Nemeen, 7, 23
Solon, fr. 21 (Diehl)
Hesiod, Theogonie, VV. 24-34

Kapitel 8

Xenophon, Memorabilien, 4, 22
Aristoteles, Politik, 1278a
Platon, Staat, 360b-c
Platon, Phaidon, 94b

Kapitel 9

Platon, Theaitet, 150c-d
Platon, Gorgias, 509a
Homer, Ilias, 24, VV. 525 und 526
Sophokles, Aias, VV. 121-126
Platon, Symposion, 201d, 203b-d
Platon, Staat, 607b
Thukydides, 2, 40

Kapitel 10

Platon, Euthyphron, 15e
Xenophon, Memorabilien, 1, 2, 40-46
Diogenes Laertios, 2, 38
Xenophon, Symposion, 2, 5
Plutarch, Lysander, Kapitel 15

Kapitel 12

Platon, Kriton, 48a
Platon, Protagoras, 322c-323a
Herodot, 3, 80, 81
Platon, Staat, 473c-d
Sophokles, Antigone, VV. 450-460
Aristoteles, Politik, 1252b

Kapitel 13

Homer, Odyssee, 1, VV. 5-9; 32-43
Platon, Protagoras, 358c-d
Platon, Staat, 382b
Homer, Odyssee, 6, VV. 139 und 140
Euripides, Hippolytos, VV. 373-383
Platon, Protagoras, 352c
Aristoteles, Nikomachische Ethik, 1145b

Aristoteles, Rhetorik, 1368b
Aristoteles, Nikomachische Ethik, 1143b
Platon, Protagoras, 345d/e
Aristoteles, Nikomachische Ethik, 1113b
1. Mose, 22, VV. 1-3, V. 6
1. Mose, 3, VV. 3-8
Augustinus, Confessiones, 2, 4, 9
Platon, Gorgias, 478a-e
Platon, Gesetze, 853c-d; 854c-855a
Platon, Staat, 432a
Aristoteles, Politik, 1255b

Kapitel 14
Homer, Ilias, 1, V. 222; 4, V. 420; 17, VV. 98 und 99
Sophokles, Antigone, V. 376
Hesiod, Werke und Tage, V. 122
Platon, Phaidon, 98e-99a
Platon, Symposion, 220d

Kapitel 15
Xenophon, Memorabilien, 1, 1, 2-4
Platon, Symposion, 202d-e
Platon, Kriton, 46b
Platon, Staat, 327a
Platon, Euthyphron, 12c-13c; 13d-14b
Platon, Symposion, 221d-222a
Xenophon, Memorabilien, 1, 1, 10
Platon, Gorgias, 458a
Platon, Euthyphron, 14a
Platon, Gorgias, 489b
Platon, Staat, 487b-c
Platon, Theaitet, 167d-168b
Platon, Phaidros, 275c-276a
2. Mose, 32, VV. 15 u. 16
2. Korinther, 3, V. 6

Kapitel 16
Paulus, Brief an die Hebräer, Kap. 11
Homer, Ilias, 18, VV. 94-121
Sophokles, Antigone, VV. 454 und 455; 991-1002; 519
Herodot, 1, 8-13, 29-33

Kapitel 17
Thukydides, 2, 37
Platon, Symposion, 219e-220e; 220e-221b
Platon, Laches, 181b
Sophokles, Antigone, VV. 921-928; 448; 461-68
Homer, Odyssee, 5, VV. 215-224

Homer, Ilias, 1, VV. 3-5
Homer, Odyssee, 11, VV. 488-491
Demokrit, fr. 68 B 45 (Diels-Kranz)
Platon, Staat, 444c-445b
Platon, Kriton, 47d
Platon, Kriton, 49b-d
Platon, Staat, 332d; 338c-339a
Homerischer Hymnus auf Apollon, V. 177
Apostelgeschichte, 5, VV. 27-29; 33
Aischylos, Sieben gegen Theben, V. 621
Platon, Staat, 433b
Platon, Euthyphron, 12e
Cicero, de officiis, 1, 107-116
Homer, Odyssee, 1, V. 5
Platon, Euthydem, 280a; 281b, d-e
Xenophon, Memorabilien, 4, 34-35
Demokrit, fr. 68 B 187, 170, 171 (Diels-Kranz)
Herodot, 1, 30
Platon, Gorgias, 493d-494a
Platon, Staat, 316c-d
Cicero, de finibus, 1, 3
Aristoteles, Nikomachische Ethik, 1099b
Stoicorum Veterum Fragmenta, 190
Markus, 10, V. 25
Matthäus, 6, VV. 31-33
Platon, Symposion, 216a-c
Platon, Phaidros, 279d
Sophokles, Antigone, VV. 358-367
Platon, Staat, 331c-d
Aristoteles, Metaphysik, 982b
Aristoteles, Nikomachische Ethik, 1179b
Marc Aurel, Wege zu sich selbst, 7, 44 u. 45; 9, 4

Kapitel 18
Heraklit, fr. 22 B 1 (Diels-Kranz)
Matthäus, 26, VV. 38-41
Apostelgeschichte, 20, V. 31
Platon, Staat, 514a-518d; 426a-b
Aristoteles, Politik, 1280b
Thukydides, 2, 40, 1 und 2

Kapitel 19
Homer, Ilias, 1, VV. 188-222
Xenophon, Memorabilien, 1, 1, 3
Platon, Gorgias, 473e
Platon, Staat, 473c-d

Kapitel 20
Xenophon, Hellenika, 1, 6, 35 – 1, 7, 35
Thukydides, 3, 56; 7, 48
Platon, Staat, 563d
Xenophon, Memorabilien, 1, 2, 9
Platon, Gesetze, 659b-c
Homer, Ilias, 22, VV. 338-344; 23, VV. 69-75
Thukydides, 4, 42-44
Plutarch, Nikias, 6
Platon, Phaidon, 115c-d
Johannisevangelium, 8, VV. 1-9
Xenophon, Memorabilien, 1, 2, 32-38
Seneca, de tranquillitate animi, 5, 2

Kapitel 21 / 22
Homer, Ilias, 18, VV. 285 und 286
Homer, Odyssee, 12, VV. 297-303
Homer, Odyssee, 9, VV. 224-229
Sophokles, Antigone, VV. 1032 und 1033
Herodot, 7, 10
Thukydides, 1, 144
A.T., Der Prophet Jona, 3, VV. 4 und 5; 4, V. 2; 3, V. 10
Platon, Gorgias, 521c-522e
Platon, Symposion, 215d-216b

Kapitel 23 / 24
Platon, Phaidon, 117a
Platon, Kriton, 54a-b; 52a-c
Platon, Phaidon, 117d
Aristoteles, Politik, 1254b
Seneca, ep. 116, 1
Aristoteles, Rhetorik, 1374b
Aristophanes, Wespen, VV. 860-862

Kapitel 25
Xenophon, Apologie, 23

Kapitel 26
Thukydides, 3, 82
Isokrates, Panegyrikos, 1, 2
Platon, Staat, 416d-e

Kapitel 27
Platon, Gesetze, 855e-856a
Platon, Kriton, 52c
Thukydides, 3, 82

Kapitel 28
Platon, Laches, 187e-188a

Kapitel 29
Homer, Odyssee, 17, VV. 217 und 218
Platon, Symposion, 195b
Xenophon, Memorabilien, 2, 1, 21-34

Kapitel 30
Platon, Phaidon, 85b
Homer, Ilias, 16, VV. 851-857

Kapitel 31
Platon, Theaitet, 176b-c
Homer, Odyssee, 1, VV. 32-34
Platon, Staat, 379e; 380b
Platon, Staat, 617e
Aischylos, Agamemnon, VV. 174-178
A.T., Jesaja, 55, VV. 8 und 9
Paulus, 1. Korinther, 13, V. 11

Kapitel 32
Platon, Gorgias, 524e
Platon, Staat, 451c ff.
Hesiod, Werke und Tage, VV. 159 und 160; 174-176; 190-201
Platon, Staat, 376e ff., 595a ff.
Theognis, VV. 425-429
Herodot, 1, 31, 2-5
Isokrates, Panegyrikos, 28
Pindar, 2. olympische Ode, VV. 71-73
Platon, Phaidon, 61e; 62b-c
Seneca, epistulae morales, 65, 24
Lukas, Apostelgeschichte, 17, VV. 16-34

Kapitel 33
Platon, Gorgias, 525b-c

Der Tod des Sokrates
Platon, 7. Brief, 325b-326b
Platon, Staat, 361e-362a
A.T., Jesaja, 53
A.T., Sapientia Salomonis, 2, VV. 12-20
Lukas, 18, VV. 31-33
Matthäus, 27, V. 19
2. Petrusbrief, 3, V. 18

Abraham	Stammvater der Israeliten, Vater des Isaak
Achilleus	griechischer Held im Kampf um Troja, er tötete Hektor
Adeimantos	Bruder Platons, Gesprächspartner des Sokrates in Platons Staat
Aelian	aus Präneste, ca. 170-235; Verfasser von Schriften unterschiedlichen Inhalts
Aeneis	Hauptwerk des römischen Dichters Vergil (70-19)
Agamemnon	König von Mykene; Anführer der Griechen im trojanischen Krieg. Er wurde bei seiner Heimkehr von Aigisthos und seiner Frau Klytaimestra getötet.
Aiakos	Sohn des Zeus; nach seinem Tod Richter im Hades
Aiantodoros	aus Athen; Bruder des Apollodoros; er gehörte zum Kreis des Sokrates.
Aias	griechischer Held im Kampf um Troja; er unterlag Odysseus im Streit um die Waffen des gefallenen Achill.
Aigisthos	er tötete Agamemnon, als er aus Troja heimkehrte; dessen Gattin Klytaimestra war dabei seine Komplizin.
Aischines	aus Athen, Sohn des Lysanias, er gehörte zum Kreis des Sokrates; Verfasser sokratischer Schriften
Aischylos	aus Athen, ca. 525-456; Tragödiendichter
Aisopos	6. Jhd., Fabeldichter
Alkibiades	ca. 450-404, Politiker und Stratege, er hatte sich eine zeitlang Sokrates angeschlossen.
Ameipsias	5./4. Jhd., Komödiendichter
Ammon	ägyptischer Gott

Anaxagoras	aus Klazomenai in Kleinasien, ca. 500-428, Vorsokratiker
Anaximenes	aus Milet, 6. Jhd., Vorsokratiker
Antigone	Titelfigur einer Tragödie des Sophokles; sie begrub entgegen dem Verbot des Königs Kreon ihren gefallenen Bruder Polyneikes.
Antiphon	aus Athen; Vater des Epigenes, der zum Kreis des Sokrates gehörte.
Anytos	geb. 454, demokratischer Politiker, Ankläger des Sokrates
Apollodoros	aus Athen; Bruder des Aiantodoros; er gehörte zum Kreis des Sokrates.
Apollon	Gott des Orakels in Delphi
Archedemos	aus Athen; Demagoge, er setzte den Arginusenprozeß in Gang.
Aristeides	aus Athen; Politiker, Stratege 490 in der Schlacht bei Marathon, 479 in der Schlacht bei Plataiai
Aristogenes	aus Athen; Stratege 406; er entzog sich dem Arginusenprozeß, indem er freiwillig in die Verbannung ging.
Ariston	aus Athen, Vater des Adeimantos und Platon
Aristophanes	ca. 445-nach 388, Komödiendichter
Aristoteles	aus Stageira in Makedonien, 384/3-322, Philosoph, er wirkte erst in der platonischen Akademie, dann in einer eigenen Schule.
Artabanos	Perser; er soll dem Großkönig Xerxes von einem Feldzug gegen Griechenland abgeraten haben.
Asklepios	Gott der Heilkunst
Athena	Göttin der Weisheit, Schutzgöttin Athens
Augustinus	354-430, Kirchenlehrer; 397/98 verfaßte er die „Confessiones", seine Lebensbeichte.
Augustus	63 v. Chr.-14 n. Chr., seit 27 als „princeps" alleiniger Herrscher über das Imperium Romanum

Biton	aus Argos, Bruder des Kleobis, die Brüder wurden wegen besonderer Leistung durch Standbilder geehrt, die im Museum in Delphi ausgestellt sind. 6. Jhd.
Chairephon	Jugendfreund des Sokrates, Demokrat; er befragte das Orakel in Delphi, wer weiser sei als Sokrates.
Charikles	aus Athen; er gehörte 404 zu den 30 Tyrannen.
Charmides	einer der 30 Tyrannen in Athen
Cicero	106-43, römischer Politiker, Philosoph, Schriftsteller
Dareios	Persischer Großkönig 522-486
David	ca. 1010-970; König von Juda und Israel
Deiphobos	Sohn des trojanischen Königs Priamos, Bruder Hektors
Delion	Heiligtum in Böotien; hier erlitten die Athener 424 eine Niederlage.
Demeter	Göttin des Getreides; sie wurde in Eleusis verehrt.
Demodokos	aus Athen, Vater des Theages, der zum Kreis des Sokrates gehörte.
Demokrit	aus Abdera in Thrakien, Zeitgenosse des Sokrates; Vorsokratiker
Demosthenes	aus Athen; Stratege im peloponnesischen Krieg; 413 in Sizilien gefangengenommen und hingerichtet.
Demosthenes	aus Athen, 384-322; Redner
Diogenes	aus Sinope am Schwarzen Meer, 4. Jhd., bekannter Vertreter der kynischen Schule
Diogenes Laertios	3. Jhd. n. Chr., Verfasser eines Werkes über „Leben und Meinungen der großen Philosophen"
Dionysios Areopagita	um 500, christlicher Denker
Dionysios I.	Tyrann von Syrakus, ca. 430-367
Dionysios II.	Sohn und Nachfolger von Dionysios I.

Diopeithes	5. Jhd., Seher, Orakeldeuter, Gegner der Aufklärung
Diotima	eine weise Frau aus Mantinea in Arkadien; sie belehrt Sokrates in Platons „Phaidon".
Diakon	aus Athen, 7. Jhd., Gesetzgeber
Echekrates	4. Jhd., Pythagoreer; er schloß sich auch Sokrates an.
Epigenes	aus Athen, Sohn des Antiphon; er gehörte zum Kreis des Sokrates.
Epiktet	aus Hierapolis (Phrygien), ca. 50-ca.120, stoischer Philosoph
Epikur	aus Samos, athenischer Bürger, 341-270, Gründer einer Philosophenschule in Athen, Vertreter des Hedonismus
Epikureer	Anhänger Epikurs
Erasinides	aus Athen, Stratege 407 und 406; er nahm an der Schlacht bei den Arginusen teil; im Prozeß wurde er zum Tode verurteilt.
Eteokles	Bruder des Polyneikes und der Antigone, Sohn des Oidipus
Eteonikos	spartanischer Flottenführer; er nahm an der Schlacht bei den Arginusen 406 teil.
Euenos	aus Paros, Sophist und Dichter; er hielt sich 399 in Athen auf.
Euripides	ca. 485-406; Tragödiendichter
Eurylochos	Gefährte des Odysseus
Euryptolemos	aus Athen, Vetter des Alkibiades; er setzte sich im Arginusenprozeß 406 für ein gesetzeskonformes Verfahren ein.
Gellius	2. Jhd. n. Chr., römischer Schriftsteller
Glaukon	ein Bruder Platons
Gorgias	aus Leontini auf Sizilien, ca. 480-ca. 380, erster bedeutender Theoretiker der Rhetorik; Sophist

Gyges	7. Jhd., König von Lydien; er stürzte Kandaules. Mit der Geschichte seiner Machtergreifung ist der unsichtbar machende Ring verbunden.
Hadrian	römischer Kaiser 117-138
Hektor	Sohn des trojanischen Königs Priamos; größter Held der Troer; er tötete Achills Freund Patroklos und wurde von Achill getötet.
Helios	Sonnengott
Hera	Göttin, Gemahlin des Zeus
Herakles	mythischer Held, Sohn des Zeus; von Hera verfolgt, mußte er zwölf schwere Prüfungen bestehen.
Heraklit	aus Ephesos in Kleinasien, er lebte um die Wende des 6. Jhd., Vorsokratiker
Herodot	aus Halikarnassos in Kleinasien, 484-ca. 420, Geschichtsschreiber
Hesiod	epischer Dichter aus Böotien, ca. 700 v. Chr., seine Hauptwerke: „Theogonie" und „Werke und Tage"
Hippias	aus Elis auf der Peloponnes, 5. Jhd., Sophist
Hippokrates	aus Kos, 460-ca. 370, berühmter Arzt
Hippolytos	Sohn des mythischen Königs Theseus von Athen, Titelfigur einer Tragödie des Euripides
Homer	2. Hälfte des 8. Jhd., Dichter der „Ilias" und der „Odyssee"
Hyperion	Beiwort oder Bezeichnung des Sonnengottes Helios
Iphigenie	Tochter von Agamemnon und Klytaimestra, Schwester Orests; sie wurde von ihrem Vater geopfert, aber von Artemis gerettet.
Isokrates	aus Athen, 436-338, Redenschreiber und Leiter einer Schule
Jason	Ehemann Medeas in Euripides' Tragödie „Medea"
Jona	Mitte des 8. Jhd., Prophet des Alten Testaments, das Buch Jona ist am Ende des 6. Jhd. entstanden.

Juppiter	römischer Gott, entspricht Kronos; Planet
Kallias	ca. 450-370, reicher Athener, 390 Stratege; er wurde als Verschwender und Lüstling von den Komödiendichtern verspottet.
Kallikles	5. Jhd.; er vertrat in Platons Dialog „Gorgias" sophistische Ansichten.
Kallixenos	aus Athen; er erhob 406 die Anklage im Arginusenprozeß.
Kandaules	7. Jhd., König von Lydien, von Gyges gestürzt
Kassandra	Tochter des Priamos, Königs von Troja, Seherin
Kebes	aus Theben, Pythagoreer; er schloß sich Sokrates an.
Kephalos	aus Syrakus, 5. Jhd., Gesprächspartner des Sokrates in Platons „Staat"
Kleisthenes	er reformierte 508/07 die Verfassung Athens im Sinne einer Demokratisierung.
Kleobis	aus Argos, 6. Jhd.; er wurde wie sein Bruder Biton wegen besonderer Leistung durch ein Standbild geehrt. Beide Standbilder stehen im Museum von Delphi.
Klytaimestra	Ehefrau des Agamemnon. Sie tötete ihn bei seiner Heimkehr aus Troja.
Konon	aus Athen, 414/13 und 406 Stratege. Er war 406 im Hafen von Lesbos eingeschlossen und wurde durch den Seesieg bei den Arginusen befreit. 394 besiegte er die Spartaner in einer Seeschlacht.
Krates	lebte um 300, Kyniker
Kreon	in Sophokles' Tragödie „Antigone" König von Theben. Er verbot die Bestattung des gefallenen Ödipussohnes Polyneikes.
Kritias	aus Athen, 404/03 einer der 30 Tyrannen; er hatte sich eine zeitlang Sokrates angeschlossen. Verfasser zahlreicher Schriften.

Kritobulos	aus Athen, Sohn des Kriton; er gehörte zum Kreis des Sokrates, er war dessen Gesprächspartner in Xenophons „Symposion".
Kriton	aus Athen, Freund des Sokrates; er wollte ihn überreden, aus dem Gefängnis zu fliehen.
Kroisos	6. Jhd., letzter König Lydiens
Kyklopen	Riesen mit einem Auge in der Mitte der Stirne
Kyros	423-401, Sohn von Dareios II., Bruder des persischen Großkönigs Artaxerxes. Vizekönig von Kleinasien, Satrap von Lydien, Phrygien und Kappadokien. Er fiel in der Schlacht bei Kunaxa.
Laches	aus Athen, Stratege 427/26 und 418/17; er kämpfte in der Schlacht bei Delion 424 mit, er fiel 418.
Leon	aus Salamis, Demokrat; er wurde 404 von den 30 Tyrannen hingerichtet.
Lukas	1. Jhd. n. Chr.; er gilt als Verfasser des 3. Evangeliums und der Apostelgeschichte.
Lykiskos	aus Athen; er beantragte im Arginusenprozeß 406, diejenigen wie die Feldherrn zu bestrafen, die sich zu ihren Gunsten einsetzen.
Lykon	aus Athen, geb. ca. 470, einer der 3 Ankläger des Sokrates
Lysanias	aus Athen, Vater des Aischines, der zum Kreis des Sokrates gehörte.
Marc Aurel	römischer Kaiser. Er regierte von 161 – 180.
Mars	römischer Kriegsgott, entspricht dem Ares; Planet
Marsyas	Satyr / Silen, menschliches Wesen mit Attributen von Pferden (Ohren, Schweif, Hufe)
Medea	Prinzessin aus Kolchis am Schwarzen Meer. Hauptfigur in Euripides' Tragödie „Medea". Von ihrem Mann Jason verlassen, tötete sie ihre beiden Kinder.
Meletos	geb. ca. 425, junger unbekannter Athener, Hauptankläger des Sokrates

Menekles	aus Athen; er setzte sich im Arginusenprozeß 406 für eine Verurteilung der Strategen ein.
Merkur	römischer Gott, entspricht Hermes; Planet
Minos	mythischer König Kretas, Sohn des Zeus und der Europa, Bruder des Rhadamanthys; er wurde nach seinem Tod Richter im Hades.
Musaios	mythischer Dichter, Schüler des Orpheus
Nausikaa	Tochter des Phaiakenkönigs Antinoos in Homers „Odyssee"
Nero	römischer Kaiser 54-68
Nikias	aus Athen, Stratege, in Sizilien 413 gefangen genommen und getötet.
Nikostratos	aus Athen, Bruder des Theodotos, der zum Kreis des Sokrates gehörte.
Odysseus	aus Ithaka, griechischer Held vor Troja; er erfand das hölzerne Pferd, in dessen Bauch die Griechen in die Stadt gelangen.
Oidipus	tragischer Held in zwei Tragödien des Sophokles; er tötete den König von Theben, ohne zu wissen, daß es sein Vater ist, und heiratete unwissentlich seine Mutter; er blendete sich, als er zur Erkenntnis seiner Identität kam; Vater des Eteokles und Polyneikes, der Antigone und Ismene.
Orest	Sohn des Agamemnon und der Klytaimestra, Bruder der Iphigenie; er rächte die Ermordung seines Vaters, indem er Klytaimestra und Aigisth tötete.
Orpheus	aus Thrakien, mythischer Sänger und Dichter; er versuchte vergeblich, seine verstorbene Frau Eurydike wieder in die Oberwelt zu holen.
Palamedes	Held der Griechen vor Troja, er stammte aus Nauplia, Erfinder, er fiel einer Intrige zum Opfer.
Paralos	aus Athen, Bruder des Theages, der zum Kreis des Sokrates gehörte.
Parmenides	aus Elea in Unteritalien, um 500, Vorsokratiker

Patroklos	Held der Griechen vor Troja, Freund des Achill; er griff in dessen Rüstung in den Kampf ein und wurde getötet.
Paulus	aus Tarsus in Kilikien, 10-64(?), Heidenapostel
Peisianaktos	aus Athen; er setzte sich im Arginusenprozeß 406 für ein gesetzeskonformes Verfahren ein.
Perikles	aus Athen, ca. 490-429, von 461 bis zu seinem Tod der einflußreichste Politiker Athens
Persephone	Tochter Demeters, von Hades geraubt, Herrscherin in der Unterwelt
Phaidon	aus Elis, 5./4. Jhd., Schüler des Sokrates; er gründete in Elis eine Philosophenschule.
Phaidra	zweite Ehefrau des mythischen Königs Theseus von Athen, Stiefmutter des Hippolytos, Figur in Euripides' Tragödie „Hippolytos"
Phainarete	Mutter des Sokrates
Pheidias	aus Athen, Bildhauer, tätig von ca. 460-ca. 430; er entwarf den plastischen Bildschmuck des Parthenon und schuf die (nicht erhaltenen) Gold-Elfenbein-Statuen der Athena Parthenos für den Parthenon und des Zeus für Olympia.
Pheidippides	Komödienfigur
Platon	aus Athen, 427-348/7, Schüler des Sokrates. Philosoph, Begründer der Akademie, Verfasser zahlreicher Dialoge
Plutarch	aus Chaironeia, 1. Jhd. n. Chr.; er schrieb vergleichende Biographien von Griechen und Römern.
Polemarchos	aus Syrakus, gestorben 430. Sohn des Kephalos
Polos	aus Akragas in Sizilien, 5. Jhd., Sophist, Dialogpartner des Sokrates in Platons Dialog „Gorgias"
Polydamas	Troer; er riet Hektor vergeblich, sich vor Achill in die Stadt zurückzuziehen.

Polykleitos	aus Argos, tätig ca. 450-ca. 410, Bildhauer. Berühmte (nur in römischen Marmorkopien erhaltene) Werke aus Bronze: der Diadumenos, der Doryphoros, der Apoxyomenos
Polykrates	538-524 Tyrann auf Samos
Polyneikes	Sohn des Oidipus, Bruder des Eteokles und der Antigone. Er fiel, als er Theben erobern will. Kreon verbot seine Bestattung. Figur in Sophokles' Tragödie „Antigone"
Pontius Pilatus	römischer Prokurator für Palästina / Judäa von 26-36; er wirkte mit an Jesu Verurteilung zum Tode.
Poseidon	Gott des Meeres
Prodikos	aus Keos (Kykladen), 5. Jhd., Sophist
Protagoras	aus Abdera in Thrakien, ca. 485-ca. 415, Sophist
Protomachos	aus Athen, Stratege 406; er entging dem Arginusenprozeß durch freiwillige Verbannung.
Pythagoras	aus Samos, 6. Jhd., Vorsokratiker; er beschäftigte sich mit Mathematik und Harmonielehre; er gründete in Unteritalien eine Religionsgemeinschaft.
Pythagoreer	Anhänger der Sekte des Pythagoras
Rhadamantys	Sohn des Zeus und der Europa, Bruder des Minos, Gesetzgeber auf Kreta; er wurde nach seinem Tod Richter im Hades.
Saturn	römischer Gott, entspricht Kronos; Planet
Satyr / Silen	eine eindeutige Unterscheidung ist nicht möglich; Menschenwesen mit charakteristischen Pferdemerkmalen (Ohren, Schweif, Hufe); charakteristisch sind großer Mund, große Augen, Stulpnase.
Seneca	Lucius Annaeus, ca. 4 v. Chr.-65 n. Chr., Erzieher Neros; er bekleidete, als Nero Kaiser war (54-68) hohe Ämter; er wurde zum Selbstmord gezwungen; römischer stoischer Philosoph
Simonides	von der Insel Kos, ca. 567-ca. 468/7, lyrischer Dichter

Simplikios	1. Hälfte des 6. Jhd. n. Chr., neuplatonischer Philosoph
Sisyphos	mythische Figur; er galt als Vater des Odysseus; er zeichnete sich durch Schlauheit aus, in der Unterwelt mußte er als Strafe einen Stein immer wieder einen Berg hinaufwälzen.
Solon	ca. 640-560, athenischer Staatsmann und Dichter
Sophokles	aus Athen, ca. 497-406, Dichter von Tragödien, u.a. der „Antigone"
Sophroniskos	aus Athen, Vater des Sokrates
Strepsiades	Komödienfigur
Teiresias	Figur in Sophokles' Tragödie „Antigone", Seher; er warnte Kreon davor, den toten Polyneikes unbegraben zu lassen.
Telamon	mythische Figur, Sohn des Aiakos, Bruder des Peleus, Vater des Aias, eines der Helden vor Troja
Tellos	ein bei dem Historiker Herodot erwähnter Athener
Thales	aus Milet, gestorben zwischen 449 und 445, Vorsokratiker
Theages	aus Athen; er gehörte zum Kreis des Sokrates.
Themistokles	aus Athen, vor 525-nach 460, Sieger der Schlacht bei Salamis 480, durch Ostrakismos (Scherbengericht) verbannt, wegen Hochverrats verurteilt; er starb im Exil in Persien.
Theodotos	aus Athen, er gehörte zum Kreis des Sokrates
Theognis	aus Megara, 2. Hälfte 6. Jhd., lyrischer Dichter
Theosdotides	aus Athen, Vater des Theodotos, der zum Kreis des Sokrates gehörte.
Theramenes	aus Athen, 410-407 Stratege; er gehörte 404 zu den 30 Tyrannen, sie ließen ihn als Verräter hinrichten.
Theseus	mythischer König von Athen

Thrasybulos	aus Athen, Stratege 411/10, Trierarch 406; er gehörte 404 zu den Demokraten, die Athen verließen. Er starb 385.
Thrasymachos	aus Chalkedon in Kleinasien, 5. Jhd., Redner und Sophist, Gesprächspartner des Sokrates in Platons „Staat"
Thukydides	ca. 460-ca. 400, Verfasser einer Geschichte des peloponnesischen Krieges
Timokrates	aus Athen; er beantragte 406 in der Volksversammlung die Verhaftung der an der Schlacht bei den Arginusen beteiligten Strategen.
Triptolemos	mythischer Heros; er gehörte in den Kultzusammenhang der eleusinischen Mysterien; er erscheint in der „Apologie" als Richter im Hades.
Venus	römische Göttin, entspricht der Aphrodite; Planet
Vergil	70-19, römischer Dichter, sein Hauptwerk ist die „Aeneis".
Xanthippe	Ehefrau des Sokrates
Xenophanes	aus Kolophon in Kleinasien, ca. 570-ca. 480, Dichter, der sich kritisch mit der Überlieferung auseinandersetzte.
Xenophon	aus Athen; er gehörte zum Kreis des Sokrates; Verfasser zahlreicher Schriften, u.a. der „Memorabilien", Erinnerungen an Sokrates
Xerxes	persischer Großkönig 486-465
Zenon	aus Elea in Unteritalien, ca. 495-ca. 445, Vorsokratiker
Zenon	aus Kition auf Zypern, ca. 334-262, Gründer der stoischen Schule in Athen
Zeus	„Vater der Götter und Menschen"

Literatur

Paul Barié: Der Philosoph, die Bildung und das „ererbte Konglomerat" in: Hermann Funke (Hrsg.): Utopie und Tradition, Würzburg (Königshausen und Neumann) 1987, S. 211-241.

Jurek Becker: Der Boxer, Ffm. (Suhrkamp) 1979.

Kostas E. Beys: Der Prozeß des Sokrates, Athen 2001.

Gottfried Benn: Unter der Großhirnrinde, FAZ vom 22.08.2000.

Dieter Birnbacher/ Dieter Krohn (Hrsg.): Das sokratische Gespräch, Stuttgart (Reclam) 2002.

Otto Böcher: Das Weltbild des Neuen Testaments, in: Dieter Zeller (Hrsg.): Religion und Weltbild, Münster (LIT Verlag) 2002, S. 65-71.

Gernot Böhme: Der Typ Sokrates, Stuttgart (Reclam) 1992.

Jorge Luis Borges: Das Handwerk des Dichters, München (Hanser) 2002.

Johanna Braun/ Günter Braun: Der unhandliche Philosoph, Ffm. (Suhrkamp) 1983.

Bertold Brecht: Kalendergeschichten, Berlin (Aufbau-Verlag) 1958.

Jacques Brunschwig/ Geoffrey Lloyd (Hrsg.): Das Wissen der Griechen, München (Wilhelm Fink) 2000.

Martin Buber: Das dialogische Prinzip, Darmstadt (WBG) 1984[5].

Thomas Buchheim: Die Sophistik als Avantgarde normalen Lebens, Hamburg (Meiner) 1986.

Thomas Buchheim: Die Vorsokratiker, München (Beck) 1994.

Thomas Buchheim: Sokrates, in: E. Fischer/ W. Vossenkuhl (Hrsg.): Die Fragen der Philosophie, eine Einführung in Disziplin und Epochen, München (Beck) 2003, S. 206-210.

Leonhard Burckhardt/ Jürgen von Ungern-Sternberg (Hrsg.): Große Prozesse im antiken Athen, München (Beck) 2000.

Walter Burkert: Griechische Religion der archaischen und klassischen Epoche, Stuttgart/ Berlin/ Köln/ Mainz (Kohlhammer) 1972.

Albrecht Dihle: Die Vorstellung vom Willen in der Antike, Göttingen (Vandenhoeck und Ruprecht) 1985.

Jörg Disse: Kleine Geschichte der abendländischen Metaphysik, von Platon bis Hegel, Darmstadt (WBG) 2001.

Klaus Döring: Sokrates, die Sokratiker und die von ihnen begründeten Tradition, in: Hellmut Flashar (Hrsg.): Die Philosophie der Antike, Band 2/1, Basel (Schwabe und Co AG) 1998, S. 139-181.

Hans Peter Engelhard: Die Sicherung der Erkenntnis bei Parmenides, Stuttgart-Bad Cannstein (frommann-holzberg) 1996.

Günter Figal: Sokrates, München (Beck) 1996.

Paul Friedländer: Platon, 2. Band, Berlin (Walter de Gruyter und Co) 1957.

Wolfgang Frühwald: „Im Kern gesund"? Zur Situation der Universität am Ende des 20. Jahrhunderts, Basel (Schwabe und Co AG) 1998.

Hans-Georg Gadamer: Zukunft ist Herkunft oder Bildung und Barbarei, in: Frankfurter Allgemeine Magazin vom 28.11.1997.

Herbert Grziwotz/ Winfried Döbertin: Spaziergang durch die Antike, Darmstadt (WBG) 2002.

Romano Guardini: Der Tod des Sokrates, eine Interpretation der platonischen Schriften Euthyphron, Apologie, Kriton und Phaidon, Reinbek (Rowohlt) 1962.

Bernd Guggenberger: Wessen Held ist Sokrates? Überlegungen aus aktuellem Anlaß, in: FAZ vom 14.01.1984.

Helmut Gundert: Platon und das Daimonion des Sokrates, in: Gymnasium 1954, S. 513 ff.

Ernst Haenchen: Die Apostelgeschichte, Göttingen (Vandenhoeck und Ruprecht) 1977.

Freimut Hauk: Faszination Philosophie, Reinbek (Rowohlt) 1998.

Ernst Heitsch: Platon, Apologie des Sokrates, Übersetzung und Kommentar, Göttingen (Vandenhoeck und Ruprecht) 2002.

Ernst Heitsch: Hat Sokrates Dialoge Platons noch lesen können? in: Gymnasium 2003, S. 109-119.

Hartmut von Hentig: Werte und Erziehung, in: Wertevermittlung in der Schule, Texte zur Theorie und Praxis der Moralerziehung, Bd. I, herausgegeben vom Pädagogischen Zentrum Rheinland-Pfalz, Bad Kreuznach 1995.

Norbert Hinske: Der Sinn des sokratischen Nichtwissens, in: Gymnasium 2003, S. 319-332.

Thomas Hobbes: Leviathan, Stuttgart (Reclam) 1997.

Christoph Horn: Antike Lebenskunst, Glück und Moral von Sokrates bis zu den Neuplatonikern, München (Beck) 1998.

Detlef Horster: Das sokratische Gespräch in Theorie und Praxis, Opladen (Leske + Budrich) 1994.

Werner Jaeger: Paideia, Bd. 2, Berlin (Walter de Gruyter + Co.) 1954.

Werner Jäkel/ Siegfried Erasmus: Lehrerkommentar zu Platons Apologie, Stuttgart (Klett) o.J.

Karl Jaspers: Vernunft und Widervernunft in unserer Zeit, München (Piper) 1950.

Karl Jaspers: Sokrates, in: Die maßgebenden Menschen, München (Piper)1964, S. 81-103

Franz Kamphaus: Die Kunst des Sterbens, in: FAZ vom 30.09.2003, S. 8

Eva Maria Kaufmann: Sokrates, München (DTV) 2000.

G. S. Kirk/ J.E. Raven/ M. Schofield: Die vorsokratischen Philosophen, Stuttgart/ Weimar (Metzler) 2001.

Victor Klemperer: LTI, Notizbuch eines Philologen, Leipzig (Reclam) 2001.

Martin Kriele: Ziviler Ungehorsam als moralisches Problem. Der Kampf
gegen die Autorität des Staates und die Mißachtung der Rechte anderer
Menschen, in: FAZ vom 10.03.1984.

Helmut Kuhn: Sokrates, Versuch über den Ursprung der Metaphysik,
München (Kösel) 1959.

Jaap Mansfeld: Die Vorsokratiker II, Stuttgart (Reclam) 1993.

Rudolf Malter: Die Kritik der Philosophie am Weltbild der Religion, in:
Dieter Zeller (Hrsg.): Religion und Weltbild, Münster (LIT Verlag)
2002, S. 197ff.

Ekkehard Martens: Die Sache des Sokrates, Stuttgart (Reclam) 1992.

Ekkehard Martens: Zwischen Gut und Böse, Stuttgart (Reclam) 1997.

Gottfried Martin: Sokrates, Reinbek (Rowohlt) 1967.

Christian Meier: Athen, Berlin (Siedler Verlag) 1993.

Thomas Meyer: Platons Apologie, Stuttgart (Kohlhammer) 1962.

Jürgen Mittelstraß: Versuch über den sokratischen Dialog, in:
Wissenschaft als Lebensform, Ffm. (Suhrkamp) 1982, S. 138-161.

Jürgen Mittelstraß: Die Modernität der Antike, Konstanz 1986.

Claude Morré: Der Prozeß des Sokrates, Freiburg i. Br. (Herder) 1999.

Cees Nooteboom: Die folgende Geschichte, Ffm. (Suhrkamp) 1991[7].

Willi Oelmüller/ Ruth Dölle-Oelmüller/ Rainer Piepmeier: Diskurs:
Sittliche Lebensformen, Paderborn (Schiningh) 1995[5].

Andreas Patzer: Die platonische Apologie als philosophisches Meisterwerk, in:
Martin Hose (Hrsg.): Meisterwerke der antiken Literatur. Von Homer bis
Boethius, München (Beck) 2000, S. 54-75.

E. N. Platis: Die Ankläger des Sokrates, Athen 1980 (in griechischer Sprache).

Karl R. Popper: Die offene Gesellschaft und ihre Feinde, Bern
(A. Francke AG) 1957.

Karl Rahner (Hrsg.): Herders Theologisches Taschenlexikon, Freiburg i. Br. (Herder) 1973.

Kurt Roeske: Attika im Spiegel antiker Zeugnisse. Ein kulturhistorischer Reisebegleiter, Ffm. (Fischer und Fischer) 2003.

Gerhard Roth: Ist der Wille frei? in: Frankfurter Allgemeine Sonntagszeitung vom 14.01.2003.

Bertrand Russel: Probleme der Philosophie, Ffm. (Suhrkamp) 1967.

Bernd Rüthers: Das Ungerechte an der Gerechtigkeit, Defizite eines Begriffs, Zürich (Edition Interfrom) 1993[2].

Lothar Schäfer: Karl R. Popper, München (Beck) 1996[3].

Erhard Scheibe: Wissenschaft und Wahrheit, in: Gymnasium 1973, S. 56-77.

Thomas Schirren/ Thomas Zinsmarer: Die Sophisten. Ausgewählte Texte, Stuttgart (Reclam) 2003.

Thomas A. Schmitz: Moderne Literaturtheorie und antike Texte, eine Einführung, Darmstadt (WBG) 2002.

Eberhard Schockenhoff: „Wie gewiß ist das Gewissen?" Eine ethische Orientierung, Freiburg (Herder) 2003.

Adam Smith: Der Wohlstand der Nationen. Eine Untersuchung seiner Natur und seiner Ursachen, München (dtv) 1988.

Barbara Stollberg-Rilinger: Europa im Jahrhundert der Aufklärung, Stuttgart (Reclam) 2000.

Beate Regina Suchta: Dionysios Aeropagita, in: Wilhelm Geerlings (Hrsg.): Theologen der christlichen Antike, Darmstadt (WBG) 2002.

C. C. W. Taylor: Sokrates, Freiburg i. Br. (Herder) 1999.

Ernst Tugendhat: Dialog in Leticia, Ffm. (Suhrkamp) 1997.

Erwin Wolf: Platons Apologie, Berlin 1929.

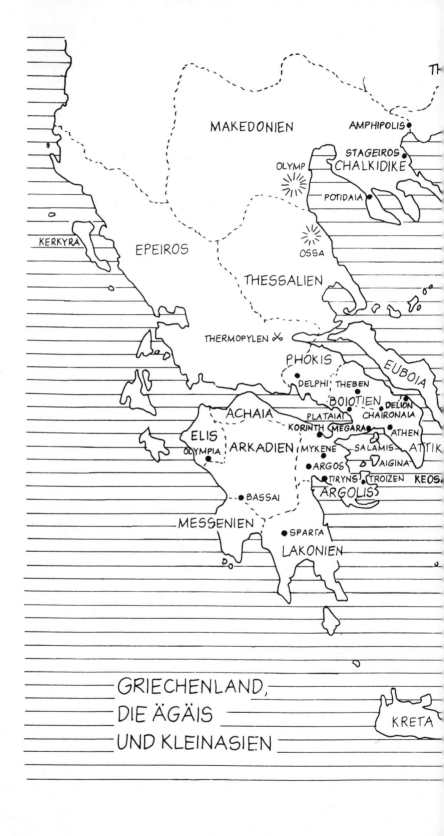

GRIECHENLAND,
DIE ÄGÄIS
UND KLEINASIEN

BYZANTION ● KALCHEDON

IMBROS

MNOS

HELLESPONT ● TROJA

PHRYGIEN

LESBOS

● PERGAMON

LYDIEN

ARGINUSEN

SARDES ●

CHIOS

KLAZOMENAI

● KOLOPHON

● EPHESOS

SAMOS

KARIEN

● MILET

DELOS

ROS

HALIKARNASSOS

NAXOS

KOS

RHODOS

● LINDOS

SOS ●

● GORTYN

0   50   100   150 KM

SIZILIEN UND UNTERITALIEN

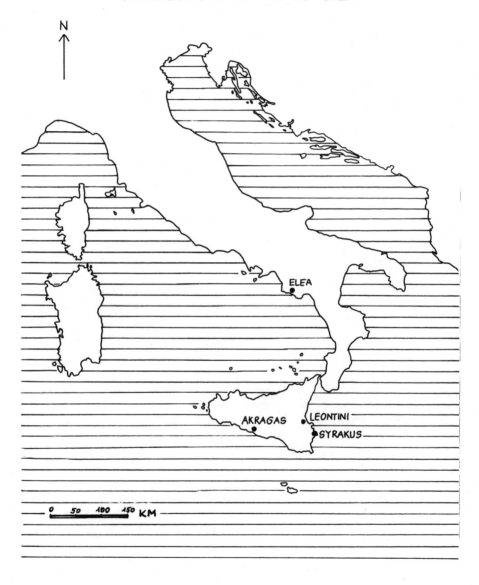

N

ELEA

AKRAGAS

LEONTINI

SYRAKUS

0 50 100 150 KM